Por una ciencia espiritual

Steve Taylor

Por una ciencia espiritual

Cómo superar los límites de la ciencia desde un enfoque integral

KŌAN

Publicado por primera vez con el título *Spiritual Sciencie*
en Gran Bretaña y EE.UU. en 2018 por Watkins, un sello de Watkins Media Ltd.

c/ Mar Tirrena, 5, 08912 Badalona
www.koanlibros.com • info@koanlibros.com

ISBN: 978-84-949134-8-8 • Depósito legal: B-9.832-2019
Maquetación: Cuqui Puig • Diseño de cubiertas de colección:
Claudia Burbano de Lara • Ilustración de cubierta: Elsa Suárez Girard
Impresión y encuadernación: Liberdúplex
Impreso en España / *Printed in Spain*

CONTENIDO

INTRODUCCIÓN

Soy investigador y profesor titular en una universidad del Reino Unido y, como tal, mis heterodoxas opiniones acerca de la naturaleza de la vida y del mundo suelen sorprender a la gente. Por ejemplo, cuando les comento a mis compañeros que no descarto que exista alguna forma de vida después de la muerte o que creo en la posibilidad de fenómenos paranormales como la telepatía o la precognición, me miran como si les hubiera dicho que voy a abandonar la carrera académica para dedicarme al fútbol profesional. Se da por hecho que si eres profesor universitario o intelectual no albergas opiniones tan extrañas.

La mayor parte de mis colegas e iguales, y la mayoría de los académicos e intelectuales en general, tienen una concepción materialista ortodoxa del mundo. Creen que el cerebro produce la conciencia humana y que, cuando el cerebro deja de funcionar, la conciencia desaparece. Creen que fenómenos como la telepatía y la precognición pertenecen a una visión del mundo prerracional y supersticiosa que la ciencia moderna desbancó hace tiempo. Creen que la evolución de la vida y de gran parte del comportamiento humano puede explicarse en su totalidad a partir de principios como la selección natural y la competencia por los recursos. Dudar de estas creencias supone que seas considerado crédulo o ingenuo desde el punto de vista intelectual.

La gente se desconcierta aún más cuando les digo que no soy religioso. «¿Cómo puedes creer en la vida después de la muerte sin ser religioso? —se preguntan—. ¿Cómo puedes dudar del darwinismo sin tener creencias religiosas?»

Este libro es mi manera de intentar justificar mis opiniones ante cualquiera que piense que ser racional significa que, por defecto, también te adscribes a una concepción materialista del mundo. Es mi manera de intentar demostrar que se puede ser intelectual y racionalista sin por ello negar de forma automática la existencia de fenómenos en apariencia «irracionales». De hecho, probaré que en realidad resulta mucho más racional estar abierto a la existencia de tales fenómenos.

MÁS ALLÁ DE LA RELIGIÓN Y DEL MATERIALISMO

Otro de los objetivos de este libro es demostrar que, aunque quizá no seamos conscientes de ello, nuestra cultura es esclava de un paradigma o sistema de creencias concreto que, a su manera, es tan dogmático e irracional como un paradigma religioso. Se trata del sistema de creencias del materialismo, según el cual, la materia es la realidad primaria del universo y cualquier cosa que parezca no ser física, como por ejemplo la mente, nuestros pensamientos, la conciencia o incluso la propia vida, en realidad tiene un origen físico o puede explicarse en términos físicos.

Espero demostrar que no debemos elegir sólo entre una cosmovisión materialista ortodoxa y una cosmovisión religiosa ortodoxa. Suele darse por hecho que éstas son las dos únicas opciones. O crees en el cielo y en el infierno, o crees que no hay vida después de la muerte. O crees en un Dios que contempla y controla los acontecimientos del mundo, o crees que no existen más que las partículas químicas y los fenómenos, entre ellos los seres vivos, que se han formado por accidente a partir de ellas. O Dios creó todas las formas de vida, o éstas evolucionaron accidentalmente por medio de mutaciones aleatorias y de la selección natural.

Pero se trata de una falsa dicotomía. Hay una alternativa a las visiones religiosa y materialista de la realidad que podría afirmarse que es más racional que cualquiera de las dos anteriores. En líneas generales, esta alternativa puede denominarse *postmaterialismo*.[1] El postmaterialismo sostiene que la materia no es la realidad primaria del universo, y que fenómenos como la conciencia y la vida no pueden explicarse por completo recurriendo a la biología y la neurología. El postmaterialismo defiende que hay algo más fundamental que la materia, algo que puede designarse de distintas maneras: *mente*, *conciencia* o *espíritu*.

Hay diversas clases de postmaterialismo. Una de las más conocidas es la que responde al nombre de *pampsiquismo*, que se basa en la idea de que todas las cosas materiales (incluso en el nivel de los átomos) poseen cierto grado de sintiencia o conciencia, aunque tengan un tamaño infinitesimal, o al menos una especie de «protoconciencia». Sin embargo, por motivos que describiré en detalle en el capítulo 2, yo soy partidario de lo que denomino un enfoque *panespiritista* o, para simplificar, un enfoque *espiritual*.

La idea básica de mi enfoque espiritual es muy sencilla: la esencia de la realidad (que también es la esencia de nuestro ser) es una cualidad a la que podríamos referirnos como espíritu o conciencia. Esta cualidad es fundamental y universal: está en todas partes y en todas las cosas. No se diferencia mucho de la gravedad o de la masa, pues forma parte del universo desde el principio de los tiempos y continúa estando presente en todo. Puede que incluso existiera con anterioridad al universo y que este último pueda contemplarse como una emanación o manifestación de ella.

A pesar de que se trata de una idea sencilla, tiene muchos corolarios y consecuencias importantes. Dado que todas las cosas comparten esta esencia espiritual, no hay entidades separadas o distintas. Como seres vivos, no estamos separados unos de otros ni del mundo en que habitamos, puesto que poseemos la misma naturaleza que todos los demás y que el mundo. También implica que el universo no es un lugar inanimado y vacío, sino un organismo vivo. El cosmos entero está imbuido de fuerza espiritual, desde las partículas de materia más minúsculas hasta los vastos y en apariencia vacíos tramos de oscuridad que se extienden entre los planetas y los sistemas solares.

No resulta habitual pensar en la espiritualidad dentro de un contexto «explicativo». La mayoría de la gente considera que la tarea de explicar cómo funciona el mundo le corresponde a la ciencia. Sin embargo, en este libro veremos que este sencillo concepto —que existe un espíritu o conciencia fundamental que es eterno y está en todas las cosas— posee un gran potencial explicativo. Veremos que hay muchas cuestiones que carecen de sentido desde la perspectiva materialista pero pueden explicarse con facilidad desde un prisma espiritual.

Éste es, quizá, el mayor problema del materialismo: que hay muchísimos fenómenos que no consigue aclarar. Así pues, resulta penosamente insuficiente como modelo de realidad. A estas alturas es razonable afirmar que el materialismo ha fracasado como intento de explicar la vida humana y el mundo. Tal como iré señalando a lo largo de este libro, sólo una cosmovisión basada en la idea de que hay algo más fundamental que la materia puede ayudarnos a conferir sentido al mundo.

LA DIFERENCIA ENTRE CIENCIA Y CIENTIFICISMO

Algo que me gustaría dejar claro es que no critico la ciencia en sí. Ésta es una de las reacciones más comunes ante los artículos que he publicado sobre temas similares a los que trato aquí. «¿Cómo puedes criticar la ciencia, con todo lo que ha hecho por nosotros?» es uno de los comentarios más típicos. «¿Cómo puedes decirme que no es verdad cuando está basada en millones de experimentos de laboratorio y sus principios básicos se emplean en todos los aspectos de la vida moderna?», otro. Otra pregunta habitual es: «¿Por qué equiparas la ciencia con la religión? A los científicos no les importan las creencias, se limitan a mantener la mente abierta hasta que aparecen pruebas. Y si tienen que revisar sus opiniones, lo hacen».

No deseo en modo alguno criticar a los numerosos científicos que, como los biólogos marinos, los climatólogos, los astrónomos o los ingenieros químicos, trabajan de manera diligente y valiosa sin preocuparse en exceso por las cuestiones filosóficas o metafísicas. La ciencia es un método y un proceso que consiste en observar e investigar los fenómenos naturales y en alcanzar conclusiones respecto a ellos. Es un proceso que persigue desvelar principios básicos del mundo natural y del universo o de la biología de los seres vivos. Un proceso indefinido cuyas teorías, en principio, se ponen a prueba y se actualizan sin cesar. Y yo estoy absolutamente de acuerdo con que la ciencia nos ha dado muchas cosas maravillosas. Nos ha proporcionado un conocimiento del mundo y del cuerpo humano asombrosamente complejo. Nos ha provisto de vacunas contra enfermedades que mataban a nuestros ancestros y de la capacidad de curar un ingente conjunto de afecciones y lesiones que también resultaban mortales en el pasado. Nos ha ofrecido los viajes aéreos y espaciales y un sinfín de otras increíbles hazañas de la ingeniería y la tecnología.

Todo esto es fantástico. Y en parte adoro la ciencia debido a tales logros. El otro motivo principal por el que me apasiona la ciencia es que nos abre la puerta a los prodigios de la naturaleza y el universo. En concreto, me encantan la biología, la física y la astronomía. La complejidad del cuerpo humano, y en particular del cerebro, con sus cien mil millones de neuronas, me fascina. Y me impresiona que conozcamos la estructura de las partículas de materia más minúsculas y, al mismo tiempo, conozcamos la estructura del universo en su conjunto. El hecho de que los descubrimientos científicos vayan desde un nivel tan microcósmico hasta un nivel tan macrocósmico es increíble. Siento una gratitud inmensa hacia los científicos que, a lo largo de la historia, han hecho posible nuestra actual comprensión del universo y del mundo.

Entonces, podrías preguntarte, ¿por qué me muestro tan crítico con la ciencia?

La respuesta es que no me muestro crítico ni con la ciencia ni con los científicos. Me muestro crítico con la cosmovisión o paradigma materialista, que ha llegado a entrelazarse tanto con la ciencia que mucha gente es incapaz de distinguirlos. (Otra posible denominación para esta última postura es *cientificismo*, un término que enfatiza que se trata de una visión del mundo que se ha extrapolado a partir de algunos hallazgos científicos.) El materialismo (o cientificismo) alberga muchos supuestos y creencias que en realidad carecen de base alguna, pero que poseen autoridad por el mero hecho de que están relacionados con la ciencia.

Uno de estos supuestos es que el cerebro humano produce la conciencia. No obstante, no existe ni una sola prueba de que esto sea así; pese a las décadas de investigación y teorización intensivas, ningún científico se ha acercado siquiera a explicar cómo el cerebro humano podría dar lugar a la conciencia. Sólo se da por sentado que el cerebro debe de generar la conciencia porque parece haber ciertas correlaciones entre ésta y la actividad cerebral y la conciencia (por ejemplo, si mi cerebro sufre una lesión, mi conciencia puede resultar dañada o alterada) y porque no parece haber otra forma posible de que ésta surja. (En realidad, como veremos en el capítulo 3, cada vez se tiene más claro lo problemático que resulta este supuesto, por lo que un número creciente de teóricos recurren a perspectivas alternativas como el pampsiquismo.)

Otro supuesto es que fenómenos psíquicos como la telepatía o la precognición no pueden existir. Asimismo, los fenómenos anómalos como las experiencias cercanas a la muerte o las experiencias espirituales se entienden como alucinaciones producidas por el cerebro. En ocasiones, los materialistas afirman que, si los fenómenos psíquicos existieran realmente, romperían las leyes de la física o pondrían patas arriba todos los principios de la ciencia. Pero eso no es cierto. Como veremos más adelante, los fenómenos de la telepatía y la precognición son compatibles con algunas de las leyes de la física. Además, hay una gran cantidad de pruebas empíricas y experimentales que sugieren que son reales.

Sin embargo, algunos materialistas rechazan de plano tomar en cuenta las pruebas de dichos fenómenos, que es algo que recuerda la forma en que muchos fundamentalistas religiosos se niegan a considerar las pruebas que van en contra de sus creencias. Este rechazo no se basa en la razón, sino en el hecho de que estos fenómenos contravienen su sistema de creencias. (Esto contradice la ingenua hipótesis de que la ciencia siempre se basa estrictamente en las pruebas y de que las teorías y los conceptos se reevalúan sin excepción a la luz de los nuevos hallazgos. Así es como debería ser la ciencia, pero, por desgracia, cualquier descubrimiento o teoría que contravenga sus doctrinas suele ser desestimado sin un juicio justo.)

Por suerte, algunos científicos se oponen de forma activa al materialismo; son científicos que tienen el valor de arriesgarse a sufrir la hostilidad y el escarnio de sus pares ortodoxos y de investigar posibilidades en potencia «heréticas», como la de que la evolución tal vez sea algo más que mutaciones aleatorias y selecciones naturales, la de que los llamados fenómenos paranormales quizá sean en realidad «normales» o la de que la conciencia no dependa por completo del cerebro. Por supuesto, a los científicos herejes no se los quema en la hoguera como se hacía con los herejes religiosos, pero sí se los suele excomulgar, es decir, se los condena al ostracismo, se los excluye del mundo académico y se los ridiculiza.

Así pues, está claro que en este libro no pretendo dar al traste con la ciencia y volver a la ignorancia y la superstición: nada más lejos de mis intenciones. Sólo me gustaría liberar a la ciencia de la camisa de fuerza del sistema de creencias del materialismo y, como resultado, presentar una forma de ciencia más amplia y holística, que no esté limitada ni distorsionada por creencias y supuestos. Una ciencia espiritual.

LA ESTRUCTURA DE ESTE LIBRO

Este libro arranca con una revisión de los principios fundamentales tanto del materialismo como del panespiritismo. Después ofrezco un recorrido detallado por varios campos de la investigación científica durante el cual subrayo diversas cuestiones problemáticas, o enigmas, que el materialismo tiene dificultades para resolver. Veremos que el modelo de realidad del materialismo convencional es deficiente en dos sentidos. En primer lugar, no puede explicar de manera satisfactoria importantes cuestiones científicas y filosóficas como la conciencia, la relación entre la mente y el cerebro (y la mente y el cuerpo), el altruismo y la evolución. En segundo lugar, carece de respuestas para una gran variedad de fenómenos «anómalos», desde los fenómenos psíquicos hasta las experiencias cercanas a la muerte y las experiencias espirituales. Se trata de fenómenos «defectuosos» que deben negarse o despreciarse por el mero hecho de que no encajan en el paradigma del materialismo, del mismo modo que la existencia de los fósiles no encaja en el paradigma de la religión fundamentalista. Después echaremos un vistazo a qué tiene que decir la espiritualidad respecto a cada una de estas cuestiones y cómo puede resolverlas de verdad (es decir, cómo puede resolver los enigmas). También analizaremos el misterioso mundo de la física cuántica, que siempre ha puesto de relieve las limitaciones del materialismo pero que hoy en día las evidencia aún más, puesto que ya se ha hecho patente que los efectos cuánticos se producen en abundancia a escala macrocósmica y que están implicados en numerosos fenómenos biológicos y naturales (como la fotosíntesis). Por último, sugeriré que la validez del materialismo está desapareciendo y que nuestra cultura se está desplazando (despacio) hacia una nueva fase «postmaterialista».

Como resultado de las investigaciones que constituyen la parte principal de este libro, quedarán claras dos cosas. Por un lado, veremos hasta qué punto el materialismo es insuficiente como forma de explicar el mundo y nuestra experiencia de éste. Por otro lado, veremos qué sencillo resulta disolver, desde una perspectiva espiritual, los «misterios» del modelo materialista. Veremos que casi todos los fenómenos que parecen «anómalos» desde la perspectiva del materialismo pueden aclararse con facilidad y elegancia desde la perspectiva del panespiritismo.

También es importante destacar que estos asuntos no son sólo académicos. No es únicamente una cuestión de que yo me meta en discusiones con los materialistas y los escépticos porque piense que se equivocan. Como se verá en el capítulo 1, el modelo materialista convencional tiene muy serias consecuencias respecto a cómo vivimos y a cómo tratamos a otras especies y al mundo natural. Lleva a una devaluación de la vida: de nuestra propia vida, la de otras especies y la de la Tierra misma. Es esencial que nuestra cultura deje atrás el materialismo y avance hacia el postmaterialismo lo antes posible.

Al tiempo que resuelve muchos de los misterios de la ciencia, una cosmovisión espiritual puede cambiar nuestra relación con el mundo. Puede engendrar una actitud de reverencia hacia la naturaleza y hacia la vida en sí. Puede sanarnos, del mismo modo que puede sanar al mundo entero.

I

LOS ORÍGENES DEL MATERIALISMO: CUANDO LA CIENCIA SE CONVIERTE EN UN SISTEMA DE CREENCIAS

El sistema de creencias materialista está tan generalizado y se da tan por sentado que quizá ni siquiera seamos conscientes de que existe, igual que, por ejemplo, el sistema de creencias del cristianismo estaba tan arraigado en la vida de los campesinos de la Europa medieval que lo aceptaban como la única realidad, ajenos a cualquier otra perspectiva.

Cuando tenía unos dieciocho años, un amigo me preguntó si quería asistir a una charla sobre meditación en una biblioteca municipal. Yo no sabía nada acerca de la meditación, pero sentía curiosidad, así que decidí ir. En un momento dado, el conferenciante dijo algo parecido a: «La meditación es una forma de perfeccionar tu ser interior. Es una manera de experimentar el bienestar de la conciencia. La conciencia posee la cualidad natural del bienestar». En aquel entonces no tenía ni idea de a qué se refería aquel hombre. Recuerdo haber pensado «¿"Ser interior"? ¿"Conciencia"? ¿Qué significan esos términos? ¿Dónde estarán? Yo no soy más que un cerebro y un cuerpo. ¿Qué más hay dentro de mí?».

Una vez que empecé a meditar me percaté de que, en efecto, tenía un ser interior. Comprendí que había algo no material dentro de mí, una conciencia que poseía la cualidad natural del bienestar. Esto demuestra la profundidad con la que había absorbido el sistema de creencias del materialismo a través de mi educación, de los medios de comunicación y de mis padres y compañeros. Daba por hecho que yo no era más que la sustancia física de mi cuerpo y mi cerebro y que mis pensamientos sólo eran una proyección de mi cerebro. Daba por hecho que no era más que átomos y moléculas.

La religión no tuvo presencia alguna en mi educación. No es algo extraño: no conocía a nadie que fuera religioso (salvo a un chico que iba a mi curso en el colegio, que era testigo de Jehová). Incluso mis abuelos eran completamente aconfesionales. Y no es que fueran ateos, porque ninguna persona de mi entorno se habría descrito en esos términos. Sencillamente, la religión no formaba parte de nuestra vida. No era un tema acerca del que nadie pensara o hablara nunca. A veces rezábamos oraciones o cantábamos himnos en las reuniones del colegio, pero nadie se los tomaba en serio.

A pesar de que Gran Bretaña es en general un país bastante laico, descubrí que esto es especialmente propio de mi clase social. Mis antepasados fueron trabajadores de las fábricas y los molinos del noroeste de Inglaterra, así que la religión nunca fue importante para ellos. Los obreros de las fábricas y los molinos trabajaban muchísimas horas en condiciones terribles, vivían en la pobreza y a menudo morían jóvenes. Puede que fueran a la iglesia los domingos, con frecuencia bajo coacción, dado que los pastores y los propietarios de los molinos solían acorralar y castigar a quien no acudía, pero lo más probable es que se tomaran los servicios religiosos con la misma seriedad con la que yo me tomaba las reuniones del colegio.

Estos antecedentes conllevaron que absorbiera una visión materialista del mundo. Sin ser consciente de ello, adopté una concepción mecánica del mundo y del universo. Adopté la noción de que el mundo está formado por partículas diminutas que se organizan en formas mucho más complejas hasta dar lugar —por medio de un proceso de evolución accidental— a los seres vivos y, con el tiempo, a los seres humanos. Adopté la noción de que el universo funciona según unas estrictas leyes físicas, como una máquina gigantesca. Aprendí que los padres de cada individuo humano le transmitían a éste todas sus características bajo la forma de unas unidades minúsculas llamadas *genes*, que determinaban no sólo nuestra apariencia, sino también nuestro comportamiento. Cuando en el colegio recibíamos la clase de educación religiosa semanal y oíamos hablar de conceptos como el cielo y el infierno, la salvación y la eternidad, aquellas creencias resultaban extrañas e ingenuas, como si pertenecieran a otra época.

Asistí al colegio durante las décadas de 1970 y 1980, y a lo largo de los años posteriores el sistema de creencias del materialismo fue generalizándose todavía más. Campos como el de la neurociencia, la psicobiología (que pretende explicar el comportamiento humano a partir de la neurología) y la psicología evolutiva (que sugiere que los rasgos humanos actuales son adaptaciones evolutivas con origen en la prehistoria) añadieron nuevas perspectivas al paradigma materialista. Hoy en día, los supuestos materialistas permean en mayor medida que cuando yo era niño los distintos sistemas educativos, los medios de comunicación y la intelectualidad de nuestra cultura. Mientras que es posible que existan revistas o programas de televisión populares que traten los fenómenos psíquicos, las experiencias cercanas a la muerte y las experiencias espirituales, los medios «serios» raramente prestan atención a estos conceptos, excepto para menospreciarlos. Concederles cierto grado de credibilidad significaría revelarte como una persona simple y carente de inteligencia y arriesgarte a ser ridiculizado. Desde luego, muy pocos de mis colegas del mundo universitario estarían dispuestos a tomarse en serio unos fenómenos tan «irracionales».

Hacerlo implicaría una pérdida de crédito..., puede que incluso la pérdida de su carrera profesional.

Hace poco, conocí a un psicólogo muy famoso y respetado que me contó que siempre había estado interesado en los fenómenos psíquicos y en las tradiciones espirituales orientales, pero que nunca los había abordado en detalle en su trabajo. Me contó que en las décadas de 1980 y 1990, cuando estaba consolidando su posición en el mundo académico, algo así habría perjudicado a su reputación y le habría impedido acceder a una plaza en una universidad. Y una vez comenzó a dar clases en una universidad prestigiosa, esos intereses le habrían imposibilitado avanzar en su carrera profesional. En otras palabras: mostrar sus verdaderas inclinaciones le habría supuesto la excomunión. Por suerte, este psicólogo me dijo que, ahora que ya había obtenido cierto estatus y que el fin de su carrera profesional estaba cerca, estaba empezando a tratar los temas prohibidos.

LOS DOGMAS DEL MATERIALISMO

Antes de continuar avanzando, definamos con exactitud qué es el materialismo. En términos filosóficos, el materialismo es una forma de monismo. *Mon* procede del prefijo latino *mono-*, que significa «uno», así que podríamos referirnos a él como *unismo*: la creencia de que el mundo está constituido por una sola cosa fundamental o primaria. Y, para el materialismo, esta cosa primaria es la materia. No hay niveles «superiores» de realidad, no hay diferentes dimensiones, no hay cielo ni infierno, ni dioses ni espíritus. Los seres humanos no tienen alma ni espíritu, e incluso nuestra mente es material en el sentido de que no es más que un producto de nuestro cerebro. Hasta las distintas formas de energía (como por ejemplo la energía mecánica, la termal o la cinética) son materiales porque son propiedades de los objetos materiales, al igual que lo es el color. Sólo lo físico es real, la sustancia física del mundo que nos rodea y la sustancia física de nuestro cuerpo.

Una alternativa evidente al monismo es el dualismo: la creencia de que el mundo está formado por dos cosas fundamentales. Una de ellas es la materia, y la otra, una cualidad no material como por ejemplo la mente, o tal vez el alma o la conciencia. Según los dualistas, ni la mente ni el alma pueden explicarse desde el punto de vista de la materia: son de una naturaleza completamente distinta. Sin embargo, para los materialistas, en la mente no hay nada misterioso, tampoco en la vida y ni siquiera en la muerte: todo puede explicarse por medio de las interacciones de elementos materiales como las neuronas, las moléculas y los átomos.

Así, el materialismo propone que la materia es la sustancia primaria o fundamental del mundo y que todos los fenómenos (incluidos los mentales) pueden explicarse por medio de las interacciones de la materia. La realidad esencial del mundo son las partículas microcósmicas que se reúnen e interaccionan de maneras complejísimas para producir cuanto conocemos. Los seres vivos somos simples aglomeraciones de partículas. Somos entidades similares a máquinas formadas por diminutos bloques de construcción materiales que, a su vez, están formados por diversos tipos de átomos y moléculas que trabajan unidos para crear las distintas partes de nuestro cuerpo y organizar las interacciones entre ellas. Visto de este modo, podríamos referirnos al materialismo como un enfoque «de abajo arriba», es decir, que intenta explicar todo el comportamiento y la experiencia humanos a partir de la biología, la química y la física.

Podría afirmarse que estas ideas son los supuestos primordiales del materialismo, pero de ellos se derivan otros. Toda religión tiene un conjunto de dogmas básicos, de principios que todo el que abraza la religión debe adoptar. De modo que aquí están los que podríamos llamar «Los diez dogmas del materialismo»:

- La vida surgió por accidente, por medio de las interacciones de ciertas sustancias químicas. Una vez que empezó a existir, evolucionó a partir de formas más simples hacia otras más complejas a través de mutaciones genéticas que se ocasionaban de manera aleatoria en función de la selección natural. El motor de la evolución es la competición o «la supervivencia del más apto».
- Los seres humanos son criaturas estrictamente físicas o máquinas. En nuestro interior no hay nada aparte de sustancia física, es decir, aparte de los átomos, las moléculas y las células de nuestro cuerpo y del cerebro. En consecuencia, no existe nada parecido al «alma», el «espíritu» o la «fuerza vital». Éstos no son más que supersticiones que la ciencia ha desestimado.
- Los seres vivos están formados por «genes egoístas» cuyo objetivo es replicarse. Los seres humanos son meros vehículos para la propagación de nuestro material genético. El ansia de replicación genética es el motor principal del comportamiento humano.
- Todos los fenómenos mentales pueden explicarse en términos de la actividad neurológica. El cerebro genera la conciencia. Los miles de millones de neuronas de nuestro cerebro funcionan juntas, aún no se ha descubierto cómo, para producir nuestra sensación subjetiva de ser «alguien» capaz de pensar y sentir.

- Dado que el cerebro produce la conciencia y que nosotros no somos más que sustancia física, no puede haber ningún tipo de vida después de la muerte. Cuando mi cerebro y mi mente dejen de funcionar, mi conciencia y mi identidad desaparecerán igual que desaparece la imagen de un televisor cuando se apaga.
- El comportamiento humano puede explicarse mediante la genética. Los rasgos y las características humanos de hoy en día existen porque tenían valor de supervivencia para nuestros ancestros. En consecuencia, la evolución seleccionó los genes con los que esos rasgos estaban relacionados.
- Los seres vivos somos individuos aislados que se desplazan por el espacio separados unos de otros. Yo tengo mi cuerpo y mi cerebro y tú tienes los tuyos; podemos tocarnos físicamente y comunicarnos mediante el lenguaje, pero nuestro sentido de la identidad, tal como lo produce nuestro cerebro, está en esencia contenido dentro de la sustancia física de nuestros cuerpos.
- El mundo existe «ahí fuera», al margen de los seres humanos. Es independiente de nosotros y existiría de la misma forma aun en el caso de que nosotros no estuviéramos aquí para percibirlo.
- Nuestro estado normal de conciencia es bastante objetivo y fiable, nos muestra el mundo tal como es. Todos los demás estados de conciencia, los estados de conciencia alterados o mal llamados «superiores», son alucinaciones que pueden explicarse como una actividad cerebral anómala.
- Los fenómenos paranormales o psíquicos no pueden ser reales porque contravienen las leyes funda-

mentales de la naturaleza. Por ejemplo, no existe ningún campo de energía conocido que pueda vincular una mente con otra y posibilitar la telepatía, ni ninguna fuerza conocida que pueda justificar la capacidad de mover objetos por medio de un esfuerzo mental.

Muchas personas se enorgullecen de defender estos puntos de vista «racionales» porque creen que la única alternativa sería volver a caer en la ignorancia y la superstición, en una forma de ver el mundo previa a la Ilustración, medieval, basada en la fe y las habladurías en lugar de en las pruebas. ¿Cómo va a creer una persona racional e inteligente en la posibilidad de la vida después de la muerte o en la existencia de algo no material como el alma o el espíritu?

En cualquier caso, ¿hasta qué punto estos diez dogmas están verdaderamente basados en pruebas? ¿Hasta qué punto no son más supuestos que hechos probados?

Es un hecho que los átomos y las moléculas existen. Es un hecho que la conciencia existe y que está asociada a la actividad neurológica. Es un hecho que la evolución ha tenido lugar. Pero es un supuesto que la vida pueda explicarse por completo desde el punto de vista de la acción e interacción de varias sustancias químicas. Es un supuesto que la actividad neurológica genere la conciencia (y por lo tanto que la conciencia termine con la muerte del cerebro). Es un supuesto que la evolución pueda explicarse por completo recurriendo a las mutaciones aleatorias y la selección natural.

Y uno de los propósitos de este libro es demostrar que es posible que en realidad estos supuestos sean falsos.

LAS RAÍCES CULTURALES DEL MATERIALISMO

¿De dónde surgió la cosmovisión del materialismo? ¿Cuándo se convirtieron algunos de los hallazgos básicos de la ciencia en un sistema de creencias? ¿Y por qué este sistema se volvió tan dominante? Hay razones tanto culturales como psicológicas para ello, y vamos a analizarlas una por una.

El materialismo no se volvió dominante gracias a una campaña sistemática de difusión o divulgación, como fue el caso de algunos de los sistemas de creencias más preponderantes del mundo (por ejemplo, cuando san Pablo estableció los principios del cristianismo o Buda hizo lo propio con los principios del budismo). Este desarrollo gradual, sin ningún tipo de instigación formal, es con toda probabilidad uno de los motivos por los que mucha gente no se da cuenta de que el materialismo es en realidad un sistema de creencias.

Hubo varios filósofos antiguos que postularon puntos de vista materialistas, sobre todo en la Grecia y la Roma antiguas. Por ejemplo, Lucrecio escribió un poema titulado «De rerum natura» («De la naturaleza de las cosas») que describía el universo como una máquina gigantesca y explicaba los fenómenos mentales y físicos recurriendo a minúsculas partículas elementales (átomos). El objetivo de Lucrecio era liberar a los romanos de las supersticiones y convencerlos de que el mundo funcionaba por azar y no por la intervención de los dioses romanos tradicionales.

En la época moderna, no obstante, quienes establecieron los cimientos del materialismo fueron científicos como René Descartes e Isaac Newton, que descubrieron que los seres vivos e incluso el universo entero podían entenderse en términos mecánicos. Al mismo tiempo, estos científicos no eran materialistas en el sentido moderno, puesto que la mayoría de ellos eran religiosos. Descartes era dualista, creía que el cuerpo y el alma son dos sustancias distintas, mientras que Newton veía su trabajo científico como un intento de comprender y explicar la creación de Dios. Newton pasó gran parte de su vida escribiendo obras teológicas que consideraba más relevantes que sus tratados científicos. Tal como señaló en su principal obra científica, *Principia mathematica*: «este elegantísimo sistema del Sol, los planetas y los cometas sólo puede originarse en el consejo y dominio de un ente inteligente y poderoso».[1] Los primeros astrónomos mostraban una actitud similar a la de Newton. Por ejemplo, las investigaciones del matemático y astrónomo alemán Johannes Kepler vinieron motivadas por su sensación de que Dios había creado el universo siguiendo principios geométricos y de que la razón humana podía descubrirlos.

Sin embargo, durante la segunda mitad del siglo XIX, los hallazgos científicos, en particular la teoría de la evolución de Darwin, restaron viabilidad a las creencias cristianas como forma de explicar el mundo. Ya no era plausible creer que Dios había creado el mundo y a los seres humanos. La autoridad de la Biblia como texto explicativo resultó definitivamente menoscabada. Los científicos empezaron a comprender que la religión ni siquiera era necesaria para ayudar a explicar el mundo. Los nuevos descubrimientos científicos podían utilizarse para proporcionar un sistema conceptual alternativo que confiriera sentido al mundo, un sistema que defendía que no existía nada salvo partículas de materia básicas y que todos los fenómenos podían justificarse mediante la organización y la interacción de dichas partículas. Uno de los materialistas más fervientes de finales del siglo XIX, T. H. Huxley, describía a los seres humanos como «autómatas conscientes» sin libre albedrío.[2] Otro prominente científico de la época, Henry Maudsley, afirmó que «la mente es una consecuencia y una función de la materia en un cierto estado de organización».[3]

Es probable que la primera guerra mundial también fuera un factor cultural significativo para el ascenso del materialismo. La guerra fue un acontecimiento tan catastrófico —con mucho, la guerra más destructiva y brutal de la historia hasta aquel momento, pues murieron dieciocho millones de personas y millones quedaron lisiadas o discapacitadas, y todo ello sin ningún motivo claro— que trajo consigo un derrumbamiento de los valores. Desembocó en una desconfianza en los sistemas y creencias filosóficos abstractos y en un ansia por reducir las cosas a sus formas más sencillas y ciertas. También aceleró el declive de la religión institucional. La primera guerra mundial pareció aportar la prueba de lo que el filósofo alemán Friedrich Nietzsche había proclamado treinta años antes: que Dios había muerto. ¿Cómo iba a permitir una deidad una destrucción sin sentido a una escala tan ingente? ¿Cómo iba a ser posible que una especie capaz de rebajarse a unos niveles de depravación y destrucción tan profundos estuviera hecha a imagen de Dios?

En la década de 1920, el ansia de reducir las cosas a la mínima expresión resultó en la psicología conductista, que postulaba que todo el comportamiento humano era consecuencia sólo de las influencias ambientales y que los fenómenos mentales y la conciencia podían ignorarse porque no eran observables. En filosofía, ese mismo impulso llevó al campo del positivismo lógico, que sostenía que sólo las cosas susceptibles de ser observadas y verificadas mediante los sentidos eran significativas y que, por tanto, podía hacerse caso omiso de las afirmaciones metafísicas porque no eran verificables.

Poco después, el descubrimiento de los genes ofreció otro modo de reducir las cosas al mínimo y condujo hacia una nueva interpretación de la evolución (conocida como neodarwinismo), que a su vez le allanó el camino al campo de la psicología evolutiva. Al mismo tiempo, los avances médicos del siglo XX eran abrumadores y lograban derrotar enfermedades que llevaban milenios destruyendo la vida humana. Esto reforzó la idea de que el cuerpo humano no es más que una máquina muy compleja que puede arreglarse cuando se estropea. Los campos de la neurología y de la neurociencia, favorecidos por las técnicas de neuroimagen, aplicaron este modelo al cerebro, que también se veía como una máquina muy compleja cuyas interacciones podían explicar la experiencia y el comportamiento humanos. Todas estas novedades sugerían que el empeño de «reducir las cosas» hasta sus elementos esenciales era válido.

En consecuencia, el materialismo echó raíces como el paradigma explicativo dominante de nuestra cultura. Toda cultura debe tener un sistema metafísico para conferir sentido al mundo, un sistema de creencias que conteste preguntas fundamentales sobre la vida humana, el mundo y la realidad en sí. Y dado que la religión, para la mayor parte de la gente instruida, ya no era un sistema metafísico válido, el materialismo pasó a desempeñar tal función.

Tal vez resulte extraño utilizar el término *metafísica* en relación con la ciencia. La metafísica es el área de la filosofía que se ocupa de las grandes preguntas acerca de la vida y del mundo con las que la mayor parte de los seres humanos lidia en su mente en algún momento de la vida; preguntas como ¿cuál es la naturaleza de la realidad? ¿Tiene sentido la vida? ¿Hay vida después de la muerte? ¿Es el mundo una ilusión generada por nuestra mente? La forma más habitual de concebir la ciencia es que ésta se centra en los hechos puros y duros y en el trabajo experimental en vez de enfrentarse a este tipo de preguntas. Pero la perspectiva materialista que muchos científicos adoptan (a menudo sin darse cuenta) es un sistema metafísico en el sentido de que da respuesta a todas las grandes preguntas y tiene su propio punto de vista sobre la naturaleza de la realidad. Por ejemplo, el sistema metafísico del materialismo nos dice que la materia es la realidad primaria, que no hay ni Dios ni alma ni vida después de la muerte, que el único sentido de la vida es la supervivencia y la reproducción, etcétera.

Ésta es la principal similitud entre el materialismo y la religión: que se trata de un sistema metafísico que explica la naturaleza de la realidad. Cuando los sistemas metafísicos se vuelven dominantes, suelen convertirse en exclusivistas y dogmáticos, pues eliminan las discrepancias e ignoran cualquier prueba que aparente contradecir sus normas. Éste ha sido sin duda el caso de la religión y, hasta cierto punto —como veremos a lo largo de este libro—, también el del materialismo.

LAS RAÍCES PSICOLÓGICAS DEL MATERIALISMO

A lo largo de la historia, ciertos sistemas de creencias han tomado el control de sociedades enteras de una forma casi imposible de explicar, simplemente porque conectaban con el *Zeitgeist*, el espíritu de la época, y satisfacían las necesidades psicológicas de la población general. El ascenso del cristianismo se debió en gran medida a que se erigió en la religión «oficial» del Imperio romano tras la conversión del emperador Constantino en el siglo IV (por eso el papa sigue viviendo en Roma). Pero la religión se propagó con tal rapidez y amplitud que parece obvio que también intervinieron factores psicológicos. En mi opinión, es probable que se debiera al intenso sufrimiento y la dureza de la vida en la época medieval, cuando la gran mayoría de la gente vivía en una pobreza y opresión lamentables y se enfrentaba a un constante peligro de muerte a causa de enfermedades como la viruela, el tifus y la peste. La idea de que había un ser todopoderoso cuidando del mundo y controlando todos los acontecimientos resultó atractiva para el pueblo, puesto que les proporcionaba cierta sensación de seguridad y significación. A la vez, la idea de que esta vida de sufrimiento era sólo una breve preparación para una eternidad dichosa y tranquila en el cielo también resultaba seductora. Y en un sentido más general, el cristianismo ofrecía un sistema metafísico coherente para explicar la vida humana y la naturaleza de la realidad.

Y pienso que esto mismo es cierto respecto al materialismo. La principal razón por la que el materialismo se ha hecho tan popular, aún más significativa que los factores culturales que se han mencionado antes, es que satisface necesidades psicológicas de raíces muy profundas.

Una de estas necesidades es la misma que satisface todo marco metafísico: la necesidad psicológica de certidumbre y orientación. Como sistema de creencias, el materialismo ofrece un marco explicativo coherente y universal con un discurso creíble para conferir sentido a la vida humana. Nos dice dónde estamos, cómo hemos llegado hasta aquí y adónde vamos. El potencial explicativo del materialismo es impresionante y constituye un buen sustituto para la religión. Las respuestas que ofrece a muchas de las «grandes preguntas» son claras y se ensamblan entre ellas de manera elegante y sistemática. Basándose en los mismos principios fundamentales, el materialismo responde las preguntas acerca de cómo se inició el universo, cómo comenzó la vida, cómo evolucionó, cuál es la esencia de las cosas (la material), por qué los seres humanos nos comportamos como lo hacemos (debido a nuestros genes y nuestra actividad cerebral), si hay o no vida después de la muerte (no la hay), etcétera. Todo esto nos proporciona una sensación de orientación. Como señaló el psicólogo Erich Fromm, «la conciencia que tiene el hombre de estar en un mundo extraño y anonadador» genera una intensa necesidad de «un sistema coherente de orientación» para explicar el mundo y reducir la confusión y la duda existenciales.[4] Esto contribuye a aportarnos también sensación de identidad. Saber dónde estamos y cómo hemos llegado aquí contribuye a nuestro sentido de identidad. Nuestras creencias refuerzan nuestro sentido del ser.

El materialismo también satisface la necesidad psicológica de control y poder sobre el mundo. Como observó el científico del siglo XVII Francis Bacon, el conocimiento es poder. Sentir que comprendemos cómo funciona el mundo nos proporciona una sensación de autoridad y dominio. Sentimos que, en lugar de estar subordinados a las misteriosas y caóticas fuerzas de la naturaleza, estamos por encima y no por debajo del mundo, que ocupamos una posición de poder.

En el caso de algunos materialistas particularmente fervientes, esta necesidad psicológica de control y poder se manifiesta en un deseo de conquistar la naturaleza, es decir, en un deseo de poseer una comprensión total del mundo y del universo, de explicar todos sus misterios, de manera que podamos convertirnos en los señores absolutos de la creación. En esencia, se trata de una actitud colonial. Se considera la naturaleza un territorio ignoto que es nuestro deber explorar y colonizar. Francis Bacon comparó de forma explícita la empresa científica con la empresa colonial, ya que creía que el destino y el deber de los seres humanos era dominar la naturaleza. Tal como escribió, «que el género humano recobre su imperio sobre la naturaleza, que por don divino le pertenece».[5] (Da la casualidad de que Bacon también estuvo muy involucrado en la empresa colonial y ayudó a establecer colonias británicas en Virginia a comienzos del siglo XVII.)

Esta actitud se halla implícita en la forma en que algunos científicos entienden la naturaleza como algo de «ahí fuera», un dominio que es ajeno y distinto de la conciencia que lo observa. Lo más común cuando percibimos algo como «otro», como por ejemplo otra nación, otro grupo étnico o religioso, es que también lo consideremos un enemigo que debemos someter y conquistar. (Este instinto colonial en la ciencia fue muy intenso hace unas cuantas décadas, cuando dicha colonización todavía parecía factible e incluso daba la sensación de que estábamos bastante cerca de llegar a un punto de comprensión total. En los últimos años, sin embargo, los científicos se han vuelto más prudentes. Descubrimientos más recientes, como el de la energía oscura y la biología cuántica, han puesto de relieve las limitaciones de nuestra comprensión. En ciertos sentidos, da la impresión de que, cuanto más ahondamos en nuestro análisis de la realidad, más misterios encontramos.)

Estos aspectos psicológicos dejan claro por qué algunos materialistas acérrimos reaccionan con un escepticismo tan hostil ante fenómenos «anómalos» como las experiencias cercanas a la muerte, la telepatía y la precognición y rechazan las pruebas convincentes de su existencia. (Más adelante estudiaremos estas cuestiones en mayor detalle.) Estas reacciones son semejantes a las de los líderes de la iglesia que condenaron a científicos como Galileo o Giordano Bruno por herejía. Igual que aquellos líderes de la iglesia, están intentando mantener un sistema metafísico que satisface sus necesidades psicológicas de orientación y control. Aceptar la existencia de fenómenos que contradicen los dogmas de su sistema de creencias sería peligroso desde el punto de vista psicológico, puesto que amenaza su identidad, su seguridad y su poder.

EL MATERIALISMO Y NUESTRO ESTADO «DE SUEÑO»

La última —y más significativa— de las razones psicológicas del triunfo del materialismo es que, como filosofía, se corresponde de manera muy estrecha con nuestra experiencia del mundo. O, en otras palabras, es una expresión conceptual de la realidad que experimentamos en un estado del ser normal.

En libros como *La Caída*, *Waking From Sleep* y *El salto*, he sugerido que el que consideramos un estado del ser «normal» es en realidad muy limitado y poco fiable. Incluso he llegado a insinuar que la consciencia normal es un tipo de «sueño» que cuenta con dos características principales.

La primera de ellas es nuestro fuerte sentido de la individualidad y de separación del mundo que nos rodea. Nuestra experiencia normal es sentir que somos un «yo» que vive dentro de su propio espacio mental, con una barrera que lo separa del «mundo exterior». Sentimos que estamos «aquí dentro» y que el resto de la realidad está «ahí fuera». Este marcado sentido de la individualidad crea una incómoda sensación de aislamiento y de carencia, lo cual, en mi opinión, es el origen del impulso de acumular posesiones, riqueza, estatus y poder. Como entidades separadas, nos sentimos incompletos, como fragmentos desprendidos del todo, y mediante la acumulación de riqueza o poder intentamos reafirmarnos, sentirnos más fuertes e importantes para compensar nuestra sensación de carencia.

Este intenso sentido de la individualidad también puede crear una sensación de alteridad respecto a nuestro cuerpo. En lugar de sentir que somos nuestro cuerpo, podemos llegar a sentir que sólo lo habitamos, como si no fuera más que un mero vehículo que nos transporta de un lado a otro. Y, a lo largo de la historia, en muchas culturas esta sensación de alteridad respecto al cuerpo ha desembocado en una repugnancia hacia éste y todas sus funciones que se ha manifestado en la represión sexual y el ascetismo.

La segunda característica principal de nuestro estado «de sueño» es nuestra percepción «insensibilizada» o automática del mundo fenomenológico. El mundo que nos rodea es real sólo a medias: lo percibimos a través de un velo de familiaridad y prestamos poca atención a nuestras experiencias diarias. Cuando nos exponemos por primera vez a una experiencia o un entorno nuevos, nos afectan sobremanera (por ejemplo, los primeros días que pasamos en un país desconocido; los primeros días en un trabajo nuevo; o la primera exposición a un olor o un sabor diferentes). Pero enseguida nos habituamos a ellos, así que pierden su poder sensorial. La intensidad de las cosas se desvanece a medida que se produce la insensibilización. Dado que la mayoría de nosotros nos pasamos la vida en entornos conocidos, repitiendo experiencias que ya hemos tenido muchas veces, esta percepción insensibilizada es nuestro estado normal. Sólo «nos despertamos» y salimos de dicho estado en circunstancias especiales, como cuando tenemos nuevas experiencias, viajamos a entornos novedosos o experimentamos estados de conciencia superiores.

La mayoría de nosotros pensamos que nuestro estado del ser normal nos viene «dado» y suponemos que la experiencia del mundo que nos proporciona es auténtica. En lugar de caer en la cuenta de que se trata tan sólo de una visión concreta del mundo generada por nuestras estructuras y funcionamiento psicológicos, damos por hecho que ésa es la forma verdadera de percibirlo. Ya se ha mencionado que uno de los supuestos del materialismo es que sólo nuestro estado de conciencia normal es fiable y objetivo, y que cualesquiera otros son anómalos (y fruto de una actividad cerebral anormal).

No obstante, como ya señalé en *La caída*, la mayoría de las culturas de la historia humana han experimentado el mundo de una manera muy distinta a ésta. Hay gran cantidad de pruebas de que los humanos prehistóricos, y muchas de las culturas indígenas del mundo, no experimentaban sensación alguna de separación respecto a su entorno. Se sentían vinculados de una forma íntima con el paisaje, con los fenómenos naturales que se producían en torno a ellos y con la Tierra en sí. Al mismo tiempo, existen pruebas que sugieren que los pueblos prehistóricos e indígenas no experimentaban la misma visión insensibilizada del mundo que nosotros. Parece que, para ellos, el mundo era algo intensamente real y vivo, algo lleno de fenómenos animados y sensibles. Hoy en día, muchos grupos indígenas tienen la intensa sensación de que el mundo está impregnado de una fuerza espiritual y de que las cosas naturales son expresiones de esa fuerza, tanto como ellos mismos. (Abundaremos sobre esto en el próximo capítulo).

También experimentamos una percepción del mundo muy distinta durante la infancia. Los niños carecen de esa sensación de separación respecto a su entorno, y tampoco experimentan nuestra percepción insensibilizada. Para los niños pequeños el mundo es un lugar muy real y estimulante, lleno de rarezas y maravillas. Le dedican su atención, entusiasmados, a todo tipo de cosas «mundanas» y «ordinarias» que los adultos no se molestan ni en mirar. Nuestra sensación de separación y nuestra percepción insensibilizada empiezan a desarrollarse durante la última etapa de la infancia y se imponen durante la adolescencia o la adultez temprana.

Pero, incluso de adultos, de vez en cuando despertamos de nuestro estado «de sueño» normal, en los lapsos en los que tenemos lo que yo llamo «experiencias de despertar». Suelen ocurrir en momentos de relajación, como durante la meditación o mientras estamos en contacto con la naturaleza, cuando el habitual parloteo asociativo de nuestros pensamientos desaparece y nuestro ser interior se torna más calmo y vigorizado. Nuestra percepción se intensifica; las cosas cobran viveza y significación, como si hubieran adoptado cierta cualidad de «ser-idad» o talidad; también notamos una fuerte sensación de conexión con lo que nos rodea, como si hubiéramos pasado a formar parte del mundo, en lugar de ser simples observadores del mismo. Como demostré en *El salto*, es posible experimentar un estado de «despertar» prolongado, estable, en el que transcender de manera permanente las limitaciones de nuestro estado normal.

Estamos acostumbrados a pensar que nuestra percepción del mundo es más válida que la de los pueblos indígenas o los niños. Nos gusta pensar que hemos superado el simple animismo de los pueblos indígenas y que tenemos una comprensión más racional del mundo. De forma similar, resulta fácil desestimar nuestra intensa percepción de la infancia, porque pertenece a una fase temprana del desarrollo que ya hemos dejado atrás. Y es obvio que la edad adulta es, en muchos sentidos, un estado psicológico más avanzado que la infancia (desde el punto de vista de las capacidades cognitivas, el desarrollo lingüístico, las capacidades organizativas, el control de impulsos, etcétera). Sin embargo, tanto en el caso de los humanos prehistóricos/indígenas como en el de la infancia, nuestro desarrollo no ha sido del todo positivo: también ha conllevado una pérdida. Hemos perdido la sensación de ser parte del mundo y la sensación de la viveza y la «ser-idad» del mundo que nos rodea.

Opino que en esta percepción del mundo radica el origen más fundamental del materialismo. El materialismo es una expresión conceptual de nuestra sensación se separación y de nuestra percepción insensibilizada. La idea de separación se conceptualiza en una visión de nosotros mismos como observadores independientes y objetivos de un mundo que está «ahí fuera». (Como ya se ha dicho, esto también genera un impulso de colonizar y conquistar la naturaleza «estando por encima de ella».) Nuestra sensación de separación también se conceptualiza en la idea materialista de que el mundo consta de objetos aislados, distintos, que existen separados unos de otros, con un espacio vacío entre ellos. En el nivel macrocósmico, esto significa que el mundo parece estar lleno de entidades inanimadas y vivas (aparte de los seres humanos, el resto de los animales, las plantas, las piedras y demás), que siempre están aisladas y separadas. Y en el nivel microcósmico significa que el mundo está lleno de entidades como los átomos y las moléculas, que pueden cooperar y unirse, pero que se entienden como fundamentalmente aisladas.

De forma similar, nuestra percepción insensibilizada se conceptualiza en la idea de que el mundo es un lugar en esencia inanimado y de que los seres vivos son poco más que máquinas químicas. La vida se explica de acuerdo con procesos químicos, de tal manera que, al parecer, los seres animados son sólo complejas disposiciones de partículas y átomos inanimados. Y los fenómenos inanimados en términos biológicos, como las piedras, las rocas, el cielo, el sol, la luna y la propia Tierra, son objetos inertes. Y entre estos objetos inertes y los fenómenos hay un espacio vacío que se extiende a nuestro alrededor y por encima de nosotros, hacia el cielo y más allá de la atmósfera terrestre.

Por lo tanto, la perspectiva materialista no es una realidad objetiva. Si vamos a los fundamentos, no es más que la apariencia que tiene el mundo cuando lo experimentamos a través de nuestra sensación de separación y nuestra percepción insensibilizada.

LAS CONSECUENCIAS CULTURALES Y EXISTENCIALES DEL MATERIALISMO

Hasta el momento he abordado el materialismo desde un prisma muy negativo, pero también debe de tener algún aspecto positivo, ¿no?

El filósofo alemán Friedrich Nietzsche señaló algunos de esos aspectos positivos del materialismo. Nietzsche vivió en la segunda mitad del siglo XIX y se opuso con fervor al cristianismo convencional de esa época. Consideraba que la base del cristianismo era «el fastidio contra la vida» y «el odio al "mundo", la maldición de los afectos, el miedo a la belleza y a la sensualidad, un más allá inventado para calumniar mejor el más acá».[6] Opinaba que rechazar la idea de una vida después de la muerte —que devaluaba esta vida— llevaba a una afirmación y aceptación tremenda de esta vida. Al rechazar la idea de que hay mundos más allá de éste, amamos y saboreamos este mundo de manera más plena. Del mismo modo, Nietzsche pensaba que rechazar la idea de Dios nos otorgaba libertad y una gran oportunidad para el autodesarrollo. Dios ya no se interponía en nuestro camino, así que éramos libres de crearnos de nuevo y alcanzar nuestro potencial, incluso de convertirnos en lo que Nietzsche llamó «superhombres».

El británico Richard Dawkins, conocido autor científico que se declara ateo, ha retratado el lado positivo del materialismo de una forma similar. A pesar de la aparente desolación de su cosmovisión mecanicista, defiende que la vida está llena de significado y que merece la pena vivirla. Para Dawkins, ese significado deriva del propio hecho de que estemos vivos cuando las probabilidades estaban tan enormemente en contra de que llegáramos siquiera a existir; según sus conmovedoras palabras, «después de un ensueño de cien millones de siglos hemos abierto al fin los ojos en un planeta suntuoso, de colores rutilantes y repleto de vida».[7] Su segunda fuente de significado es la maravilla de la propia existencia, la impresionante complejidad y lo intrincado del mundo. La mayor parte del tiempo, lo que él llama la «anestesia de la familiaridad» entorpece nuestra mente e impide que lo apreciemos, pero su pudiéramos observar el mundo con una «visión primeriza», su riqueza y singularidad nos sobrecogerían constantemente. Dawkins cree que el propósito de nuestra vida debería ser contemplar y estudiar esa maravilla, dedicar «nuestro breve tiempo bajo el sol» trabajando para «comprender el universo y nuestro despertar en él».[8] En estos pasajes, Dawkins adopta un tono que recuerda a filósofos existencialistas como Jean-Paul Sartre, quien afirmaba que la vida es insignificante o absurda en lo fundamental, pero que deberíamos valorar nuestra libertad.

Y todo esto es válido hasta cierto punto. Las investigaciones en el campo de la religión y el bienestar han descubierto que, mientras que las personas muy religiosas tienen el nivel de satisfacción vital más alto, los ateos también tienen un nivel de satisfacción vital bastante elevado, superior, de hecho, al de las personas moderadamente religiosas.[9] Es probable que esto se deba, en gran medida, a la sensación de certeza que proporciona el ateísmo. Tener unas creencias firmes lleva, sin duda, a un mayor bienestar, con independencia de la naturaleza de esas creencias. Pero es posible que el bienestar de los ateos esté relacionado con algunos de los factores identificados por Nietzsche y Dawkins: la libertad respecto a las restricciones de la religión, la libertad de vivir de acuerdo con nuestros propios valores y la apreciación de esta existencia como la única que tenemos.

Sin embargo, los efectos negativos del materialismo sobrepasan con creces su lado positivo. Aunque puede que algunas personas reaccionen de una manera nietzscheana, las consecuencias más naturales del materialismo son el nihilismo y el hedonismo. A pesar de que la actitud de celebración de Dawkins resulta inspiradora, podríamos argumentar que no está plantándoles cara a todas las consecuencias de su forma de ver el mundo. Si los seres humanos, tal como él mismo ha sugerido, no son más que «máquinas de supervivencia desechables», si nuestra vida no tiene mayor consecuencia que la replicación de nuestros genes, si el universo está vacío, es frío y carece de finalidad, si no hay ninguna otra fuerza causal en el universo aparte del puro azar, si todo esto es cierto, entonces, por muy complejo e intrincado que sea el mundo, no hay nada que pueda compensarnos de verdad por ello. Decirnos que «nos mostremos agradecidos» y contemplemos lo intrincado que es todo sería como decirle a un prisionero encerrado en una celda de aislamiento que dé las gracias porque las paredes están pintadas de colores alegres. La reacción más honesta a la cosmovisión de Dawkins —y a la de la ciencia materialista en general— sería no tomarse la molestia de salir de la cama por las mañanas, suicidarse, escapar de la desalentadora realidad tomando drogas o perseguir sin descanso la gratificación del ego y la excitación sensorial.

Y éste es el lúgubre legado del materialismo con el que convivimos a diario: una sensación de confusión e insignificancia generalizada. En realidad, el materialismo ha creado lo que el psicólogo Viktor Frankl llamó un «vacío existencial»,[10] una pérdida de metas y significados.

Aunque Nietzsche y Sartre creyeran que éramos libres para crear nuestros propios valores y significados, lo único que hemos hecho en realidad ha sido volvernos hacia el hedonismo y el consumismo. El materialismo como sistema metafísico ha dado lugar al materialismo como forma de vida, es decir: a un estilo de vida de adquisición y consumo. Al creer, aunque sólo sea de forma inconsciente, en un rincón de nuestra mente, que esta vida es lo único que hay y que no tiene ningún significado más allá de la supervivencia y la reproducción, hemos desarrollado una actitud de «despreocupación», una sensación de que más nos vale disfrutar todo lo posible. Si este mundo es lo único que hay, más nos vale sacar de él todo lo que podamos, sin preocuparnos por las consecuencias.

Muy relacionado con lo anterior está el hecho de que el materialismo es en gran parte responsable del individualismo desenfrenado de las culturas modernas. El consumismo y el hedonismo se prestan de manera natural al egoísmo. El objetivo de nuestra vida es satisfacer nuestros propios deseos y no contribuir al mundo o ayudar a los demás. A fin de cuentas, las cantidades de riqueza, éxito y poder son finitas, así que tenemos que ser egoístas y despiadados para acumular el máximo posible.

Y lo que es aún más dañino: algunos principios materialistas fundamentales, como el del gen egoísta o el de la competición (como fuerza motora de la evolución) han contribuido a justificar los peores excesos del materialismo. Por supuesto, las sociedades ya eran hasta cierto punto individualistas y competitivas antes de que los principios materialistas se convirtieran en dominantes, pero el materialismo hizo que esos valores se volvieran mucho más aceptables. El materialismo reforzó la idea de que el principal objetivo de la vida es tener éxito y hacerse rico, y por lo tanto hizo más tolerable que nos comportáramos de manera egoísta y despiadada y menos aceptable que tuviéramos un comportamiento ético y compasivo.

Esto subraya uno de los principales problemas del materialismo, que es que permite y alienta algunos de los peores aspectos de la naturaleza humana. Las religiones tradicionales nos protegen de algunos de ellos: incitan a la compasión y el altruismo, nos enseñan a ser cooperativos en lugar de competitivos, a ser moderados en lugar de hedonistas y nos dicen que no deberíamos esperar la realización completa en esta vida. Sin embargo, con el declive de la religión y la preponderancia del materialismo, nuestros hedonismo, consumismo y egoísmo dejaron de tener diques y esos impulsos encontraron vía libre para expresarse. Es más: no sólo encontraron vía libre, sino que se favoreció que se expresaran lo más plenamente posible. Nietzsche esperaba que la perspectiva materialista liberara los aspectos superiores de la naturaleza humana y nos permitiera crear un nuevo sentido y vivir de una manera más noble..., pero, en realidad, ha liberado sobre todo los aspectos más bajos de la naturaleza humana y nos ha alentado a vivir de manera más mezquina. No ha llevado a la novedad, sino a la mezquindad.

LAS CONSECUENCIAS MEDIOAMBIENTALES DEL MATERIALISMO

Los efectos negativos del materialismo van más allá de nuestra sociedad y de nosotros mismos como individuos: también afectan al medio ambiente. En gran medida, los abusos medioambientales son una consecuencia inevitable de nuestro estado «de sueño». Como se ha señalado antes, dado que no sentimos la vitalidad y la sacralidad del mundo natural, no sentimos respeto por él, ni tampoco la responsabilidad de cuidarlo. Algunos pueblos indígenas creen que comparten su identidad con los fenómenos naturales y, por lo tanto, consideran que al dañar el mundo natural se están haciendo daño a sí mismos. Nosotros, por el contrario, sentimos que el mundo natural es «otro» respecto a nosotros; no podemos empatizar con él, así que no tenemos reparos a la hora de maltratarlo.

Pero, una vez más, el materialismo ha aprobado y alentado esta actitud demencial hacia la naturaleza. El materialismo nos ha «demostrado» que todas las cosas —entre ellas las cosas vivas— son meras máquinas químicas. Los fenómenos naturales no son más que objetos cuyo único valor es utilitario. No sentimos ni respeto ni responsabilidad hacia ellos, sólo nos preocupa el provecho que podemos sacarles. La Tierra es una simple bola de roca carente de sintiencia y cubierta de vegetación a la que sólo consideramos un almacén de recursos que nos proporciona energía y produce bienes. De manera similar, el materialismo afirma nuestra sensación de que somos entidades distintas, agrupaciones de átomos con una mente que es una proyección de nuestro cerebro, y que, por ende, estamos separados del mundo natural... y en consecuencia autorizados a conquistarlo y colonizarlo.

He llamado a esta actitud hacia la naturaleza «eco-psicopatía».[11] Los psicópatas son personas que no pueden sentir empatía y que se pasan la vida manipulando y explotando de manera despiadada a los demás con la intención de satisfacer sus deseos de control y poder. Y ésa es una descripción perfecta de cómo tratamos nosotros a la naturaleza: con falta de empatía, con una explotación y un maltrato despiadados. Somos eco-psicópatas, y la máxima consecuencia de este trastorno psicológico —que ya se está manifestando— es el daño a gran escala a los ecosistemas de nuestro planeta, la extinción masiva de las especies terrestres y, tal vez, la extinción de la propia especie humana. Tal como se comenta que dijo el jefe Seattle en 1854: «Su apetito [el del hombre blanco] devorará la Tierra y sólo dejará atrás un desierto».[12]

Todo esto evidencia que necesitamos un sistema metafísico diferente, capaz de proporcionarnos una perspectiva más saludable y holística, inspirarnos para vivir de manera más significativa y fomentar una mejor relación con nuestro planeta. Ese sistema metafísico alternativo es lo que vamos a examinar en el próximo capítulo.

2

LA ALTERNATIVA ESPIRITUAL

¿Y si la realidad primaria del universo no es la materia? ¿Y si existe otra cualidad que es tan esencial que impregna la materia, y en el fondo ésta no es más que una manifestación de aquélla? ¿Y si esta otra cualidad también permea a los seres vivos y a todos los inanimados?

La idea de que la esencia de la realidad es una cualidad inmaterial, espiritual, es uno de los conceptos transculturales más antiguos y comunes de la historia. Es una idea que casi todas y cada una de las culturas indígenas del mundo han desarrollado de manera independiente, una noción que todas las tradiciones místicas o espirituales han incorporado también de forma independiente. Es una idea que los filósofos han adoptado para explicar problemas como la conciencia y la relación entre el cuerpo y la mente, y también una noción que insinúan algunos de los descubrimientos y de los conceptos de la física cuántica. Y lo que es aún más importante para mi argumentación en este libro: se trata de una idea que puede contribuir a la explicación de algunos de los problemas más desconcertantes y controvertidos de la ciencia, la psicología y la filosofía contemporáneas.

De acuerdo con esta cosmovisión, esta cualidad espiritual es un aspecto primario de la realidad, igual que fuerzas elementales como la gravedad o el electromagnetismo. O puede que esta cualidad espiritual sea aún más fundamental que tales fuerzas. Tal vez precediera al universo, y el universo, con todas sus partículas materiales, fuerzas y leyes, sea una expresión de dicha fuerza.

Uno de los significados de todo esto es que esta cualidad espiritual es, si utilizamos un término técnico, irreductible. En otras palabras: no puede reducirse a ninguna otra cosa ni explicarse de acuerdo con ninguna otra cosa. Es, sencillamente, una cualidad fundamental del universo. Como tal, está en todo y en todas partes. Está en nosotros, en todos los demás seres vivos, en todos los objetos inanimados y en todos los espacios que quedan entre todas las cosas.

¿Qué término deberíamos emplear para referirnos a esta cualidad? Creo que es válido describirla como una fuerza, en parte porque otros elementos universales —la gravedad y el electromagnetismo— se consideran fuerzas. El término *fuerza* también encaja con la naturaleza activa y dinámica de esta cualidad. (Como veremos más adelante, en el capítulo 10, ésta posee una tendencia innata a generar una complejidad y un orden mayores en las cosas materiales.) Así pues, a partir de este momento me referiré a ella como *fuerza espiritual*. Esta expresión también se ajusta a los términos que las culturas indígenas y las tradiciones místicas (que examinaremos en las próximas páginas) han empleado a lo largo de la historia para describir esta cualidad.

Yo denomino esta perspectiva *panespiritismo*. *Pan* significa «totalidad» o «todo», de modo que, en sentido literal, esta palabra significa «espíritu total» o «todo es espíritu». Esto se parece a otro enfoque filosófico, llamado *pampsiquismo* (que literalmente quiere decir «mente total»). Sin embargo, existen diferencias significativas. El pampsiquismo sugiere que las partículas de materia más básicas poseen algún tipo de ser interior y de experiencia; no concibe una fuerza espiritual que lo impregne todo, incluido el espacio vacío. El panespiritismo sí sugiere que esa fuerza espiritual permea todas las cosas, pero que no tiene por qué imbuirlas de una vida interior. (En mi opinión, que describiré en detalle en este mismo capítulo, sólo en las primeras formas de vida simples se presenta algún tipo de conciencia o sintiencia y experiencia.)

Una vez aclarado esto, hay algunas similitudes obvias entre el panespiritismo y el pampsiquismo. Ambos son enfoques «postmaterialistas» en tanto en cuanto no implican que la materia sea la realidad primaria del mundo ni que los fenómenos mentales puedan reducirse a la actividad cerebral. Ambas perspectivas proponen que el espíritu o mente es un aspecto esencial del universo y no puede explicarse en términos de la materia. Además, ambas sugieren que el universo está fundamentalmente vivo y es sintiente, y no un ente mecanicista e inerte.

En este capítulo vamos a analizar con qué respaldos y pruebas cuenta esta perspectiva espiritual. En cierto sentido, muchos de los capítulos de este libro también ofrecen pruebas de ella. Como veremos, fenómenos como el altruismo, la telepatía y las experiencias espirituales ofrecen abundante apoyo al concepto de una fuerza espiritual conectadora. Que la cosmovisión espiritual posea tanto poder explicativo en tantas áreas distintas resulta revelador. Sin embargo, en este capítulo vamos a examinar los respaldos a esta idea que proceden de otras fuentes.

EL PANESPIRITISMO EN LA FILOSOFÍA

En el capítulo anterior hemos visto que el rastro de las ideas materialistas puede seguirse hasta la antigua filosofía griega, y lo mismo ocurre con el panespiritismo. De hecho, las opiniones panespiritistas eran mucho más comunes en el antiguo pensamiento griego que las materialistas. Se suele considerar que el primer filósofo griego fue Tales, que creía que «todo está lleno de dioses» y que «el alma está mezclada con todo el universo».[1] Otro filósofo griego, Anaximandro, utilizó el término *ápeiron*, que literalmente significa «ilimitado» o «infinito», para referirse a la fuerza espiritual. Describía el ápeiron como la fuente de la que surgen todas las formas y a la que todas vuelven. Algunos filósofos griegos posteriores creían que el *pneuma*, que en sentido literal significa «aire», pero se traduce como «alma», «espíritu» o «mente», era el principio subyacente del universo, que lo permeaba y penetraba todo, de manera que todas las cosas tenían su propia alma. Los filósofos estoicos no entendían la mente y la materia como dos cosas distintas, sino como dos aspectos del mismo principio subyacente, al que denominaban *logos*. El logos, que a veces se traducía como «dios», era, por lo tanto, inherente a todas las cosas materiales. Otros filósofos, como por ejemplo Anaxágoras, empleaban el término *nous* («mente») y lo concebían como una única fuerza unificadora que animaba todas las cosas. Y Platón, tal vez el filósofo griego más conocido, también articuló opiniones panespiritistas, especialmente en sus últimas obras. Platón utilizaba la expresión *anima mundi*, el *alma del mundo*, y sugirió que el cosmos tiene alma, al igual que el cuerpo, y que todo lo que existe comparte esa alma.

Seis siglos después de la muerte de Platón, y unos cuatro siglos después de la desaparición de la antigua civilización griega, surgió una nueva ola de ideas panespiritistas con el filósofo Plotino. Se sabe muy poco de él, aparte de que fue un egipcio grecoparlante que pasó la mayor parte de su vida en Alejandría y Roma. Lo que sí es cierto, en cualquier caso, es que Plotino fue uno de los filósofos místicos más profundos del mundo. Enseñaba que la realidad fundamental del universo es una fuerza espiritual que él llamaba «el Uno». El Uno es una reserva de fuerza espiritual dinámica y poderosa a partir de la cual surgen todos los seres individuales. Crea y sustenta nuestra vida de manera continua, como una fuente que mana hacia nuestro ser individual. Es la fuerza central del universo y, como tal, sentimos una poderosa atracción hacia ella, un anhelo de recobrar la conciencia de su existencia. Según escribió Plotino: «Todo ser contiene en sí mismo todo el mundo inteligible. Por lo tanto, Todo está en todas partes [...]. El hombre tal como es ahora ha dejado de ser el Todo. Pero cuando deja de ser un individuo, se eleva de nuevo y penetra el mundo entero».[2]

Plotino inició una nueva ola de filosofía panespiritista, a la que por lo general nos referimos como neoplatonismo, que floreció hasta mediados del primer milenio después de Cristo. Sin embargo, después de esto en Europa hubo poco pensamiento formal filosófico hasta la Edad Media. Durante el siglo XVI comenzó una nueva ola de especulación filosófica que incluía ideas panespiritistas. El filósofo italiano Francesco Patrizi sugirió en un libro titulado *Nueva filosofía del universo*, publicado en 1591, que existía un alma universal que impregnaba todas las cosas, incluida el alma humana, así que en cierto sentido toda alma contenía el universo entero. Su coetáneo y compatriota Giordano Bruno también creía que «el espíritu se encuentra en todas las cosas, y no hay corpúsculo por mínimo que sea que no contenga en sí una porción [de él] suficiente para animarlo».[3] Uno de los más importantes filósofos del siglo XVII, Baruch Spinoza, también expresó opiniones panespiritistas. Spinoza creía que había una única esencia subyacente a toda la realidad, a la que llamaba tanto Dios como naturaleza. Y al igual que los estoicos, Spinoza consideraba que esta cualidad se manifestaba no sólo en la materia, sino también en la mente, de modo que ambas cosas eran, en esencia, la misma.

Después de esto, no obstante, las ideas panespiritistas desaparecieron de la filosofía (si bien las ideas pampsíquicas continuaron prevaleciendo). El filósofo alemán del siglo XVIII Johann Gottfried Herder supuso una excepción. Empleaba el término *Kraft* (que traducido de forma literal significa «fuerza» o «energía») para designar la sustancia subyacente a la realidad. Intentó integrar el concepto de *Kraft* con las fuerzas que los científicos acababan de descubrir, como la de la gravedad, la electricidad, el magnetismo y la luz, mediante la sugerencia de que todas ellas eran diferentes manifestaciones del *Kraft* subyacente del universo. Otra notable excepción es la del filósofo contemporáneo David Chalmers, quien ha postulado que, más que un producto del cerebro, la conciencia es una cualidad fundamental del universo.

Una razón por la que el panespiritismo resultaba atractivo para los filósofos griegos era que parecía resolver una de las cuestiones más problemáticas de la filosofía: la relación entre el espíritu o alma y el cuerpo. (Esto también forma parte del atractivo del pampsiquismo.) Los antiguos filósofos griegos expresaban el problema con una frase que se ha fijado como expresión latina: *ex nihilo, nihil fit*, es decir, de la nada, nada surge. En otras palabras, ¿cómo iba a emerger el alma inmaterial de la materialidad del cuerpo? El panespiritismo (y el pampsiquismo) resuelve este problema al sugerir que el alma siempre ha estado en la materia.

En términos más contemporáneos, este problema puede enmarcarse en la cuestión de cómo emerge la conciencia del cerebro. David Chalmers se refiere a esto como el «problema difícil»: el problema de cómo la masa de materia gris y pastosa que llamamos cerebro da lugar a la riqueza y variedad de nuestras experiencias conscientes (lo examinaremos con más detalle en el próximo capítulo). Según Chalmers, es muy poco probable que en algún momento lleguemos a ser capaces de explicar la conciencia desde el punto de vista de la neurología. En consecuencia, deberíamos buscar una explicación alternativa, que es que, dado que la conciencia «no parece derivar de las leyes físicas», debería «considerarse una característica fundamental, irreductible a ningún otro elemento más básico».[4] Chalmers señala que en el siglo XIX los físicos se dieron cuenta de que los fenómenos electromagnéticos no podían explicarse por medio de los conocimientos que poseían, y por eso introdujeron el principio de los campos electromagnéticos como una cualidad fundamental del universo. Y lo mismo debería ser válido para la conciencia. Teniendo en cuenta que no puede explicarse mediante las teorías actuales y que no puede reducirse a ninguna otra cualidad del universo, debería considerarse una cualidad fundamental. Según Chalmers, los físicos no serán capaces de desarrollar una «teoría del todo» coherente hasta que contemplen la conciencia como una cualidad fundamental.

CONCEPTOS INDÍGENAS DE LA FUERZA ESPIRITUAL

En cualquier caso, es importante recordar que el panespiritismo es mucho más que una filosofía. A un nivel más fundamental, es «experiencial». Una fuerza espiritual omnipresente no es sólo una idea abstracta, es una cualidad real que puede percibirse de manera directa. Y la ubicuidad de la conciencia directa de la fuerza espiritual por parte de los seres humanos a lo largo de la historia (y las cosmovisiones espirituales a las que ha dado origen esta conciencia) constituye una de las pruebas más sólidas del panespiritismo.

Casi todos los grupos indígenas tienen una palabra que describe una fuerza o poder espiritual que lo permea todo y constituye la esencia de todas las cosas. En general, los pueblos indígenas no son (o al menos no lo eran, hasta la época colonial) teístas; es decir, no poseen el concepto de uno o varios dioses personales que vigilan el mundo e intervienen en sus asuntos.

(Algunos pueblos sí tienen el concepto de un «dios creador» para explicar cómo llegó a existir el mundo, pero en casi la totalidad de los casos, una vez que su dios ha hecho su trabajo, se hace a un lado y se relaciona muy poco con su creación.) De hecho, el concepto de «religión» no tenía ningún significado para los pueblos indígenas tradicionales, porque para ellos no había separación entre el mundo espiritual y el que los rodeaba. El espíritu impregna el mundo cotidiano, y toda actividad es potencialmente espiritual, ya que implica interactuar con el espíritu de algún modo. (Dicho sea de paso, la mezcla de tiempos verbales pertenecientes al pasado y al presente es deliberada, puesto que sé que pocos pueblos indígenas continúan llevando una forma de vida tradicional, pero también que algunos todavía conservan esta perspectiva.)

En América del Norte, los tlingit del Noroeste del Pacífico se referían a la fuerza espiritual como *yok*; los indios hopi del árido sudoeste lo llamaban *maasauu*; en las Grandes Llanuras, los pawnee lo denominaban *tirawa*, los sioux, *taku wakan*, y los lakota, *wakan-tanka*, mientras que en los boscosos territorios del noreste los iroqueses lo designaban *orenda*, y los algonquinos orientales, *manitou*; etcétera. Toda tribu de América del Norte posee algún término equivalente. A veces estos conceptos se traducen como «Gran Espíritu», pero esto parece derivar de una interpretación occidental cristiana (y puede que hasta cierto punto, tras producirse el contacto cultural, algunas tribus indias en efecto desarrollaran una concepción más teísta). Tal como señaló el activista lakota Russell Means, una traducción de *wakan-tanka* más apropiada sería «El Gran Misterio». No lo conciben como un dios o ser supremo, sino como una fuerza divina o sagrada que ya existía antes del inicio del mundo y que está en todo y en todas partes.[5] Una de las mejores explicaciones de «El Gran Misterio» procede de un misionero cristiano, el reverendo Stephen Riggs, que pasó más de cuarenta años viviendo con los sioux en el siglo XIX. Describió el *taku wakan* como:

> ...sobrenatural y misterioso [...]. Abarca todo misterio, poder secreto y divinidad. El sobrecogimiento y la reverencia son mérito suyo, y es tan ilimitado cuando se manifiesta como lo es en forma de idea. Toda vida es *wakan*, al igual que lo es todo aquello que exhiba poder, ya sea en acción, como los vientos y las nubes en movimiento, ya sea en resistencia pasiva, como el peñasco junto al camino. Pues incluso los palos y piedras más ordinarios poseen una esencia espiritual que debe reverenciarse como manifestación del poder omnipresente y misterioso que llena el universo.[6]

En otros lugares del mundo, los ainu, un pueblo tribal indígena de la isla de Hokkaido, en el norte de Japón, se referían a esta fuerza espiritual omnipresente como *ramut*, mientras que en algunas zonas de Nueva Guinea recibía el nombre de *imunu*. En África, el pueblo nuer lo denominaba *kwoth* y los mbuti lo llamaban *pepo*. Los indios de la etnia ufaina (de la Amazonia) empleaban la designación *fufaka*. En partes de Polinesia, como por ejemplo Hawái, Tahití y Melanesia, el término *mana* se refería a una energía espiritual sagrada que llenaba todo el universo e impregnaba todas las cosas.

El significado de estos términos es, a grandes rasgos, el mismo. En realidad, son muy similares al antiguo concepto griego de *pneuma* y a la idea platónica de *anima mundi* que se han mencionado antes. Estas palabras no se refieren a una deidad, sino a una fuerza espiritual impersonal y ubicua. Esto se hace evidente en algunas de las traducciones que los antropólogos ofrecieron de dichos términos. El antropólogo escocés Neil Gordon Munro, que fue uno de los primeros occidentales en vivir con los ainu en Japón, describió el *ramut* como una fuerza «omnipresente e indestructible» y decidió que la mejor traducción posible era «energía espiritual».[7] De manera similar, el antropólogo alemán R. Neuhaus tradujo *imunu* como «sustancia del alma», mientras que el misionero británico J.H. Holmes tradujo también *imunu* como «alma universal» y lo describió como «el alma de las cosas [...]. Siendo intangible, podía, sin embargo, como el aire, como el viento, manifestar su presencia».[8]

Sin embargo, estos conceptos no son exclusivos de las culturas indígenas. Hay algunas culturas modernas, desarrolladas en lo económico, que han conservado conceptos de fuerza espiritual. Por ejemplo, en la tradición sintoísta de Japón, el vocablo *musubi* se refiere a la fuerza espiritual creativa y conectora del universo. El mundo está lleno de *kami*, fuerzas no físicas (o espíritus) que residen en los fenómenos naturales, en los seres vivos y en el propio espacio y que se entienden como manifestaciones del *musubi*. La tradición chamánica indígena de Corea, el muismo o sinismo, es parecida al sintoísmo. El término coreano *shin* se refiere a espíritus o seres divinos (más o menos como *kami*), mientras que el vocablo *haneullim* o *hwanin* recuerda al japonés *musubi*, pues designa a una fuerza o principio divino omnipresente. Literalmente, *haneullim* significa «origen de todo ser». (Por supuesto, muchas culturas tribales indígenas también conciben los espíritus como formas de energía que interactúan con los fenómenos naturales y que residen en ellos; asimismo, los conciben como manifestaciones de un espíritu universal.)

Para todos estos pueblos —y para los indígenas en particular—, esta fuerza no es una especulación metafísica, sino una realidad tangible. No es una creencia, sino una percepción. No es una abstracción, sino parte de su experiencia cotidiana. Esta perspectiva espiritual permeaba su vida, igual que la perspectiva materialista permea la nuestra.

Mientras que el materialismo ve a los seres vivos como máquinas biológicas y a las cosas inanimadas como objetos inertes, la conciencia de la fuerza espiritual que poseían los pueblos indígenas implicaba que, para ellos, todo el mundo estaba vivo. Todas las cosas eran animadas, puesto que estaban impregnadas de fuerza espiritual y habitadas por espíritus individuales, o asociadas con ellos. Desde la perspectiva materialista, el mundo está formado por un espacio vacío habitado por objetos inertes o vivos a nivel biológico. Por el contrario, desde la perspectiva espiritual indígena, no hay ningún espacio vacío, ya que todo está lleno de fuerza espiritual y espíritus individuales. En palabras del antropólogo Tim Ingold, para los grupos de cazadores-recolectores el entorno está «saturado de fuerzas personales de un tipo u otro. Está vivo».[9]

En otro sentido, todas las cosas están vivas porque son manifestaciones del espíritu. El espíritu es la tierra de la que brotan todas las cosas y en la que permanecen siempre arraigadas. Ésta es una metáfora que suele utilizarse en los Upanishads indios (los antiguos textos espirituales que describen el mundo como permeado de *brahman*, o espíritu). Tal como lo describe el *Mundaka Upanishad*: «Y al igual que una araña proyecta y recoge su tela, al igual que las plantas surgen de la tierra, y el vello, del cuerpo del hombre, del mismo modo surge del Eterno toda la creación».[10] En esta misma línea, Alce Negro escribió que, para los indios americanos, «ningún objeto es lo que parece ser, sino la sombra de una Realidad. Es por esta razón por la que todo objeto es *wakan*, sagrado, y tiene poder de acuerdo con la nobleza de la realidad espiritual que refleja».[11] Los objetos son sagrados porque constituyen expresiones y representaciones del espíritu. Como dijo el dakota Ohiyesa, «en la vida del indio había un deber inevitable. El deber de orar. El reconocimiento diario de lo invisible y lo eterno».[12]

Esta idea de que todas las cosas están vivas y tienen un origen espiritual también conlleva que los pueblos indígenas consideren que todos los fenómenos naturales están interconectados. La perspectiva materialista ve un mundo formado a partir de objetos distintos y separados, mientras que la perspectiva espiritual indígena no aprecia separación alguna, sólo interdependencia. Todo está interrelacionado de forma íntima, es parte del mismo tejido del ser.

Esto también incluye a los seres humanos, por supuesto. De hecho, probablemente éste es uno de los aspectos más significativos de la relación de los pueblos indígenas con el mundo natural: su profunda sensación de vinculación con él. Esta conexión es tan fuerte que muchos pueblos indígenas sienten que el territorio que habitan, y el mundo natural en general, forma parte de su identidad. Mientras que la mayoría de los occidentales modernos experimentan la naturaleza como algo «externo» a ellos y la observan desde una posición de separación, los pueblos indígenas sienten que son la naturaleza.

Una de las anécdotas más reveladoras, y a la vez más tristes, de las interacciones entre los pueblos indígenas y los europeos se produjo en 1877 durante un encuentro entre un jefe nez percé llamado Tuhulkutsut y varios representantes del gobierno de Estados Unidos. Éstos querían comprarle al jefe terrenos tribales, pero la conexión de éste con la tierra hacía que se sintiera incapaz de venderla. Sus palabras fueron: «La tierra es parte de mi cuerpo. Pertenezco a la tierra de la que salí. La tierra es mi madre». Desde luego, aquello no significaba nada para los representantes gubernamentales, de modo que uno de ellos le replicó con impaciencia: «Ha repetido veinte veces que la tierra es su madre [...]. No nos obligue a oírlo más y hagamos negocios».[13]

También hay una historia relevante del jefe Oren Lyons, del pueblo onondaga, que fue el primer joven de su tribu que asistió a la universidad. Cuando volvió a su casa, su padre le preguntó «¿Quién eres?». Cuando Oren respondió con su nombre y el de la tribu a la que pertenecía y con su estatus de ser humano, su padre le recordó: «¿Ves ese risco de ahí? Tú eres ese risco. ¿Y ese pino gigante de la otra orilla? Tú eres ese pino. ¿Y el agua que sostiene nuestro barco? Tú eres esta agua».[14] Una vez más, esto recuerda mucho a los Upanishads, en especial al famoso pasaje del *Chandogya Upanishad*: «El espíritu del Universo entero es una esencia invisible y sutil. Ésa es la Realidad. Eso es Atman. TÚ ERES ESO».[15]

Dado que sentían una conexión con la naturaleza tan intensa y percibían el mundo como fundamentalmente animado, los pueblos indígenas experimentaban una poderosa sensación de afinidad y de respeto por la naturaleza. Tal como escribió el jefe Oso en Pie —uno de los más agudos observadores de las diferencias entre los indios nativos americanos y los europeos—, el indio «amaba la tierra y a todos los seres de la tierra [...]. La relación con todas las criaturas de la tierra, del cielo y del agua era un principio real y activo».[16] Esto también lo simboliza el hombre santo de los sioux Alce Negro, quien dijo: «Hasta el último paso que damos sobre la Tierra debería hacerse de forma sagrada; todo paso debería considerarse una oración». Por supuesto, todo esto contrasta sobremanera con la perspectiva materialista, que fomenta una actitud de explotación hacia la naturaleza. Y éste es el motivo por el que a los pueblos indígenas siempre los escandalizó el trato que los colonizadores europeos le daban a la naturaleza, pues estos últimos consideraban que una tierra sagrada para los indígenas no era más que una reserva de recursos que debía ser delimitada y saqueada.

No obstante, quizá lo más esencial sea que la perspectiva espiritual de los pueblos indígenas evitaba que experimentaran la sensación de insignificancia y alienación que se asocia al materialismo y, por lo tanto, el comportamiento patológico al que eso da lugar, como por ejemplo el consumismo, el hedonismo, la búsqueda de estatus y la competitividad desenfrenados. Su conciencia de la fuerza espiritual y su sentido de la afinidad con los demás seres vivos y el resto del mundo natural conferían a los pueblos indígenas la sensación de formar parte de una armonía mayor y de estar en el mundo «como en casa». Tenían la sensación de que el mundo los sustentaba, de estar cómodos y abrigados por la naturaleza y rodeados de un significado sagrado. Un indio nativo americano, Thomas Yellowtail (Cola Amarilla), hablaba del «apoyo sagrado que siempre estaba presente para los indios tradicionales» y contaba que «[f]ueras adonde fueses e hicieras lo que hicieses, estabas participando de la vida sagrada y sabías quién eras y portabas el sentido de lo sagrado en tu interior. Todas las formas tenían significado, incluso el tipi y el círculo sagrado del campamento entero».[17] En palabras del jefe Oso Erguido, «la Tierra era hermosa y estábamos rodeados de las bendiciones del Gran Misterio».[18]

Si los pueblos indígenas, que vivían de formas que habían permanecido inalteradas durante decenas de milenios, pueden considerarse representantes de una fase temprana del desarrollo humano, esto sugiere que el panespiritismo fue la cosmovisión más antigua de la especie humana, una forma de ver el mundo que, hasta hace relativamente poco, era del todo normal y natural para los seres humanos. Parece que, para ellos, la fuerza espiritual era una realidad obvia y cotidiana, tan real como el azul del cielo o la frescura del agua. En mi opinión, esto indica que la fuerza espiritual es un fenómeno real, una cualidad tangible que los seres humanos pueden percibir.

El único problema de este argumento es que al parecer la mayor parte de los seres humanos modernos no experimentan la fuerza espiritual como una realidad, al contrario que los pueblos indígenas. ¿Por qué ellos sí la perciben y nosotros no? Si esta cualidad es una realidad, debería resultar evidente para todos los seres humanos, ¿no es así?

Sin embargo, desde mi punto de vista éste es uno de los aspectos más significativos de un cambio psicológico que sufrieron nuestros antepasados hace miles de años (es decir, el acontecimiento al que en escritos anteriores me he referido como la Caída o la «explosión del ego»). Más en concreto, fue el resultado del proceso de insensibilización que se ha descrito en el primer capítulo, cuando perdimos la intensidad perceptiva de los primeros seres humanos (y de los pueblos indígenas).

Según la teoría que expuse en *La Caída*, esto se debió sobre todo a una cuestión de energía. Con ese cambio psicológico, el ego individual se desarrolló con mucha más fuerza, y eso desembocó en una nueva sensación de individualidad y separación (además de unas facultades intelectuales y tecnológicas aguzadas). Y en el momento en que se convirtió en un aspecto tan poderoso de la psique, el ego comenzó a requerir mucha más energía para funcionar. Así pues, la energía que antes se empleaba en la percepción directa e inmediata del mundo fenomenológico se redirigió hacia el ego. Nuestra percepción «se automatizó», como si de una medida de ahorro de energía se tratara, para alimentar el ego. Esto conllevó una pérdida de la capacidad de percibir la fuerza espiritual del mundo. La «filtramos» de nuestra conciencia cuando el mundo fenomenológico se tornó menos vívido. Lo que antes había sido una realidad obvia y cotidiana para los seres humanos dejó de resultarnos evidente. El mundo ya no estaba impregnado por el espíritu, y por tanto ya no era sagrado. El espíritu ya no era la realidad primaria, lo era la materia.

No obstante, no todo estaba perdido. Casi en cuanto se produjo el cambio, pequeños grupos de contemplativos del mundo entero descubrieron que era posible deshacer de manera temporal los efectos del cambio siguiendo ciertas prácticas o ingiriendo ciertas sustancias. Descubrieron que era posible «desautomatizar» su percepción y despertar a una realidad más intensa de manera temporal. Algunos de ellos lo consiguieron provocándose cambios psicológicos importantes mediante el ayuno, la privación de sueño, el consumo de sustancias psicodélicas, etcétera. Otros lo lograron de un modo más estable, sentándose en silencio y vaciando la mente (en otras palabras, meditando).

Y lo que es aún más importante, algunos contemplativos se dieron cuenta de que era posible «despertar» de forma permanente. Varios de ellos empezaron a formular rutas hacia el despertar permanente para que otros pudieran seguirlas. Nosotros las hemos conocido como enseñanzas y tradiciones espirituales, como los Upanishads, el taoísmo, el neoplatonismo, la cábala, el misticismo cristiano, el sufismo, etcétera.

Una de las características más significativas de estas tradiciones espirituales es que todas ellas, sin excepción, incluyen conceptos para designar a una fuerza espiritual fundamental. Todas conciben una energía o fuerza que lo impregna todo, incluido el espacio que queda entre las cosas, y que es subyacente a todo el mundo fenomenológico, de tal manera que todas las cosas parecen surgir de ella.

La ubicuidad de estos conceptos resulta igual de llamativa que la ubicuidad de los conceptos referidos a la fuerza espiritual en las culturas indígenas. Ya hemos mencionado uno de ellos: el concepto hindú de *brahman*, tal como se describe en los Upanishads, el *Bhagavad Gita* y otros textos espirituales. *Brahman* no es un concepto teísta; no tiene personalidad ni forma ni control sobre los acontecimientos del mundo. *Brahman* es el «espíritu supremo» que generó todas las cosas del mundo y que todas las cosas retienen como esencia. Es indestructible y eterno, y tiene las cualidades naturales del resplandor y la felicidad, así que cobrar conciencia del *brahman* significa alcanzar el placer. Y, más importante todavía, los Upanishads nos repiten una y otra vez que el *brahman* es la esencia de nuestro ser, en la forma de *atman*, el espíritu individual. En consecuencia, siempre somos uno con el universo en lo que a esencia se refiere. El objetivo de la vida humana consiste en darse cuenta de esta unidad y, por lo tanto, transcender la separación, el miedo e incluso la muerte.

En China, el concepto de tao, o dao, tenía un significado parecido. Igual que el *brahman*, el tao es una fuerza espiritual que permea el mundo. Es la esencia del universo, y la fuente de la que emergen todas las cosas. El tao está asociado con el equilibrio; mantiene el orden de las cosas. En algún momento del pasado, según los maestros taoístas, los seres humanos se alejaron de la armonía con el tao y cayeron en la autoconsciencia y el egoísmo (yo lo interpreto como una representación taoísta de la Caída). Y ahora el objetivo de la vida humana —en paralelo con las enseñanzas de los Upanishads que se han descrito antes— es volver a hacerse uno con el tao, de forma que nuestras vidas puedan convertirse en expresión de éste y seamos capaces de vivir de manera espontánea y cómoda, en armonía con la naturaleza.

En la forma más temprana del budismo, por lo general conocida como budismo theravada, no existe un concepto evidente para referirse a la fuerza espiritual (aunque algunos estudiosos han sugerido que *sunyata* —por lo común traducido como «vacío»— puede interpretarse en este sentido). Por el contrario, en el budismo mahayana (que se desarrolló un poco más tarde que el theravada) existe el concepto de *dharmakaya*, que se parece al de *brahman*. El *dharmakaya* es la realidad subyacente del universo a partir de la que emergen todas las cosas y en la que todas las cosas son una. Tal como lo describió el maestro budista D.T. Suzuki, el *dharmakaya* posee cualidades de «amor omnímodo e inteligencia omnisciente»[19] y la iluminación significa darse cuenta de que el *dharmakaya* está dentro de nuestro propio ser.

En las tradiciones contemplativas asociadas con las religiones monoteístas del judaísmo, el cristianismo y el islam, la fuerza espiritual solía asociarse con Dios. En estas tradiciones, no se concebía a Dios como un ser personal que vigila el mundo y controla sus acontecimientos, sino como una energía espiritual amorfa e impersonal que irradia de toda la creación y atrae todas las cosas a la unidad. También irradia del alma humana, por lo que esencialmente somos uno con Dios. Los místicos cristianos se referían a la fuerza espiritual como la *divinidad* u *oscuridad divina*. En el misticismo judío de la cábala recibía el nombre de *ein sof*, que, traducido de forma literal, quiere decir «sin final».

Está claro que hay cierta diferencia entre estos conceptos debido a las concepciones de los sistemas religiosos o metafísicos con los que estaban asociados. (Por ejemplo, el tao es más dinámico y tangible que el *brahman*, y en las tradiciones monoteístas la fuerza espiritual a menudo se considera transcendente e inmanente.) Sin embargo, la similitud esencial de los conceptos —y su parecido con los conceptos que designaban a la fuerza espiritual de los pueblos indígenas y con los antiguos conceptos griegos de *pneuma* y *anima mundi*— resulta asombrosa. Da la impresión de que nos estamos ocupando de una cualidad fundamental del mundo que puede percibirse de manera directa. La cualidad puede interpretarse de forma algo distinta desde la perspectiva de las diferentes tradiciones, de la misma forma que, por ejemplo, varias personas que contemplan un paisaje desde distintos puntos de vista podrían describirlo de manera diferente. En palabras del monje cristiano e hindú Bede Griffiths:

> Éste es el gran Dao [...]. Es el *nirguna brahman*... Es el *dharmakaya* del Buda, el «cuerpo de realidad» [...]. Es el Uno de Plotino, que está más allá de la Mente (el *Nous*) y que sólo puede conocerse en el éxtasis. En términos cristianos es el abismo de la Divinidad, la «oscuridad divina» del Pseudo Dionisio, que «excede toda existencia» y no puede nombrarse, cuyas manifestaciones son las Personas de la Divinidad.[20]

LA FUERZA ESPIRITUAL FUERA DE LAS TRADICIONES ESPIRITUALES

También merece la pena mencionar que los conceptos —y la conciencia— de la fuerza espiritual no son de ninguna manera exclusivos de los místicos y los contemplativos relacionados con las tradiciones espirituales. Siempre ha habido una conexión cercana entre la poesía y la espiritualidad, y numerosos poetas, como William Wordsworth, Walt Whtiman y D.H. Lawrence, eran a todas luces conscientes de la existencia de una fuerza espiritual que permea el mundo, anima todas las cosas y las atrae a la unidad. Por ejemplo, en su ingente poema autobiográfico *El preludio*, William Wordsworth expone que, de joven, «sentía el Ser difundirse / sobre todo aquello que se mueve o parece quieto». Esto también le proporcionaba la sensación de que todo lo que lo rodeaba era sintiente y de que «la inmensa masa [de las cosas naturales] / yacía aposentada en un alma que la animaba».[21] (El poema de Wordsworth «La abadía de Tintern» también contiene una hermosa descripción de esto.) El gran poeta estadounidense Walt Whitman sentía la fuerza espiritual que impregna todas las cosas, incluido su propio ser, de una forma más intensa de lo habitual. Por ejemplo, en uno de sus poemas cortos más hermosos, «Por la noche en la playa, solo», Whitman describe su conciencia del espíritu que fluye a través de todas las cosas y las atrae a la unidad: «esta vasta similitud las abarca y siempre las ha abarcado / y las abarcará siempre, las estrechará para conservarlas compactas / y las encerrará».[22] (Para un debate más extenso sobre la poesía y el despertar espiritual, véase mi libro *El Salto*.)

Las experiencias de despertar pueden interpretarse como encuentros con la fuerza espiritual. Según veremos en el capítulo 7, lo más habitual es que estas experiencias le sucedan a la «gente común» que no está asociada con ninguna tradición espiritual. También suelen darse de manera espontánea, más durante actividades y situaciones cotidianas que mientras se llevan a cabo prácticas espirituales. En el caso de las experiencias de despertar de menor intensidad (que son, con mucho, las más comunes), más que encontrárnosla de una manera directa, sentimos algunos de los efectos de la fuerza espiritual. En estos momentos, la fuerza espiritual convierte el mundo que nos rodea en algo más real y hermoso, nos ofrece un atisbo de la interconexión de las cosas, hace que nos sintamos conectados con el mundo y nos transmite la sensación del resplandor y la armonía de las cosas. Pero en las experiencias de despertar de alta intensidad puede que tengamos un encuentro más inmediato y poderoso con la fuerza espiritual, un momento en el que cobremos conciencia de la unidad esencial de todas las cosas y de nuestra unidad esencial con el universo entero. Es posible que el tiempo y el espacio parezcan diluirse y que no dejen más que una cualidad omnipresente, que podría describirse como energía, amor o espíritu. El sentido de la identidad de una persona quizá se expanda tanto que sienta que es todo y que está en todas partes al mismo tiempo.

En este ejemplo que yo mismo recogí, un hombre describe una experiencia de despertar que tuvo dos meses después del nacimiento de su hijo, mientras iba empujando el cochecito por las calles de su ciudad. Era la primera vez que llevaba a su hijo de paseo y se sentía «muy orgulloso de ser papá». Entonces, según sus propias palabras:

> Fui consciente del sentimiento de amor incondicional no sólo hacia mi hijo, sino hacia todo el que me cruzaba por la calle. Era como si lo estuviera dando y recibiendo al mismo tiempo. Después la emoción se amplió hacia los objetos inanimados: la carretera, las farolas, los edificios, los coches, el sonido de la música; todo estaba «fabricado» de la misma «sustancia» y la única palabra que se me ocurría para describirla era *amor*. Todo estaba hecho de amor. Me sentí inmerso en un mar de amor en el que todas las personas y todas las cosas estaban hechas de la misma «energía»; yo ya no era un «ego» aislado, sino que estaba lleno de esa energía de amor. Todo se volvió Uno y yo estaba fuera del tiempo. Continué caminando por un parque con un intensísimo sentimiento de compasión y amor hacia todo lo que me encontraba. La experiencia duró unos veinte minutos (he repetido el trayecto en otras ocasiones) y sus poderosos efectos se prolongaron durante dos o tres días. Lo que no ha desaparecido desde entonces es un aumento de la empatía, la tolerancia, la compasión y el amor.

Un detalle importante en todo esto es que las experiencias de despertar son estados de conciencia superiores. Tanto las experiencias de despertar temporales como el estado de despertar permanente que cultivan los adeptos de las tradiciones espirituales representan una expansión y una intensificación de los estados de conciencia ordinarios. Son estados en los que transcendemos las limitaciones de nuestra conciencia normal y, por lo tanto, conocemos cualidades que por lo general permanecen ocultas. Así pues, una vez más, esto parece indicar que la fuerza espiritual es una realidad fundamental del mundo, sólo que está «filtrada» de nuestra conciencia normal.

Y también resulta significativo que cuando experimentamos el despertar tengamos la misma sensación de «estar en casa» que los pueblos indígenas. Uno de los efectos más profundos de las experiencias de despertar temporales y del despertar permanente es la disminución de la discordia y el descontento interiores de nuestro estado normal. Más bien se produce una sensación de serenidad y plenitud, una aptitud de vivir de forma cómoda dentro de nuestro propio ser y en el momento presente. En su poema «Pax», D.H. Lawrence describió esta sensación de «estar en casa» como estar:

> *En paz, como un gato dormido sobre una silla,*
> *en paz,*
> *y ser uno con el dueño de casa, con la dueña*
> *en la casa, en la viviente morada de la casa,*
> *durmiendo junto al hogar, y grande frente al fuego.*[23]

EL PANESPIRITISMO EN LA CIENCIA

Es interesante señalar que muchos de los científicos más destacados del mundo también han adoptado posiciones panespiritistas. Esta afirmación es aún más cierta en el caso de los físicos cuánticos. No voy a entrar en detalle en el campo de la física cuántica en estos momentos porque ya le dedico un capítulo más adelante. Entonces veremos que muchos de los asombrosos descubrimientos de la física cuántica —por ejemplo, que las partículas «individuales» podrían comportarse como si estuvieran combinadas o entrelazadas y que las expectativas del observador afectan al resultado de los experimentos— son del todo compatibles con la visión panespiritista de un universo interconectado. Como mínimo, estos hallazgos demuestran que la visión materialista del mundo es demasiado simplista y que las cosas son mucho más extrañas de lo que parecen a nivel macrocósmico.

Y es muy probable que ésta sea la razón por la que tantos físicos cuánticos han defendido visiones «postmaterialistas» de la realidad, entre ellas el panespiritismo. Tal es el caso de muchos de los «padres fundadores» de la física cuántica, como Werner Heisenberg, Erwin Schrödinger, Wolfgang Pauli y Max Planck (por mencionar sólo algunos). Es complicado distinguir muchas de las especulaciones metafísicas de estos físicos de los escritos de místicos como Plotino o el Maestro Eckhart. Erwin Schrödinger —célebre por el experimento mental del gato de Schrödinger, que demuestra que el estado de un fenómeno es indeterminado hasta que se observa— concebía sus investigaciones científicas como una forma de acercarse a la unidad esencial del universo, que se manifestaba mediante nuestras respectivas conciencias individuales. Como dejó plasmado en su libro *Mi concepción del mundo*: «No, por muy incomprensible que parezca al intelecto común, tú —e igualmente cada ser consciente tomado por separado— eres todo en todo. Por ello tu vida, la que tú vives, no es un fragmento del acontecer mundial, sino en cierto sentido, la *totalidad*».[24]

Puede resultar sorprendente oír a los científicos hablar en términos tan espirituales, pero sólo se debe a que hemos llegado a asociar la ciencia con el cientificismo. Estas opiniones ejemplifican que la ciencia no tiene que estar imbuida de materialismo y que no tiene por qué existir un conflicto ente la ciencia y la espiritualidad. En la física cuántica —que puede considerarse la más fundamental de las ciencias, dado que estudia los aspectos más microcósmicos de la realidad, que conforman todos los demás—, la ciencia y la espiritualidad se reconcilian.

¿PUEDE DETECTARSE LA FUERZA ESPIRITUAL?

Podría argumentarse que si todo eso es cierto —es decir, si la fuerza espiritual es una cualidad real que los seres humanos pueden percibir—, ¿por qué no es un concepto científico establecido? ¿Por qué los científicos son incapaces de detectarlo, al parecer?

Un aspecto importante de todo esto es que la fuerza espiritual —o la conciencia universal, si se prefiere— no es física. No está formada de átomos y moléculas, y por lo tanto no puede observarse ni detectarse de forma directa. No se puede sacar un telescopio y aspirar a ver la fuerza espiritual impregnando el espacio; no se puede sacar un microscopio y aspirar a verla impregnando los átomos. Sería como llevar a cabo un escáner cerebral y aspirar a «ver» la conciencia. (En realidad, teniendo en cuenta que nuestra conciencia es una canalización de la conciencia universal, es justo lo mismo.)

Otro motivo por el que resulta imposible observar o medir la fuerza espiritual igual que las fuerzas u objetos físicos es que nosotros somos esa fuerza. No está fuera de nosotros, no existe la posibilidad de que salgamos de nosotros mismos para mensurarla. Detectar algo significa mirarlo desde fuera, como objeto. Pero nosotros jamás podemos mirar la fuerza espiritual o la conciencia desde el exterior. Siempre miramos con ella. Cuando nosotros miramos, ella mira a través de nosotros.

De hecho, hay muchos fenómenos científicos cuya existencia se da por sentada aunque no son físicos y no se pueden detectar ni medir de manera directa. Hasta que en 2015 se observaron por primera vez las ondas gravitacionales, no había pruebas de la existencia de la gravedad, aparte de la observación de sus efectos. Nadie ha visto hasta el momento partículas cuánticas como los quarks y los fotones, pero su existencia se da por hecha basándonos en sus efectos. Del mismo modo, nadie ha detectado directamente la materia oscura, sino que su existencia se infiere de los efectos gravitacionales que parece tener sobre las galaxias y los cúmulos de galaxias. Todos estos fenómenos podrían compararse con el viento: nadie lo ha visto nunca, pero sabemos que existe porque vemos sus efectos en nuestro entorno y en nuestro cuerpo.

Así, yo argumentaría que podemos suponer la existencia de la fuerza espiritual, o conciencia universal, porque sentimos sus efectos. Podría decirse que estos efectos se detectan en la física cuántica mediante el entrelazamiento de las partículas y la disolución de la dualidad entre el observador y el observado. Sus efectos pueden sentirse a nivel psicológico o espiritual, por ejemplo: en nuestros sentimientos de empatía hacia los demás o hacia otros seres vivos y en nuestra sensación de conexión con la naturaleza. Como ya se ha señalado, en los estados superiores de conciencia o experiencias de despertar, a veces percibimos cualidades de la fuerza espiritual tales como la interconexión, el resplandor y la armonía. En las experiencias de despertar también es posible que percibamos de forma directa la fuerza espiritual en el mundo. Como ya hemos visto, para los pueblos indígenas esto era del todo normal. Por tanto, en ese sentido, aunque no puede medirse ni detectarse, la fuerza espiritual sí es tangible.

Como ya he indicado antes, una de las diferencias principales entre el panespiritismo y el pampsiquismo es que el primero no propone que todas las cosas tienen una mente o ser interior y, por lo tanto, experiencias propias. Mi opinión es que, aunque la fuerza espiritual está en todas las cosas, no todas las cosas tienen un espíritu individual. O por decirlo de forma más clara: aunque la conciencia está en todas las cosas, no todas las cosas son conscientes. Es decir, no todas las cosas tienen una conciencia propia individualizada. Empezando por las células, sólo las estructuras que tienen la complejidad y la forma organizativa necesarias para recibir y canalizar la conciencia son individualmente conscientes y están individualmente vivas. Desde mi punto de vista, ésta es la función primaria de las células: facilitar la canalización de la fuerza espiritual hacia los seres individuales. Una célula actúa como «receptora» de la conciencia, de modo que incluso las amebas tienen un tipo de conciencia muy rudimentaria y, en consecuencia, están individualmente vivas. Y a medida que los seres vivos se vuelven más complejos —a medida que aumenta su número de células y se organizan de una manera más intrincada—, van siendo capaces de «recibir» más conciencia. La esencia pura de la conciencia se canaliza de con más potencia a través de ellos, así que cobran una vida más intensa, con mayor autonomía, más libertad y un conocimiento más intenso de la realidad. Ése es el motivo por el que nosotros, los seres humanos, con nuestro complejísimo e intrincadísimo cerebro, somos uno de los seres más conscientes (puede que junto con los delfines y las ballenas) que la evolución ha desarrollado hasta el momento.

Sin embargo, las formas más simples de la materia, que no tienen células, son incapaces de canalizar la conciencia, de modo que no están vivas ni son conscientes de manera individual. Las formas simples de la materia carecen de interior y no son capaces de tener experiencias ni sensaciones. Estas últimas sólo emergen al nivel celular y por encima de éste.

En cierto sentido, todas las cosas están vivas, tal como creen muchos pueblos indígenas, ya que todas ellas están permeadas por la conciencia o fuerza espiritual. Pero existe una diferencia entre la forma de estar vivos de las piedras y los ríos y la forma de estar vivos de los insectos o incluso las amebas. Las piedras y los ríos no poseen psique y, por lo tanto, no son individualmente conscientes. La conciencia los impregna, pero ellos no son conscientes. No pueden serlo, porque no tienen células —ni mucho menos cerebro o sistema nervioso— para canalizar la conciencia.

Así pues, hay una diferencia entre los seres conscientes individuales y la conciencia como todo. Existen los seres individuales con células o cerebros que canalizan hacia ellos la fuerza espiritual omnipresente a diferentes niveles. Hay una diferencia entre las cosas materiales, que tan sólo están impregnadas de la fuerza espiritual (sin tener su propia mente interior), y las cosas animadas, que no sólo están impregnadas de la fuerza espiritual, sino que además poseen una mente interior o conciencia propia.

Por lo tanto, la fuerza espiritual se manifiesta de dos formas: como materia y como mente. Podríamos afirmar que la materia es la manifestación externa del espíritu, mientras que la mente es su manifestación interna. Toda materia es la manifestación del espíritu, pero algunas formas de materia complejas también tienen el espíritu como una cualidad interna. Otra manera de verlo es pensar en dos etapas distintas. La primera etapa, al principio del universo hace trece mil setecientos millones de años, fue la emergencia de la materia a partir del espíritu. La segunda etapa, que tuvo lugar unos nueve mil millones de años más tarde, fue la emergencia de la mente dentro de la materia, que empezó con las primeras formas de vida simples. (Este proceso se inició nueve mil millones de años más tarde al menos en la Tierra; por lo que sabemos, en otros planetas podría haber ocurrido antes.)

Dicho de otro modo, mi opinión es similar a la de los filósofos estoicos griegos y Spinoza, como se ha expuesto hacia el comienzo de este capítulo: que la esencia de la realidad es una cualidad que se manifiesta en términos tanto mentales como físicos. El espíritu precede a la mente y a la materia y es el origen de ambos.

Huelga decir que el panespiritismo es una perspectiva mucho más sana que el materialismo. Es más sana para nosotros como individuos, para la humanidad como especie y para la totalidad de nuestro planeta. Mientras que el materialismo surge de la ansiedad y la acumulación —y la fomenta—, la perspectiva panespiritista se presta a la serenidad y la satisfacción. Mientras que el materialismo alienta el individualismo y la competitividad, el panespiritismo lleva a la empatía y el altruismo. Mientras que el materialismo promueve la explotación y el dominio del mundo natural, el panespiritismo genera respeto y armonía. Mientras que el materialismo solamente puede desembocar en la devastación de nuestro planeta, y puede que incluso en nuestra extinción como especie, una perspectiva panespiritista es sostenible por completo y nos ofrece un futuro armonioso.

No obstante, a lo largo de varios de los próximos capítulos, el aspecto del panespiritismo en el que vamos a centrarnos es su poder explicativo. Ahora empezaremos a analizar algunos de los fenómenos desconcertantes que no tienen mucho sentido desde la perspectiva materialista pero que pueden comprenderse con facilidad mediante el panespiritismo. Y el primero de esos fenómenos desconcertantes se deriva de forma lógica de esta discusión: la conciencia.

3

EL MISTERIO DE LA CONCIENCIA

Francis Crick fue uno de los científicos más eminentes del siglo XX. En 1953 colaboró, junto con James Watson, en el «descubrimiento» del código genético (al hallar la estructura de la molécula de ADN). Más avanzada su carrera científica, Crick decidió desviar su atención hacia lo que consideraba el mayor problema que la ciencia tenía pendiente desvelar: la conciencia. Decidió que iba a resolver el enigma de cómo produce el cerebro nuestra «vida interior» de pensamientos y sensaciones.

Crick estaba convencido de que el enigma quedaría resuelto al cabo de pocos años, pues contaba con la ayuda de las últimas técnicas de escáner y neuroimagen. El asunto parecía sencillo: los seres humanos experimentan la conciencia, y el cerebro produce la conciencia. Al fin y al cabo, ¿no está claro que, cuando el cerebro está dañado, la conciencia está alterada? ¿Y no es evidente que cuando el cerebro deja de funcionar, en el momento de la muerte, la conciencia también se detiene? Según las gráficas palabras de Crick: «"Usted", sus alegrías y sus penas, sus recuerdos y sus ambiciones, su propio sentido de la identidad personal y su libre voluntad, no son más que el comportamiento de un vasto conjunto de células nerviosas y de moléculas asociadas».[1] Su tarea, por lo tanto, estaba clara:

investigar cómo generaban exactamente nuestra experiencia consciente esas células nerviosas y moléculas.

Por desgracia, la conciencia resultó ser mucho más complicada de «descifrar» que el código genético. Crick trabajó junto con un joven investigador llamado Christof Koch y dedicó las dos últimas décadas de su vida al enigma de la conciencia, pero realizó poquísimos progresos. Aunque propuso varias hipótesis —por ejemplo, que la conciencia estaba relacionada con la corteza visual del cerebro, con la memoria a corto plazo o con «algún tipo de mecanismo atencional serial»,[2] ninguna de ellas se confirmó mediante pruebas.

Lo curioso es que, a pesar de que Crick jamás renunció a su fe en una explicación materialista de la conciencia, su compañero de investigación sí. Con el tiempo, Christof Koch empezó a cuestionarse el supuesto básico de su trabajo: que la conciencia puede explicarse desde el punto de vista de la actividad cerebral. Empezó a investigar formas alternativas de explicar la conciencia y adoptó una perspectiva pampsiquista. (Examinaremos sus opiniones más adelante en este mismo capítulo.)

En estas páginas analizaremos por qué Crick y muchos otros científicos han llevado a cabo tan escasos avances al intentar explicar la conciencia por medio de la actividad cerebral. Y veremos cómo, desde una perspectiva espiritual, la conciencia comienza a parecer mucho menos problemática. De hecho, comprobaremos que el panespiritismo ofrece una solución sensata al «enigma de la conciencia».

DEFINIR LA CONCIENCIA

En primer lugar, definamos con exactitud a qué nos referimos con conciencia. *Conciencia* es una de esas palabras, como *espi-*

ritual o *espiritualidad*, que se emplean en tantísimos contextos distintos con tantísimas connotaciones diferentes que resulta difícil definirla. Incluso los estudiosos y teóricos de la conciencia utilizan a veces el término con significados algo distintos. Así que opino que es mejor utilizar una definición bastante amplia. En la universidad, soy profesor de una asignatura de «Estudios de la conciencia» para alumnos de primero, la mayoría de los cuales tienen dieciocho años. A veces otros docentes me preguntan: «¿Cómo eres capaz de enseñarles algo sobre la conciencia a jóvenes de dieciocho años?». Pero a mí me parece que, una vez que nos ponemos de acuerdo en una definición de lo que es la conciencia, el tema les queda sorprendentemente claro y se involucran muchísimo en él.

Por lo tanto, ¿qué es la conciencia? Uno de los motivos por los que cuesta definirla es que la conciencia somos nosotros. Nosotros somos conciencia, así que es difícil salir de nosotros mismos y observarla como si fuera «otro» nosotros. En vista de esto, la mejor forma de comprender la conciencia es mediante la experiencia, en lugar de mediante la definición. Por esta razón, en la primera clase de nuestra asignatura de «Estudios de la conciencia», guío a los estudiantes durante un ejercicio, una especie de meditación. Y ahora mismo voy a facilitarte a ti, lector, ese mismo ejercicio:

> Cierra los ojos y observa tus propias experiencias internas. Mira pasar tus pensamientos, como si estuvieras sentado a la orilla de un río viendo el agua correr. Podría tratarse de pensamientos acerca de lo que ha pasado hace unas horas, de lo que tal vez pase dentro de unas horas, sobre las personas que te rodean, sobre este libro, etcétera. Lo importante es ver únicamente que los pensamientos surgen, se manifiestan y desaparecen.

Del mismo modo, toma conciencia de cualquier sensación que haya en tu interior; por ejemplo, de si hay sentimientos de incomodidad, enfado o cansancio. Una vez más, limítate a ser consciente de esas emociones, como si estuvieras separado de ellas, como un observador. Cobra también conciencia de la silla en la que estás sentado, de la sensación de tener la espalda apoyada contra ella y el trasero encima. Sé consciente de que tienes los pies pegados en el suelo.

Ahora, aún con los ojos cerrados, intenta notar qué parte de ti es consciente de tus pensamientos y emociones. Dado que estás viendo pasar tus pensamientos, hay una parte de tu conciencia que está separada de ellos: un vigilante u observador. Siguiendo con la metáfora, ésa es la parte de ti que está sentada en la orilla viendo discurrir el río de los pensamientos. Ése es tu sentido del «yo». Al cabo de un rato, puede que adquieras cierto sentido de la distancia entre ese «yo» y tus pensamientos. También es posible que notes que tus pensamientos intentan apartarte de ese lugar de observación, que sumergen tu atención, como si el río estuviera intentando arrastrarte con él.

Por último, extraigamos la conciencia de nuestro interior. Aún con los ojos cerrados, sé consciente de los ruidos que hay en la habitación y fuera de ella. Fíjate en cualquier olor que haya a tu alrededor. Luego toca algunos de los objetos que tengas cerca. A continuación abre los ojos y mira los objetos, a las personas y los diferentes fenómenos que te rodeen. Sé consciente de tu entorno por medio de todos tus sentidos.

Este ejercicio ilustra tres aspectos diferentes de la conciencia. El primero de ellos es nuestra experiencia interior de los pensamientos y las sensaciones. Los filósofos de la conciencia llaman a estas experiencias internas *qualia*. En singular, un *quale* es una unidad de experiencia de la conciencia. Un quale puede ser el sabor de un tomate, una sensación de dolor cuando tocas por accidente una estufa al rojo vivo o un pensamiento angustioso acerca de un acontecimiento futuro.

La segunda parte del ejercicio demuestra que al parecer tenemos un centro de conciencia, un sentido del «yo» con el que somos conscientes de nuestra propia experiencia. Esto significa que no sólo tenemos experiencia, sino que además somos conscientes de ella. En otras palabras, es la parte de nosotros que es autoconsciente. Ve nuestros pensamientos, observa nuestras interacciones con otras personas, comenta y critica nuestro comportamiento, etcétera. Este observador autoconsciente es un segundo aspecto de la conciencia.

La tercera parte del ejercicio prueba que la conciencia incluye nuestro conocimiento del entorno. Este conocimiento opera por medio de nuestros sentidos y nos pone en contacto con el mundo que hay fuera de nosotros. Éste es el tercer aspecto de la conciencia.

Una de las preguntas más interesantes sobre la conciencia es si es un fenómeno exclusivamente humano o si lo compartimos con otros animales. Tal vez la definición de los tres aspectos arroje algo de luz sobre esta cuestión. Con relación al primer aspecto, la experiencia interior, el filósofo Descartes creía que sólo los seres humanos tienen mente (o alma) y que los animales son meros autómatas. Pero la mayor parte de los filósofos modernos se mostrarían más cautelosos al respecto, dado que es imposible saber si los animales poseen algún tipo de conciencia interna, o qualia. Al mismo tiempo, parece evidente que muchos animales tienen la capacidad de sentir dolor, miedo e incluso tristeza (como cuando los elefantes, los simios y los caballos parecen llorar la muerte de sus parientes). Está claro que esto sugiere algún grado de experiencia interna.

En lo que se refiere al segundo aspecto, hay pruebas de que algunos animales poseen cierto nivel de autoconciencia. Los chimpancés, los bonobos, los elefantes e incluso la urraca común, entre otros, han superado la «prueba del espejo». Cuando se les ponen manchas en la cara y los colocan delante de un espejo, reaccionan tocándose las manchas o intentando borrárselas, tal como haría un ser humano. Con los delfines se llevó a cabo una variación de la prueba del espejo. Un investigador les marcó partes del cuerpo con tinta, y con frecuencia los delfines volvían esas zonas hacia el espejo, actitud que sugería que estaban llevando a cabo un esfuerzo consciente para vérselas.[3] Sin embargo, la mayor parte de los animales no superan la prueba del espejo, lo cual da a entender que la mayoría no posee autoconciencia.

En cuanto al tercer aspecto, podemos decir con seguridad que todos los animales poseen algún grado de conocimiento de su entorno. Incluso una ameba se moverá hacia la luz y las fuentes de alimento, y eso ya demuestra conocimiento de lo que la rodea. Y cuanto más complejos a nivel físico son los animales, mayor conocimiento de su entorno muestran. Así pues, en este sentido la pregunta fundamental no es si los animales son conscientes, sino cuán conscientes son.

EL CEREBRO COMO EL ORIGEN DE LA CONCIENCIA

El convencimiento de Francis Crick acerca de que la conciencia era la última gran pregunta que le quedaba por resolver a la ciencia ayuda a explicar su popularidad a lo largo de aproximadamente los últimos treinta años. Según este discurso, ya hemos alcanzado un punto en el que en gran medida entendemos problemas como la evolución, la naturaleza de la vida y los orígenes del universo, así que ha llegado el momento de que volvamos la atención hacia el interior y solucionemos el problema de la conciencia. Desde luego, esta actitud estaba en gran parte basada en una falsa certeza: es muy debatible que entendamos casi todo lo relacionado con los fenómenos que acabamos de nombrar, sobre todo teniendo en cuenta los hallazgos más recientes. Por ejemplo, el descubrimiento de la energía oscura en la década de 1990 (aunque su existencia no se ha detectado aún de forma directa), junto con la anterior teoría de la materia oscura, ha demostrado que aún hay muchas cosas sobre el universo que no entendemos. Del mismo modo, el mapa del genoma humano ha probado que sabemos mucho menos de lo que presumíamos de la base genética de la vida. (Discutiremos esta cuestión con mayor detalle en el capítulo siguiente.)

Y como descubrió Francis Crick, el convencimiento de que seríamos capaces de desentrañar el misterio de la conciencia también estaba basado en una falsa certeza. Tras décadas de intensas investigaciones y teorizaciones, se ha avanzado muy poco hacia la comprensión de qué relación guardan las redes neuronales del cerebro con la conciencia. Se han hecho muchas propuestas, aparte de las de Crick. Por ejemplo, el filósofo escocés Donald MacKay sugirió que la conciencia está asociada a las interacciones entre la corteza cerebral y otras capas más profundas del cerebro; el neurocientífico Rodney Cotterill ha sugerido que el emplazamiento de la conciencia es el córtex del cíngulo anterior, mientras que V.S. Ramachandran —uno de los neurocientíficos más eminentes del mundo— ha apuntado que el «sistema de circuitos» de la conciencia está situado tanto en los lóbulos temporales como en una zona de los lóbulos frontales denominada giro cingulado.[4]

La naturaleza en extremo variable de estas sugerencias resulta reveladora de por sí. Que exista tan poco consenso en las explicaciones indica que el supuesto causal subyacente en éstas (en este caso, que el cerebro produce la conciencia) es dudoso. De hecho, en líneas generales los teóricos ya han descartado la idea de que la conciencia surja de un área concreta del cerebro a favor de la opinión de que la conciencia es generada de algún modo por todo el conjunto del cerebro. Según la formulación del neurocientífico Giulio Tononi, «la conciencia está asociada con un sistema neural distribuido: no existe una única área donde todo se una».[5] Pero nadie ha postulado aún una teoría viable acerca de cómo el cerebro en su totalidad podría producir la conciencia.[6]

Hay, además, otras dificultades. Tal como ha señalado también Tononi, las neuronas se activan casi tanto durante el sueño profundo como en estado de vigilia, a pesar de la falta de (o al menos el menor nivel de) conciencia durante el primero. También se activan en alto grado durante las crisis epilépticas de ausencia (cuando una persona se queda en blanco) a pesar de que se pierde la conciencia. En ciertas zonas del cerebro, como por ejemplo el sistema talamocortical, se identifican ciertas neuronas que se relacionan con la experiencia consciente, mientras que otras neuronas parecen no tener ningún efecto sobre ella. ¿Por qué iba a relacionarse la conciencia con unas neuronas pero no con otras? Todo esto indica una falta de relación directa y fiable entre la actividad cerebral y la experiencia consciente.

Sin embargo, hay un problema aún mayor: muchos filósofos han sugerido que debería abandonarse incluso la mera hipótesis de que el cerebro produce la conciencia. Si alguien sujetara un cerebro en la mano, descubriría que es un pedazo de materia gris pastosa, parecido a la masilla, y que pesa más o menos lo mismo que un paquete de harina. ¿Cómo es posible que esa sustancia gris y pastosa dé lugar a la riqueza y profundidad de la experiencia consciente? Esta conjetura es un *error categorial.* La materia física del cerebro, por muy complicadas que sean las interacciones entre las neuronas, pertenece a una categoría de sustancia, y los qualia no físicos de las experiencias conscientes pertenecen a otra, de modo que ¿cómo van a explicarse estos últimos de acuerdo con la primera? En palabras del filósofo Colin McGinn, decir que el cerebro produce la conciencia es como decir que el agua puede convertirse en vino.

Otros filósofos han sugerido que la conciencia es una propiedad «emergente» que surge de manera natural cuando la materia alcanza cierto nivel de complejidad. Sin embargo, esto, más que una explicación, es una descripción. Teniendo en cuenta que nadie ha sido capaz de explicar cómo podría emerger la conciencia a partir de la materia, no es más que un replanteamiento del problema. Y, en cualquier caso, cuando una propiedad emerge de los componentes más básicos de un sistema, esa propiedad suele ser inherente a muchos componentes y puede deducirse de ellos. Pero en la experiencia consciente no hay nada que sea identificable con la sustancia física del cerebro. En el nivel más microcósmico, el cerebro está formado por partículas subatómicas que tienen cualidades como la masa, el espín y la carga. Estas cualidades no tienen nada que se relacione con las cualidades asociadas a la conciencia, tales como el pensamiento, el gusto, el dolor o la angustia. Las gráficas palabras de Colin McGinn son «sería igual que afirmar que los números emergen de las galletas o la ética del ruibarbo».[7]

Ya se ha señalado en el capítulo anterior que el filósofo australiano David Chalmers se ha referido a esto como el «problema difícil». En opinión de Chalmers, hay ciertos aspectos de la relación entre la actividad cognitiva y la actividad cerebral que los psicólogos y los neurocientíficos comprenden bastante bien. Por ejemplo, tenemos una idea bastante exacta de las funciones cerebrales involucradas en la memoria, la atención y el procesamiento de la información. Pero éstos no son más que, según la terminología d Chalmers, los «problemas fáciles». El asunto de cómo el cerebro podría dar lugar a la conciencia tiene una envergadura totalmente distinta. El «problema difícil» podría no ser siquiera soluble.

Esto también se ha descrito como el «vacío explicativo». Aun en el caso de que de alguna manera consiguiéramos identificar con precisión las redes neuronales relacionadas con la conciencia, ¿qué nos revelaría eso? Continuaría existiendo una brecha entre la sustancia física del cerebro y la riqueza de la experiencia consciente. (Éste es, en esencia, el mismo problema que, tal como hemos visto en el capítulo anterior, los filósofos expresaban como *ex nihilo, nihil fit*, nada surge de la nada.) Cuando Christof Koch quiso explicar por qué había llegado a dudar de las explicaciones neurológicas de la conciencia, lo hizo con las siguientes palabras: «[la] emergencia de los sentimientos subjetivos a partir de la sustancia física parece inconcebible [...]. Lo fenomenológico procede de un reino distinto del físico y está sujeto a leyes diferentes. No veo forma de que los cerebros más grandes o las neuronas más complejas salven la división entre los estados inconscientes y conscientes».[8] Koch se dio cuenta de que el pampsiquismo ofrecía una forma de transcender este problema y ahora cree que la conciencia, más que ser fruto de los sistemas de circuitos del cerebro, es «inherente al diseño del universo».

David Chalmers ha ilustrado esto con su concepto de *zombi*. Imagina que hay una versión zombi de ti que tiene un aspecto idéntico al tuyo, habla como tú y se comporta justo igual que tú. Sólo se diferencia de ti en que no tiene experiencia consciente. Es exacto a ti salvo porque en su interior no hay un ser autorreflexivo que experimenta sensaciones. No hay nadie dentro que piense en lo que estás haciendo, que comente tu experiencia, haga planes o tome decisiones. La hipótesis de Chalmers es que esa versión zombi de ti podría sobrevivir en el mundo. Que podrías funcionar a la perfección en el mundo sin tener experiencia consciente. Y que no hay nada en tu forma física que requiera de la experiencia consciente. Esto significa que la conciencia es «algo extra», algo que va más allá de la sustancia física de nuestro cerebro y nuestro cuerpo y que no puede reducirse a ellos.

LA CONCIENCIA COMO ILUSIÓN

Otra posible aproximación a la conciencia es decir que no necesita explicarse porque es una ilusión. El más célebre defensor de este enfoque es el filósofo estadounidense Daniel Dennett. Considera que no necesitamos explicar cómo el cerebro genera la conciencia, porque no la genera. En otras palabras, no hay «problema difícil». La respuesta de Dennett al concepto del zombi de Chalmers es afirmar que todos somos zombis. En realidad ninguno de nosotros somos conscientes, pese a que nos convencemos de lo contrario.

Por lo tanto, lo que Dennett intenta no es explicar cómo surge la conciencia, sino demostrar cómo surge la ilusión de la conciencia. Sugiere que esta ilusión está muy ligada con la ilusión del ser. En el ejercicio que he ofrecido anteriormente, el ser es el aspecto de la conciencia que observa nuestros propios procesos mentales y «está atento» al mundo. Dennett se refiere a ello como la ilusión del «teatro cartesiano», basándose en la conocida frase de Descartes «pienso, luego existo». Es como si estuviéramos sentados en un teatro viendo nuestros pensamientos pasar, pero en realidad ahí no hay nadie. Según Dennett, por nuestro cerebro sólo pasan procesos mentales, flujos de pensamiento, sensaciones y percepciones, sin un lugar central donde todos esos fenómenos se organicen. La gente sólo cree que es consciente cuando mira hacia el interior y saca una instantánea de dichos procesos. Pero hasta ese momento no había nada en la conciencia.

Sin embargo, hay un absurdo básico en el argumento de que la conciencia es una ilusión. Ese argumento sólo puede hacerse a través de la conciencia de los seres humanos individuales, como Daniel Dennett. Y es obvio que estos individuos están dando por hecho que su propia conciencia es auténtica y fiable, porque, de lo contrario, no se tomarían la molestia de enunciar sus observaciones. Si de verdad creyeran que su propia conciencia no existe, está claro que no confiarían en las percepciones e ideas de dicha conciencia, ¿no? Dennett presupone que en su interior hay un observador fiable que es capaz de pronunciarse sobre la conciencia..., y esa mera presunción contradice sus propios argumentos, dado que ese observador es la misma cosa cuya existencia está intentando desmentir. ¿Confiarías en el testimonio de un testigo que se ha demostrado que no es fiable? Es más: ¿confiarías en un testigo sobre el que tú mismo has concluido que no existe? Por decirlo de otro modo, el argumento está atrapado en un bucle. La conciencia no puede demostrar que la conciencia no existe.

El problema se vuelve aún más absurdo cuando tenemos en cuenta que, para argumentar que la conciencia no existe, Dennett recoge muchos ejemplos de experimentos que demuestran lo poco fiable que puede ser la percepción humana, cuán a menudo podemos equivocarnos al apreciar una situación y hacer conjeturas que resultan ser falsas. Todos estos experimentos los llevaron a cabo seres humanos que creían que eran conscientes. Pero si las conciencias individuales que hicieron esos test y describieron esos hallazgos son ilusorias, ¿por qué deberíamos fiarnos de sus descubrimientos?

En relación con esto, hay un problema de confusión sujeto/objeto. Dennet intenta examinar la conciencia desde fuera. La trata como si fuera un botánico que estudia una flor, como un objeto que escrutar y categorizar. Pero, claro, en el caso de la conciencia, el sujeto es el objeto. Tú eres conciencia. Por tanto, es falaz examinarla como si fuera «otro». Una vez más, quedas atrapado en un bucle. No puedes salir de la conciencia. Así, cualquier declaración «objetiva» que hagas sobre ella es falaz desde el inicio.

De hecho, Dennett se limita a hacer caso omiso del aspecto subjetivo de la conciencia, incluyendo su propia subjetividad. Al igual que los conductistas en psicología, cree que la subjetividad puede ignorarse sin más. Sin embargo, la misma idea de que la conciencia es una ilusión presupone que hay alguien para quien es una ilusión. Y ese alguien es el propio sujeto humano.

Todo esto demuestra lo problemático y grotescamente contrario a la lógica que es defender que la conciencia es una ilusión.

LA ALTERNATIVA ESPIRITUAL

Algunos filósofos creen que, dadas las dificultades para explicar la conciencia mediante la actividad cerebral —y el absurdo de pretender que es una ilusión—, no deberíamos albergar expectativas de llegar a entenderla. Ésta es la posición que se conoce como «misteriana», y en ciertos aspectos tiene sentido. (De hecho, en el último capítulo de este libro formularé un argumento similar, aunque no referido a la conciencia de manera específica.) El intelecto humano es limitado; resulta obvio que hay cosas que escapan a nuestra comprensión, enigmas que nunca seremos capaces de resolver. Y el enigma de la conciencia es en especial problemático, dado que, como acabo de indicar, nosotros mismos somos conciencia, y por lo tanto nos resulta imposible investigarla con claridad y objetividad. Por esta causa es posible que todos estemos, según lo ha definido el filósofo Colin McGinn, «cerrados desde el punto de vista cognitivo» al problema de la conciencia. Sin embargo, yo opino que sí podemos encontrarle cierto sentido al problema de la conciencia si lo examinamos desde la perspectiva del panespiritismo.

Desde la perspectiva espiritual, la conciencia no emerge de complejas estructuraciones de partículas materiales; no está localizada en ciertas áreas del cerebro ni la producen unos tipos concretos de actividad cerebral. La conciencia no emerge de la materia porque siempre ha estado en la material. La conciencia es una cualidad fundamental que existe en todo y en todas partes.

Desde la perspectiva panespiritista, el cerebro no produce la conciencia, sino que más bien actúa como una especie de receptor que transmite y canaliza la conciencia universal (o la fuerza espiritual, que es equivalente a ella) hacia nuestro ser. A través del cerebro (no sólo del cerebro humano, sino del de cualquier otro animal), la esencia pura de la conciencia universal se canaliza hacia nuestra conciencia individual. Y como el cerebro humano es muy grande y complejo, es capaz de recibir y canalizar la conciencia de un modo muy intenso e intrincado, razón por la que (probablemente) somos más intensa y ampliamente conscientes que la mayoría de los demás animales. De acuerdo con el filósofo Robert Forman:

> La conciencia es más un campo que un punto localizado, un campo que transciende el cuerpo y aun así interacciona con él de algún modo [...]. Es posible que las neuronas reciban, guíen, arbitren o canalicen

una conciencia que de alguna manera las transciende. Puede que el cerebro sea más bien un receptor o transformador del campo de la conciencia que su generador.[9]

Como hemos visto al inicio de este capítulo, uno de los motivos más evidentes para dar por sentado que el cerebro produce la conciencia es que la conciencia puede resultar perjudicada o alterada si el cerebro sufre algún daño. Y cuando el funcionamiento del cerebro se altera en cierta medida, por ejemplo, mediante el consumo de drogas, la conciencia suele verse afectada. No obstante, esto no invalida la explicación espiritual de la conciencia. Aun en el caso de que el cerebro no produzca la conciencia, sino que más bien la reciba y la transmita, cualquier daño o alteración tendrá un efecto igual de significativo. Una radio no produce la música que nos llega a través de ella, sólo la recibe y la transmite; sin embargo, si la radio sufre algún daño, su capacidad para transmitir la música se verá alterada. Y si alguien manipula el control de tono de la radio (que es algo análogo al consumo de drogas) o cambia los circuitos internos, su rendimiento se verá sin duda afectado.

El panespiritismo también encaja bien con la hipótesis que defienden los neurocientíficos, según la cual la conciencia está asociada con el cerebro en su totalidad (a pesar de que no estén claros los procesos que implica), en lugar de con un área o un patrón de actividad neuronal en concreto. Si el papel del cerebro no es producir la conciencia, sino recibirla y transmitirla, sería del todo esperable que se distribuyera de esa forma, con amplitud. La conciencia no depende de ninguna zona concreta del cerebro; el papel de «receptor y transmisor» del cerebro depende de su funcionamiento como un todo integrado e interrelacionado.

Podría argüirse que en realidad el panespiritismo no resuelve el enigma de la conciencia porque no aclara cuál es el origen primero de ésta. Sin embargo, en cierto sentido no necesita explicarlo. La conciencia no proviene de ningún sitio..., simplemente existe. A los físicos no les parece necesario intentar explicar de dónde proceden el electromagnetismo, la masa o la gravedad: tan sólo forman parte del universo. Y lo mismo podría ser cierto para la conciencia o la fuerza espiritual. (En realidad, tal como se ha señalado en el capítulo anterior, la conciencia podría ser incluso más fundamental que dichas fuerzas, si aceptamos que en realidad precedió y dio origen al universo.)

Del mismo modo, se podría argumentar que el panespiritismo no puede decirnos cómo recibe y transmite la conciencia el cerebro. No es capaz de identificar los procesos implicados, de igual forma que los materialistas no son capaces de identificar los procesos por medio de los cuales el cerebro podría originar la conciencia. Esto es cierto, desde luego. Podría suceder que jamás lleguemos a saberlo, tal vez éste sea uno de los sentidos en los que el argumento «misteriano» es válido: hay ciertas cosas que nuestro intelecto y conocimiento limitados jamás conseguirán comprender.

No obstante, a nivel teórico, el argumento panespiritista parece muy viable como alternativa a las explicaciones materialistas de la conciencia. Y cuando se toma en cuenta la amplia variedad de pruebas restantes a favor del panespiritismo —las examinaremos todas en este libro—, esta teoría parece harto convincente como explicación de la conciencia.

De acuerdo con el panespiritismo, no es sólo una cuestión de que tengamos conciencia, sino de que somos conciencia. Y no es una cuestión de que seamos conscientes de forma individual, porque todos compartimos la misma conciencia. Esto significa que en esencia somos uno, que formamos parte de una unidad mayor en lugar de ser individuos separados. Como veremos más adelante, esta unidad es el origen del altruismo y puede contribuir a la explicación de algunos tipos de experiencias psíquicas. También se percibe de forma directa en algunas experiencias espirituales o místicas.

4

LA PRIMACÍA DE LA MENTE: ENIGMAS DE LA MENTE Y EL CEREBRO

Hace un tiempo estaba escuchando un programa de Radio 4 de la BBC llamado «All in the Mind», algo así como «Todo está en la mente». «All in the Mind» es un programa sobre piscología, y por lo general me gusta. Pero aquel episodio en concreto me provocó cierto rechazo. Trataba sobre la memoria, y entrevistaron a un neurocientífico que explicó su teoría de que la memoria opera a través del hipocampo, que es donde creía que están almacenados los recuerdos. El hipocampo tendría un espacio de almacenamiento limitado, razón por la cual los recuerdos son limitados y por la que a veces nos olvidamos de las cosas. Cuando entran recuerdos nuevos, se expulsan los más antiguos (o menos importantes). También sugirió que éste es el motivo por el que absorber mucha información puede hacer que nos sintamos cansados. El hipocampo puede sobrecargarse cuando tiene demasiada información acumulada en su interior, y necesitamos descansar y dormir para permitirle procesarla y recargarse.

Detengámonos un momento para considerar lo absurda que es esta teoría en realidad. El hipocampo está más o menos en el centro del cerebro, bajo la corteza cerebral. Se parece bastante a un caballito de mar, y de ahí proviene su nombre. Imagina que pudiéramos ver el interior del hipocampo de un estudiante mientras está repasando para un examen, leyendo libros de texto y tomando notas, intentando embutir la mayor cantidad de información posible en su mente. ¿Veríamos unas cositas, físicamente reales, llamadas «recuerdos» dándose empujones unas a otras para entrar y salir? ¿Veríamos un montoncito de ellas que va creciendo de forma constante en el hipocampo hasta alcanzar un tamaño considerable, momento en el que por fin el estudiante se siente cansado y se queda dormido?

Por supuesto que no. En realidad el hipocampo no contiene ningún recuerdo en su interior. Lo único que se vería en el interior del hipocampo del estudiante —o de cualquier otra persona, aun cuando no estuviera ejercitando la memoria— serían unos cuantos centímetros de tejido gris y pastoso. Si lo examináramos a un nivel más microscópico, encontraríamos millones de neuronas. Pero no encontraríamos ningún recuerdo, por el mero hecho de que los recuerdos son fenómenos mentales, no entidades físicas.

Esto no significa que el hipocampo no esté implicado en la memoria. Está claro que está relacionado con ella; por ejemplo: sabemos que sufre daños en el caso de los pacientes de alzhéimer, lo cual desemboca en una pérdida de la memoria. Pero decir que está involucrado en la memoria no es lo mismo que decir que almacena recuerdos. (Otra cuestión es que la idea de que los recuerdos están almacenados en el hipocampo crea la impresión de que ése es el único origen de la memoria. Sin embargo, otra investigación sugiere que la memoria no está asociada por completo con ningún lugar concreto, sino expandida a lo largo y ancho de muchas zonas del cerebro. Esto también se aplica a otras funciones, así como a la conciencia misma.)

Esto ilustra un enfoque muy común entre los neurocientíficos y los científicos en general: tratar los fenómenos mentales como si su naturaleza fuera neurológica, es decir, tratar la mente como si fuese sólo cerebro. Según el materialismo, la mente no puede existir por derecho propio porque no posee realidad física. Sólo el cerebro es físicamente real, así que la actividad mental debe ser un producto de la actividad cerebral —o ser equivalente a ella—. Todos los estados mentales pueden reducirse a estados cerebrales. Si tenemos problemas psicológicos se debe a desequilibrios o fallos neurológicos que la medicación puede «corregir». Si tenemos experiencias anómalas, tales como estados superiores de conciencia, experiencias extracorporales o experiencias cercanas a la muerte, se debe a actividades cerebrales extrañas. Tales experiencias no contienen realidad alguna, no son más que ilusiones creadas por el cerebro. En palabras del filósofo Daniel Robinson: «Todos los estados, actividades y procesos mentales se originan en los estados, actividades y procesos del cuerpo y, más específicamente, del cerebro».[1]

Esta actitud es tan prevalente y está tan integrada en nuestra cultura que a menudo se refleja en el lenguaje que la gente emplea para hablar de los problemas psicológicos. Se utilizan términos neurológicos para hablar de fenómenos psicológicos, como si fueran lo mismo. Una persona que está sufriendo un problema mental podría decir que su «cerebro está hecho un lío» o que necesita que «le arreglen el cerebro». Pero, por descontado, en realidad está hablando de la mente, no del cerebro.

NEUROMANÍA

Actualmente existe tal afán por explicar el comportamiento humano en términos neurológicos que algunos observadores han sugerido que padecemos de «neuromanía». Una de las manifestaciones de este fenómeno es que han surgido varias nuevas áreas de estudios académicos que intentan incorporar la neurología, como la neuroeconomía (que se centra en las correlaciones neurológicas de la toma de decisiones económicas), la neuroestética (que estudia la neurología de las experiencias estéticas) y la crítica neuroliteraria (que analiza los efectos que leer literatura tiene sobre el cerebro). El supuesto que hay detrás de todos estos campos, y detrás de la neuromanía en general, es que toda experiencia humana está enraizada en la actividad cerebral y que al comprender, y alterar, el cerebro, podemos cambiar el comportamiento humano.

Hasta finales de la década de 1990 era habitual tratar de explicar el comportamiento humano de acuerdo con la genética. En los medios de comunicación populares era frecuente hablar del «gen de» varios tipos de comportamiento humano (el gen del alcoholismo, de la depresión, de la delincuencia, de la homosexualidad, un «gen de las compras» en el caso de las mujeres, etcétera). Más o menos en aquella época, en el año 2000, los genetistas estaban inmersos en el proceso de trazar el mapa del «genoma humano» con la esperanza de identificar los genes responsables de todo el espectro de la experiencia humana. (A veces se encontraban referencias al genoma como «el libro de la vida».) Se esperaba que el genoma supusiera una revolución en nuestra comprensión de todo, desde la enfermedad hasta la conciencia humana. Sin embargo, el Proyecto Genoma Humano conllevó una cierta decepción. Puso de relieve que los genes son mucho menos importantes de lo que creían los científicos y sacó a la luz más preguntas de las que respondió. Por ejemplo, descubrió que los seres humanos tienen muchísimos menos genes de los esperados, sólo alrededor de unos veintiún mil, que son en torno a diez mil menos que un tomate. También compartimos muchos de nuestros genes con otras formas de vida; por ejemplo, un estudio llegó a la conclusión de que compartimos el 97,5 por ciento del ADN funcional con los ratones.[2] Esto dificulta que pueda explicarse la asombrosa complejidad de los seres humanos, o lo que nos diferencia de otras especies, recurriendo a la genética.

Otro hallazgo desconcertante del Proyecto Genoma Humano fue que algunas características hereditarias, como la altura, sólo están ligerísimamente relacionadas con los genes. Además, aunque se predecía que el proyecto provocaría una revolución en el ámbito de la atención sanitaria, se descubrió que los genes defectuosos desempeñan un papel menos significativo del esperado a la hora de predisponer a los seres humanos a la enfermedad.[3] Como resultado de estos hallazgos, el discurso de los «genes de» ha empezado a desaparecer. Parece que, a fin de cuentas, en realidad no hay ningún «gen de».

Es probable que ésta sea la razón por la que la neurociencia se ha hecho tan popular en estos momentos. Ha pasado a ocupar el lugar de la genética como nuestra principal herramienta explicativa. El énfasis se ha desplazado desde el genoma hacia el cerebro humano. Ahora los responsables de todo son los «circuitos neuronales», en lugar de los genes. De manera similar a lo que ocurría en el anterior enfoque de los «genes de», algunos neurocientíficos y divulgadores famosos aseguran haber identificado la actividad cerebral —o la parte del cerebro— asociada con el terrorismo, la creatividad, la apreciación estética, la afiliación política y un montón de características más.

De hecho, en los últimos años varios neurocientíficos han comenzado a hablar de trazar el mapa del «conectoma» (a veces llamado el Proyecto Conectoma), es decir, de trazar el mapa de todo el sistema de circuitos del cerebro humano con la esperanza de que esto nos lleve a la comprensión del comportamiento y la experiencia humanos y del origen de «trastornos cerebrales» tales como la dislexia, la esquizofrenia y el alzhéimer. Este empeño a sustituido al empeño anterior de trazar el mapa del genoma, y surge de la misma necesidad de explicación, y del mismo supuesto ingenuo de que el funcionamiento de la mente humana puede reducirse a procesos físicos.

En este capítulo veremos que esta hipótesis es errónea y examinaremos una explicación alternativa de la vida humana. Veremos que hay ciertos fenómenos mentales que no pueden explicarse de acuerdo con la actividad neurológica, bien porque ocurren cuando al parecer hay ausencia de actividad cerebral o bien porque poseen una naturaleza completamente distinta de la que sugeriría una correlación directa. Veremos que hay muchas pruebas que sugieren que lo primario no es el cerebro, sino la mente, y que la psicología no puede reducirse a la neurología.

La psicología no debería entenderse como el estudio del funcionamiento del cerebro, sino de los fenómenos mentales inmateriales. Por ejemplo, la mejor forma de examinar la memoria no es a partir del cerebro, sino de las funciones y estructuras mentales. El hipocampo no almacena recuerdos, pero está claro que hay una parte de la mente que interpreta ese papel. No podemos determinar con exactitud dónde está o qué es, porque no existe en el espacio físico. Existe en el espacio mental, que es tan real como el físico a pesar de no estar formado por partículas y moléculas sólidas.

PROBLEMAS PARA IDENTIFICAR CORRELACIONES

Si el cerebro es la fuente de toda actividad mental, sería de esperar una correspondencia muy directa y fiable entre los procesos mentales y los neuronales. Se esperaría que fuéramos capaces de determinar ciertos estados neuronales que se correspondiesen de forma exacta (y repetidamente en todas y cada una de las personas) con ciertos estados mentales. Se esperaría que pudiéramos señalar con precisión las correlaciones neuronales de estados como el amor, la felicidad, la depresión, la apreciación estética, las experiencias espirituales, etcétera. Se esperaría que identificáramos correlaciones neuronales precisas para ciertos tipos de comportamiento y actitud, por ejemplo el materialismo, el hedonismo, la religiosidad, el optimismo, la ansiedad, etcétera.

Cuando los neurocientíficos empezaron a examinar el cerebro, eso es lo que esperaban encontrar (del mismo modo que algunos esperaban encontrar las correlaciones neuronales de la conciencia). Y hemos descubierto, claro está, que ciertas partes del cerebro están relacionadas de manera general con ciertos procesos psicológicos. Por ejemplo, sabemos que las zonas corticales del cerebro están asociadas con el aprendizaje de actividades nuevas, y que la corteza prefrontal izquierda en general se asocia con la planificación y el control de nuestros pensamientos y acciones. Sabemos que el lóbulo parietal está relacionado con el habla y la percepción espacial, que el lóbulo temporal tiene que ver con la comprensión del lenguaje, etcétera.

Aun así, incluso tras décadas de investigación exhaustiva, la neurociencia no está ni por asomo cerca de trazar un mapa preciso de la correspondencia entre experiencia consciente y la actividad neuronal. La actividad cerebral asociada con ciertos estados mentales no puede generalizarse y extenderse de una persona a otra, e incluso puede variar en una misma persona en diferentes circunstancias. Cuando una persona experimenta la emoción de estar enamorada, su actividad cerebral puede ser distinta de la de otra persona que también está enamorada, y distinta incluso de su propia actividad cerebral en otra ocasión, cuando estaba enamorada de alguien diferente. Otro problema es que al parecer los animales también tienen algunas experiencias idénticas a las de los seres humanos, el dolor y el miedo, por ejemplo, y eso implicaría que, en esos momentos, experimentan exactamente los mismos estados cerebrales que nosotros. El estado mental de un cerdo angustiado al que están trasladando a un matadero y que sabe que van a matarlo debería ser más o menos igual que el estado cerebral de un ser humano al que están atracando a punta de pistola o al que le dicen que va a morir de cáncer. Pero nuestro cerebro es tan distinto del de los animales que esto parece absurdo. Siguiendo este razonamiento, la experiencia del dolor o del miedo no puede identificarse con ningún estado cerebral específico.

Uno de los supuestos de la idea de que los estados mentales son lo mismo que los estados cerebrales es que las neuronas que se activan en ciertas partes del cerebro producen las experiencias mentales. Sin embargo, la correlación entre los estados mentales y la activación de las neuronas es incoherente. Esto también vale para la conciencia en sí; tal como ha afirmado Giulio Tononi, «la activación de las mismas neuronas corticales podría corresponderse con la conciencia en algunos momentos, pero no en otros».[4] (Las neuronas corticales son sólo las que se hallan en la corteza cerebral, la parte más grande del cerebro.) Los neurocientíficos también han descubierto que podría existir un extraño desequilibrio entre la intensidad y complejidad de un estado mental y la cantidad de neuronas o activaciones neuronales implicadas. No tiene por qué existir ningún tipo de proporcionalidad entre ambas cosas, y en ocasiones pueden darse experiencias intensas sin un grado significativo de activación neuronal.[5]

EL PROBLEMA DE LA ENFERMEDAD MENTAL

Si el cerebro es el origen de toda experiencia mental, también esperaríamos que hubiera una relación clara entre las enfermedades mentales y los estados cerebrales. Por ejemplo, si una persona se siente deprimida, esperaríamos que hubiera parámetros mensurables precisos de una actividad neuronal que se correspondiera con exactitud al estado de depresión. También supondríamos que cabría la posibilidad de «arreglar» enfermedades mentales como la depresión mediante la alteración de la actividad cerebral.

En efecto, esta última suposición es uno de los resultados más perniciosos de la neuromanía. Como la neuromanía entiende los estados mentales como estados cerebrales, trata los problemas psicológicos como si fueran problemas cerebrales y da por hecho que pueden «arreglarse» con fármacos psicoactivos. Éste es el «modelo médico» de la enfermedad mental, que emplea medicamentos para tratar enfermedades como la depresión, el trastorno por déficit de atención o la esquizofrenia. El modelo da por sentado que estas dolencias se producen debido a anomalías neurológicas como la falta o el exceso de ciertas sustancias químicas cerebrales, o la falta o exceso de actividad en distintas partes del cerebro.

Desde el punto de vista materialista, esto tiene todo el sentido del mundo. Si la mente tiene una naturaleza fundamentalmente física, como producto del cerebro, entonces debería tratarse de la misma forma que el resto del cuerpo físico. Los problemas psicológicos son problemas cerebrales y los problemas cerebrales son problemas físicos, que pueden tratarse por medio de intervenciones médicas. Por lo tanto, el tratamiento de los problemas psicológicos con fármacos psicoactivos es, podría decirse, una aplicación directa del materialismo. Tal como lo ha expresado el profesor de neurología Eric Kandel, «todos los procesos mentales son procesos cerebrales, y por lo tanto todos los trastornos del funcionamiento mental son enfermedades biológicas [...]. ¿En qué otro lugar que no fuera el cerebro podría estar [la enfermedad mental]?».[6]

Sin embargo, en realidad hay muy poco consenso respecto a qué partes del cerebro están asociadas con las enfermedades mentales. En el caso de la depresión, lo mejor que pueden decir los neurocientíficos es que «como otras anomalías de las funciones mentales superiores, [la depresión] (...) parece estar distribuida por varias regiones del cerebro».[7] En otras palabras, las correlaciones neuronales de la depresión están, como las de la conciencia, muy repartidas y son difíciles de identificar.

Existe la creencia popular de que la depresión está asociada a un bajo nivel de serotonina en el cerebro, pero lo cierto es que esta afirmación tiene muy poco fundamento. En 2015, el psiquiatra David Healy describió en el *British Medical Journal* cómo las compañías farmacéuticas y sus responsables de marketing difundieron el mito de la conexión entre la depresión y la serotonina durante la década de 1990, no mucho después de que los tranquilizantes empezaran a ser abandonados debido a la preocupación de que generaran adicción. De hecho, según afirma Healy, una investigación de la década de 1960 ya había rechazado la conexión entre la depresión y la serotonina y demostrado que los antidepresivos conocidos como «inhibidores selectivos de la recaptación de serotonina» (ISRS) eran ineficaces contra la enfermedad. Sin embargo, impulsados por los millones del marketing de la industria farmacéutica, el mito de la depresión como un «desequilibrio químico» que la medicación podía restaurar caló de inmediato. Resultaba atractivo debido a su simplista definición de la depresión como una dolencia médica que podía «arreglarse» del mismo modo que una herida o una enfermedad física.[8]

En torno a uno de cada diez estadounidenses toma antidepresivos presuntamente para «corregir» un desequilibrio químico en su cerebro y aumentar su nivel de serotonina. Pero no es de extrañar, dado que el vínculo entre la depresión y la serotonina es muy dudoso, que las pruebas de la eficacia de los ISRS sea también muy dudosa. Aunque algunos ensayos médicos han sugerido que los antidepresivos pueden ser eficaces en los casos más graves de depresión, lo más habitual es que se receten en casos de depresión leve, en los que, además de poder tener efectos secundarios graves, son en gran medida ineficaces.[9] Los estudios dirigidos por Irving Kirsch, un profesor de Medicina de la Universidad de Harvard, han descubierto que los antidepresivos sólo provocan una pequeña mejora del humor, insignificante a nivel clínico, en comparación con los placebos. Como resultado de esta investigación, Kirsch llegó a la conclusión de que la depresión no tiene nada que ver con un desequilibrio químico en el cerebro y de que los antidepresivos como los ISRS son en realidad placebos.[10]

Por supuesto, que la depresión no esté relacionada con un nivel bajo de serotonina —y por lo tanto no pueda solucionarse mediante potenciadores de la serotonina— no desmiente que esté causada por estados cerebrales. Podría ser que la depresión viniera provocada por otros tipos de actividad cerebral que todavía no se hayan identificado, y podría ocurrir que llegue a desarrollarse una medicación distinta para contrarrestarlos. No obstante, parece mucho más probable que el motivo por el que resulta complicado identificar de manera precisa algún patrón neurológico asociado con la depresión —y el motivo por el que resulta complicado tratarla con intervenciones médicas— es que la enfermedad no tiene un origen cerebral. Es un ejemplo de un estado mental que no puede reducirse a un estado cerebral, y otra muestra de la relación indeterminada entre la mente y el cerebro. La depresión no es el resultado de un cerebro que falla, sino de factores ambientales, existenciales y espirituales. La gente no se deprime a causa de desequilibrios químicos en el cerebro, sino a causa de trabajos que resultan agotadores e insatisfactorios, la falta de sentido, propósito o amor, por una falta de contacto con la naturaleza o de ejercicio, por un nivel de estrés y dificultades demasiado elevado, etcétera. Tal como se dijo en una declaración de las Naciones Unidas sobre el tratamiento de la depresión en 2017, la actual «narrativa biomédica de la depresión» está basada en el «uso parcial y selectivo de los resultados de las investigaciones» y «en un paradigma neurobiológico reduccionista». Se llegaba a la conclusión de que «el uso excesivo de la medicación y de otras intervenciones biomédicas [...] causa más mal que bien, socava el derecho a la salud y debe ser abandonado».[11]

No estoy diciendo que no exista ninguna relación entre la actividad cerebral y la depresión y otros trastornos mentales. Podría ocurrir perfectamente que haya una mayor probabilidad de que las personas con depresión tengan ciertos patrones de actividad neurológica (aunque éstos no se hayan identificado con claridad todavía). Pero hay dos cuestiones esenciales: la primera es que no es probable que estos patrones de actividad neurológica sean fiables y coherentes, ni de persona a persona ni en el caso de una misma persona en diferentes momentos; la segunda cuestión es que esos patrones de actividad neurológica —si de verdad existen— no deberían interpretarse como la causa de la depresión, sino como el registro neurológico de la depresión. En otras palabras, la depresión debería entenderse ante todo como un estado mental provocado por una amplia variedad de factores ambientales o existenciales, que después causa cambios en la actividad cerebral. Si esto es así, no esperaríamos que hubiera una correspondencia fiable entre la actividad cerebral y la depresión. Si el cerebro no produce la depresión, sino que sólo la registra, esperaríamos que hubiera gran cantidad de variaciones.

EL CEREBRO ADAPTABLE

El fenómeno de la neuroplasticidad también pone de relieve la naturaleza indeterminada de la relación entre la mente y el cerebro.

Antes, los neurocientíficos creían que, una vez que un ser humano deja de crecer, su cerebro permanece en el mismo estado estático a lo largo de toda su vida, al menos hasta el deterioro de la ancianidad. De igual modo, los científicos creían que, después de una apoplejía o una lesión cerebral, el cerebro de una persona quedaría dañado de forma permanente y sería incapaz de repararse a sí mismo. Sin embargo, ahora está claro que en realidad el cerebro es plástico y tiene una gran capacidad de cambio y recuperación. No está «programado de forma intrínseca». Podemos formar conexiones inéditas en distintas partes del cerebro e incluso generar neuronas completamente nuevas. (Enseguida veremos algunos ejemplos de esto.)

Uno de los aspectos más interesantes de la neuroplasticidad es que en ocasiones las funciones pueden cambiar a distintas partes del cerebro. Esto suele ocurrir durante la recuperación de una apoplejía u otras lesiones cerebrales. Si la parte del cerebro que antes estaba asociada a una actividad concreta resulta dañada, una zona distinta del cerebro que siga ilesa se vinculará ahora a esa actividad. Tras una apoplejía, el cerebro suele reorganizarse. Se crean nuevas conexiones y rutas hacia las partes ilesas del cerebro, de tal manera que las células saludables pueden hacerse cargo de las funciones que antes desempeñaban las células que han resultado destruidas. Ésta es otra de las razones por las que resulta problemático vincular una zona concreta del cerebro a una función mental particular (o a la conciencia en sí). Como hemos visto antes, ciertas funciones pueden asociarse de manera general con partes específicas del cerebro, pero estas asociaciones pueden cambiar por completo después de una apoplejía o lesión cerebral.

Esta flexibilidad parece sugerir que la mente utiliza el cerebro de una forma similar a como un músico usa un instrumento. Por ejemplo, imagina a un guitarrista que está dando un concierto y al que se le rompe una cuerda en mitad de una canción (algo que a mí me sucedió muchas veces cuando tocaba música). Si está tocando notas individuales, se limitará a trasladar las notas a una cuerda diferente, tocadas en trastes más agudos o más graves. Si está tocando acordes, lo más seguro es que toque los mismos acordes a una altura distinta, más arriba o más abajo en el diapasón, de tal manera que no sea tan evidente que falta una cuerda. Pero encontrará alguna forma de adaptarse para que la música continúe.

Los estudios sobre la actividad cerebral en invidentes han mostrado resultados similares. Hay una parte del cerebro, la corteza visual, situada en la región occipital, que en la mayoría de las personas está asociada con el procesamiento de la visión. Podría darse por hecho que, si una persona se queda ciega, la corteza visual se volvería inactiva, sin más. Pero, como ya podrás imaginarte, en realidad esto no es así. Las investigaciones han llegado a la conclusión de que tanto en el caso de las personas que nacieron ciegas como en el de las que perdieron la vista más tarde, la corteza visual permanece activa. Se la «recluta» para ayudar con otras funciones.[12]

Y lo que resulta más sorprendente todavía: la mente es tan adaptable que puede mantener niveles normales de actividad incluso cuando faltan fragmentos grandes del cerebro. En 2007, la revista médica *The Lancet* informó del caso de un francés de cuarenta y cuatro años que había llevado una vida del todo normal a pesar de tener un vacío enorme en el cráneo, allí donde suele estar la mayor parte del cerebro. Esto se descubrió cuando, por primera vez en su vida, lo sometieron a un escáner cerebral que mostró que en el interior de su cabeza había un hueco de gran tamaño lleno de líquido. Su tejido cerebral estaba concentrado en una fina capa pegada al cráneo. El hombre estaba casado, era padre de dos hijos y ocupaba un puesto de funcionario; hasta aquel momento, nunca había mostrado síntomas de ningún tipo de anomalía. Los investigadores fueron capaces de identificar estructuras cerebrales normales, tales como los lóbulos frontales, parietales, temporales y occipitales, pero todos ellos tenían un tamaño reducidísimo.[13]

En un caso similar, en 2014, una china de veinticuatro años fue sometida a un escáner cerebral tras quejarse de náuseas y mareos. El TAC mostró que le faltaba todo el cerebelo. En el lugar que esta parte del cerebro suele ocupar sólo había un hueco lleno de fluido cerebroespinal. Por lo general, el cerebelo se considera la parte más importante del cerebro, ya que contiene alrededor de la mitad de sus neuronas, así que cuesta imaginar que una persona pueda ser funcional sin él. Pero, a pesar de que la mujer sufría algunos achaques menores, como por ejemplo problemas de articulación en el habla y andares inestables, por lo demás había llevado una vida normal. Estaba casada, tenía una hija y jamás había sospechado que pudiera tener algún problema grave.[14]

Aunque estos casos son excepcionales, se han encontrado muchos similares. En algunos de ellos se ha descubierto que en realidad esas personas son más inteligentes que la media, pese a la ausencia de grandes partes del cerebro. Por ejemplo, a un hombre le habían extirpado todo el hemisferio izquierdo a los cinco años (para controlar los ataques epilépticos que sufría) y de adulto demostró poseer unos niveles de inteligencia y destrezas lingüísticas superiores a la media.[15] También se ha descubierto que otras personas viven con total normalidad con tan sólo un cinco por ciento de la cantidad habitual de tejido cerebral.[16]

Si partimos de la interpretación convencional de que el cerebro produce la mente, cuesta explicar esta asombrosa flexibilidad. ¿Cómo podría permanecer prácticamente inalterado el funcionamiento mental con unas diferencias estructurales tan inmensas? Imagina un ordenador que funcionara de forma idéntica con sólo el cinco por ciento de sus sistemas de circuitos o sin partes esenciales de su hardware, o uno que sufre daños y es capaz de cambiar sus funciones de manera espontánea a las partes no dañadas.

No cabe duda de que estos casos cobran más sentido si asumimos la perspectiva espiritual de que la mente se manifiesta a través del cerebro y no a partir de él. Es evidente que el cerebro está muy asociado con la actividad mental y que desempeña un papel fundamental en sus procesos, pero no deberíamos esperar que exista un vínculo causal o una correspondencia coherente entre los estados cerebrales y los mentales, por el simple hecho de que el cerebro no produce de forma directa la actividad mental. Para recuperar la metáfora que ya he empleado en este capítulo, la música de la mente nos llega a través del cerebro, no a partir de él.

5

CÓMO LA MENTE PUEDE CAMBIAR EL CEREBRO Y EL CUERPO: MÁS ENIGMAS DE LA MENTE Y EL CEREBRO

El científico victoriano T. H. Huxley, abuelo del escritor Aldous Huxley, cuyos puntos de vista espirituales habría aborrecido sin duda, fue el Richard Dawkins de su época. Se adhirió a su idea de un mundo mecánico, maquinal, con la pasión de un fanático religioso. Defendía la teoría de la evolución de Darwin con tal fervor que se le conocía como «el bulldog de Darwin». (En realidad fue Huxley y no Darwin quien acuñó la expresión «la supervivencia del más apto».)

Huxley estaba convencido de que la conciencia no es más que un subproducto del cerebro, así que la comparaba con el silbido de vapor producido por una locomotora. Esto lo llevó a concluir que la sensación de voluntad propia de los seres humanos es sólo una ilusión y que la conciencia estaba privada «por completo del poder de modificar» el funcionamiento del cuerpo, del mismo modo que el silbido de vapor no podía alterar el funcionamiento de la locomotora. Huxley lo planteaba así: «¿Tenemos algún motivo para creer que un sentimiento, o estado de conciencia, es capaz de influir de manera directa en el movimiento de aunque sea la molécula de materia más minúscula que pueda concebirse?».[1]

Desde la interpretación materialista, esto tiene mucho sentido. Si la mente no es más que un producto de la materia,

¿cómo podría cambiar o influir en la materia? ¿Cómo podría tener efecto alguno sobre las moléculas del cuerpo y el cerebro? Si queremos emplear una metáfora moderna: ¿cómo podrían las imágenes que muestra la pantalla de un ordenador cambiar el software de ese aparato?

Sin embargo, Huxley se equivocaba. Es un hecho que la mente puede alterar la materia del cerebro y del cuerpo de forma significativa, lo cual proyecta aún más dudas sobre el supuesto materialista de que el cerebro genera la mente.

CÓMO LA MENTE PUEDE CAMBIAR EL CEREBRO

Éste es otro de los motivos por los que la neuroplasticidad es tan importante. Como hemos visto en el capítulo anterior, es frecuente que esta capacidad surja de manera espontánea como respuesta a una lesión cerebral. Pero también suele darse como reacción a la actividad mental o al entrenamiento mental consciente.

Si alguna vez decides hacerte taxista en Londres, verás que es más difícil que en capitales análogas como Nueva York o Berlín. A pesar de la llegada de la navegación por satélite, los aspirantes a taxista de Londres siguen teniendo que someterse a un examen conocido como el «Knowledge», que les exige aprenderse centenares de rutas por toda la ciudad. En ellas se ven implicadas veinticinco mil calles y veinte mil puntos de referencia. El proceso suele llevarles al menos dos años, y sólo en torno a la mitad de los que se presentan aprueban el examen.

Ya hemos visto que la memoria está asociada con el hipocampo, aun cuando en realidad los recuerdos no están almacenados allí (y aun cuando hay otras zonas del cerebro también implicadas en ella). La neurocientífica Eleanor Maguire ha dedicado años a estudiar el cerebro de los taxistas de Londres y ha llegado a la conclusión de que tienen una cantidad de materia gris significativamente mayor de la que es habitual en la zona posterior del hipocampo. Al principio sus estudios no dejaron claro si esto había sucedido a consecuencia de su aprendizaje o si solamente era a causa de que el proceso de selección favorecía a los candidatos con un hipocampo mayor de lo normal. Sin embargo, investigaciones posteriores monitorizaron el desarrollo cerebral de los conductores a lo largo del tiempo y mostraron con claridad que el incremento de la materia gris era resultado de su aprendizaje. Es probable que esto se deba tanto al aumento del número de conexiones entre células ya existentes como a la génesis de células completamente nuevas.[2]

Se han descubierto fenómenos similares entre grupos de estudiantes de Medicina, cuyos cerebros, según quedó demostrado, cambiaban de manera significativa a lo largo de las semanas de intenso estudio previas a sus exámenes.[3] Los estudios sobre los efectos de la meditación han mostrado que pueden producirse cambios neurológicos significativos en un período de sólo ocho semanas. En un estudio de 2011 se sometió a un grupo de dieciséis personas que nunca habían meditado a escáneres cerebrales tanto antes como después de un programa de meditación de ocho semanas. Tras meditar durante una media de veintisiete minutos diarios a lo largo de esas ocho semanas, los escáneres mostraron un aumento significativo de la cantidad de materia gris en muchas áreas del cerebro.[4] De forma similar, un estudio de 2017 descubrió que la terapia cognitivo-conductual (TCC) puede causar cambios neurológicos significativos. Tras centrarse en un grupo de personas que padecían psicosis, los investigadores vieron que un tratamiento de doce semanas de TCC producía un incremento de conexiones en la amígdala y los lóbulos frontales, aumento que asociaron con el pensamiento racional.[5]

¿Cómo podrían ocurrir estas cosas si los fenómenos mentales no son más que producto de la actividad cerebral? ¿Cómo puede cambiar un epifenómeno la naturaleza del fenómeno primario del que es un mero subproducto? En el materialismo, la mente se entiende como una sombra del cerebro. ¿Y cómo puede una sombra cambiar el objeto del que es sombra? O, según la analogía de Huxley, ¿cómo podría un silbido de vapor cambiar la naturaleza de la propia locomotora?

Podría argumentarse que sólo se trata de que hay zonas del cerebro que se han ejercitado más y, en consecuencia, han crecido, igual que ocurriría con un músculo. Sin embargo, esta analogía no es adecuada. Nadie sabe de qué manera genera el cerebro nuevas células y nuevas conexiones entre ellas, pero lo que está claro es que no lo hace de forma ni remotamente parecida al crecimiento de los músculos, que se da mediante el daño y la reparación de las fibras musculares. Es evidente que el crecimiento muscular tampoco tiene nada que ver con el aumento de la conectividad entre células. Y, en cualquier caso, aunque aceptáramos la analogía del ejercicio, ésta continúa sin cambiar ni explicar el hecho de que la intención y la actividad mentales provocan cambios estructurales considerables en el cerebro, lo cual sugiere la primacía de la mente.

No estoy diciendo que el cerebro no tenga ningún efecto sobre la mente. Eso sería absurdo. Como ya he señalado con relación a la conciencia, está claro que cuando las drogas cambian el funcionamiento cerebral se producen cambios significativos en la experiencia mental. Y esto mismo es cierto en el caso de las lesiones cerebrales, que pueden afectar —y alterar— al funcionamiento mental de una persona. Lo que estoy sugiriendo es que hay una relación bidireccional entre la mente y el cerebro, y que la mente puede afectar al cerebro de maneras tan profundas como el cerebro puede afectarla a ella. Y como hemos visto en el capítulo anterior al hablar de la depresión, aunque puede que existan asociaciones entre el funcionamiento neurológico y ciertos estados mentales (como demuestran los anteriores ejemplos de neuroplasticidad), deberíamos esperar que hubiera una gran variedad en ellas. Podría ser que dependieran de la dirección de la causalidad. Cuando el cambio primario se produce en el cerebro —por ejemplo, cuando se altera la actividad cerebral mediante el consumo de drogas—, puede que sea posible identificar de manera precisa una correlación entre la actividad neurológica y la experiencia mental. Pero cuando el cambio primario sucede en la mente —por ejemplo, cuando una persona se deprime porque termina una relación o porque su trabajo le resulta insatisfactorio—, es más probable que entonces solamente haya una asociación general, no muy fiable ni coherente.

CÓMO LA MENTE PUEDE CAMBIAR EL CUERPO

La sorprendente capacidad que tiene la mente para cambiar la forma y el funcionamiento del cerebro sugiere de una manera aún más llamativa la primacía de la mente.

El ejemplo más habitual de esto es el del efecto placebo. Este fenómeno se observó por primera vez a mediados del siglo XX, cuando los científicos empezaron a realizar ensayos controlados aleatorizados de doble ciego en sus investigaciones. Esto significa que un procedimiento o tratamiento se llevaba a cabo con dos grupos: uno que, en efecto, recibiría el tratamiento y otro, el «grupo de control», que recibiría sustancias inocuas (ninguno de los dos grupos sabría cuál de las dos opciones les habrían administrado). En los ensayos médicos, los investigadores empezaron a darse cuenta de que, por alguna razón desconocida, los grupos de control comunicaban algún efecto: que sus síntomas se habían aliviado o que el dolor había desaparecido, a pesar de que en realidad no habían seguido ningún tratamiento. En algunos casos, el grupo de control refería incluso efectos secundarios negativos del tratamiento (que pasaron a conocerse como «efectos nocebo»). A lo largo de décadas de investigación, una amplia variedad de enfermedades distintas han demostrado remitir gracias a los placebos, entre ellas el acné, la enfermedad de Crohn, la epilepsia, la disfunción eréctil, las úlceras, la esclerosis múltiple, la osteoartritis, el reumatismo y la colitis.

Al principio, los científicos dieron por sentado que el efecto placebo no era más que un fenómeno subjetivo. Pensaron que la gente tan sólo se imaginaba que sus síntomas habían mejorado, sin que en realidad se produjera ningún cambio fisiológico real. (Aún hoy algunos escépticos afirman que esto es así.) Pero se hizo evidente que no era cierto. Pese a que los pacientes que tomaban placebo estaban recibiendo sustancias inocuas que no tenían ningún efecto fisiológico, se producían cambios fisiológicos reales y mensurables. Esto quedó claro en un estudio de 1978 en el que a cuarenta pacientes se les administró un analgésico placebo tras someterse a un tratamiento dental. Poco después, los dividieron en dos grupos, uno de los cuales recibió otro analgésico placebo, mientras que al otro se le administró naloxona, una sustancia que detiene la liberación de endorfinas, que alivian el dolor, en el cerebro. El segundo grupo afirmó sentir mucho más dolor que el primero, lo cual sugiere que el placebo original produjo cambios químicos y que la dosis de naloxona los estaba bloqueando. Esto pareció insinuar que los placebos podían dar lugar a los mismos cambios químicos que los medicamentos de verdad.[6]

Más adelante, las técnicas de neuroimagen verificaron los efectos fisiológicos del placebo. Varios estudios señalaron que, cuando se tomaban como analgésicos, los placebos causaban una disminución de la actividad en zonas del cerebro asociadas con el dolor. También se activaban muchos de los neurotransmisores y de las rutas neuronales a los que afectan los opiáceos y la marihuana. En otras palabras, los placebos estaban provocando la liberación real de sustancias endógenas en el cerebro. Los investigadores también descubrieron que, cuando los pacientes con enfermedad de Parkinson tomaban placebos, éstos podían causar la liberación de dopamina en el cerebro. Otros estudios han mostrado cambios neurológicos similares con respecto a la depresión, la ansiedad y la fatiga, y otros cambios fisiológicos vinculados a la presión sanguínea, el ritmo cardíaco y la activación del sistema inmunológico.[7] (Como se ha visto en el capítulo anterior, también es posible que los antidepresivos funcionen en gran medida como placebos.)

Y lo que es aún más curioso: las investigaciones también han señalado que para que un placebo sea efectivo puede que ni siquiera sea necesario engañar a los pacientes para hacerles creer que están tomando una sustancia activa: los placebos pueden funcionar incluso cuando sabemos que los estamos tomando. En un estudio publicado en 2010, Ted Kaptchuk, un profesor de Medicina de la Universidad de Harvard, comparó a dos grupos de pacientes que padecían el síndrome del colon irritable. Mientras que un grupo no recibió ningún tipo de tratamiento, al otro se le administraron placebos. De forma excepcional, a los miembros del segundo grupo se les informó de que estaban tomando medicamentos falsos; para hacer hincapié en ello, los botes de píldoras llevaban una etiqueta que rezaba «píldoras placebo». Kaptchuk se llevó una sorpresa al descubrir que, pese a todo, los miembros del segundo grupo advirtieron un alivio significativo de los síntomas. Es algo que resulta extraño, aunque es probable que el hecho de que el equipo de Kaptchuk tuviera la precaución de decirles a los pacientes que los placebos suelen tener efectos curativos sea relevante.

CIRUGÍA PLACEBO

En 2004, el doctor David Kallmes, un radiólogo de la Clínica Mayo de Minnesota, uno de los hospitales más prestigiosos de Estados Unidos, decidió llevar a cabo un experimento inusual. Llevaba muchos años realizando una operación llamada vertebroplastia, un procedimiento para tratar las fracturas de espalda mediante la inyección de un cemento médico. Siempre era una intervención muy exitosa, pues aliviaba el dolor agudo y permitía que el paciente caminara e hiciera ejercicio sin dificultad alguna. Sin embargo, había algo que desconcertaba al doctor Kallmes: de vez en cuando la operación salía mal (por ejemplo, si el cemento se inyectaba en una vértebra equivocada), pero aun así los pacientes experimentaban mejoría.

Para investigar este asunto con mayor profundidad, Kallmes dirigió un ensayo con ciento treinta y un pacientes, la mitad de los cuales fueron sometidos a una vertebroplastia auténtica, mientras que el resto pasó por una intervención falsa. En este último caso, a los pacientes se les llevaba en camilla hasta el quirófano y se les administraba la anestesia, pero en lugar de inyectarles el cemento, sólo les apretaban la espalda con fuerza. Sorprendentemente, los resultados mostraron que ambos grupos experimentaban el mismo nivel de alivio del dolor y la misma mejora en las funciones, es decir, al caminar, subir escaleras y hacer otros tipos de ejercicio.[8]

Se trata de un ejemplo de otro extraño aspecto del efecto placebo que en inglés se conoce como *sham surgery* («operación falsa»). Consiste en que los cirujanos fingen llevar a cabo una intervención haciendo todo lo que harían en una operación normal —por ejemplo, realizar una incisión, coger el instrumental, dar instrucciones a los colegas y después cerrar la incisión—, pero sin intervenir realmente. Aunque esto parece contrario al sentido común, en muchos ensayos de cirugía placebo se han obtenido resultados positivos. En un estudio finlandés publicado en 2013, se sometió a cirugía placebo a pacientes que sufrían desgarros en algún ligamento de la rodilla y que experimentaban un dolor agudo. A pesar de que los pacientes de la cirugía placebo fueron anestesiados, los cirujanos siguieron con gran meticulosidad todo el ritual de una operación, se pasaron el instrumental entre ellos e hicieron los ruidos que suelen asociarse a una operación. Sin embargo, como ya se ha señalado, la incisión se cerró sin que se llevara a cabo ningún procedimiento. Otros pacientes sí recibieron el verdadero tratamiento, y después se compararon los resultados. Una vez más, no se hallaron diferencias significativas entre los dos grupos. Los pacientes que se habían sometido a la cirugía placebo refirieron cierto nivel de disminución del dolor y de mejora de las funciones.[9]

Poco después de este ensayo, otro equipo de investigadores publicó un exhaustivo artículo que revisaba todas las pruebas de cirugía placebo registradas hasta el momento. Reseñaron cincuenta y tres casos en los que ese procedimiento se había llevado a cabo junto con intervenciones quirúrgicas normales. Señalaron que la cirugía placebo había resultado beneficiosa en un setenta y cuatro por cierto de los casos, y en la mitad de ellos en el mismo grado que en el procedimiento real. En algunos ejemplos había resultado más beneficiosa que la intervención verdadera.[10]

No es de extrañar que una de las conclusiones que se haya extraído del éxito de la cirugía placebo sea que se están llevando a cabo muchas operaciones innecesarias. De hecho, desde que se publicaron estos hallazgos, las compañías de seguros estadounidenses se han mostrado más reacias a financiar intervenciones como la vertebroplastia. No obstante, está claro que las conclusiones de las investigaciones no implican que las vertebroplastias reales no funcionen o no sean necesarias, sólo que los poderes curativos del subconsciente pueden simular los efectos del procedimiento real.

En general, el efecto placebo se ha convertido en algo tan conocido hoy en día que tal vez convenga recordar lo extraño que es en realidad. ¿No es rarísimo que la curación y el alivio del dolor puedan llegar a producirse sin que se administre tratamiento alguno? Parece que, todavía en la actualidad, la mayoría de los científicos no alcanzan a comprender todo lo que implica el efecto placebo: que la mente humana tiene la capacidad de influir de forma muy poderosa en casi cualquier aspecto de nuestra fisiología, incluidos la curación de muchas enfermedades y el alivio de una gran variedad de síntomas. Y, a su vez, esto implica que la mente, más que ser un subproducto de la actividad cerebral, ocupa una posición prioritaria respecto a la sustancia física de nuestro cuerpo y nuestro cerebro.

Puede que éste sea el motivo por el que muchos científicos no contemplan las repercusiones del efecto placebo, porque esas repercusiones son muy problemáticas para el modelo materialista convencional que gran parte de ellos han adoptado.

CURACIÓN MEDIANTE HIPNOSIS

Una de las características más peculiares del efecto placebo es que no funciona de manera consciente. No podemos cambiar por simple fuerza de voluntad. No podemos limitarnos a pensar: «Ojalá no estuviera enfermo [...]. Creo que voy a intentar provocarme una mejoría». El poder de la mente para cambiar el cuerpo sólo puede activarse a nivel subconsciente, mediante la creencia de que se está produciendo un cambio (en la mayor parte de los casos, el alivio del dolor o la curación). Parece que esa creencia descubre una extraña capacidad de la mente para alterar las estructuras y los procesos físicos del cuerpo.

Estos poderes también pueden activarse en un estado de hipnosis. Las sugerencias de un hipnotizador pueden conectar con la mente subconsciente de la misma forma en que lo hacen nuestras propias creencias.

El estado hipnótico sigue constituyendo un misterio, no hay una explicación clara de lo que ocurre cuando se hipnotiza a una persona ni de en qué se diferencia ese estado de la conciencia normal. Pero, al parecer, el aspecto esencial es que, bajo hipnosis, el ego consciente normal se queda inmovilizado. El hipnotizador toma las riendas de las funciones del ego, tales como la voluntad y el control. Y con el ego en suspenso, el hipnotizador tiene acceso directo al subconsciente de la persona. Éste es el principio de la hipnoterapia: el hipnotizador puede trabajar de manera directa con el subconsciente y abordar los miedos y fobias allí arraigados. Y por los mismos medios las sugerencias de un hipnotizador pueden provocar cambios no sólo en la forma y el funcionamiento del cerebro, sino también del cuerpo en su totalidad.

La hipnosis es efectiva sobre todo como analgésico. En la década de 1840, James Esdaile, un médico escocés que vivía en India, comenzó a utilizar la hipnosis para aliviar el dolor en las operaciones. En su región, muchos hombres desarrollaban tumores enormes (que llegaban a pesar hasta cuarenta y cinco kilogramos) en el escroto debido a las infecciones provocadas por las picaduras de mosquito, y la operación para extirparlos resultaba tan dolorosa que a menudo los pacientes la posponían durante años y sólo se sometían a ella como último recurso. Esdaile empezó a emplear la hipnosis (o el *mesmerismo*, según lo denominaba él) como forma de relajar a los pacientes para que accedieran a someterse a la intervención. Y, para su sorpresa, descubrió que no experimentaban ningún tipo de dolor durante el transcurso de la misma. También refirió que, en algunos casos, tampoco había dolor ni lesión tras la operación, y que el proceso de curación era más rápido. Como él mismo escribió, «se han producido menos molestias físicas que bajo circunstancias normales. No ha habido ninguna muerte entre los casos operados».[11]

Empezó a correrse la voz de que había un cirujano maravilloso, capaz de extirpar tumores ingentes en veinte minutos y sin dolor ni efectos secundarios, así que los pacientes no tardaron en empezar a acudir en masa al hospital de Esdaile, cerca de Calcuta. Esdaile decidió emplear también la hipnosis en otras intervenciones, como las cirugías oculares, la extirpación de las amígdalas, los tumores mamarios y los partos. Esdaile estaba convencido de que no era sólo una cuestión de que sus pacientes fingieran (ante ellos mismos y/o ante él) que no sentían ningún dolor, porque se percató de que, además de la ausencia de espasmos de dolor y de quejas, los pacientes no mostraban signos fisiológicos de dolor, tales como cambios en la frecuencia cardíaca y en las pupilas. A mediados del siglo XIX, la tasa de mortalidad por intervenciones quirúrgicas era altísima: un abrumador cincuenta por ciento de los pacientes morían durante o después de las operaciones. Pero en los 161 casos registrados de las operaciones de Esdaile, la tasa de mortalidad fue de sólo el cinco por ciento. Los motivos a los que se debe este dato no están claros. El propio Esdaile consideraba que se debía a los «fluidos vitales mesméricos» que él les transmitía a los pacientes y que estimulaban el proceso de curación. Sin embargo, lo más probable es que tuviera que ver con una menor pérdida de sangre y, tal vez, con la activación de las capacidades autocurativas que puede producirse con un placebo.

Hay muchos casos de empleo de la hipnosis por parte de médicos tanto antes como después de Esdaile, pero el uso de anestésicos químicos pronto sustituyó esta práctica. No obstante, continuó habiendo áreas de la medicina en las que se siguió adelante con ella, en especial en la odontología. A comienzos del siglo XX, la hipnosis era el principal método de gestión del dolor de los dentistas, y dicha práctica se hizo casi universal entre ellos durante las dos guerras mundiales, cuando los anestésicos químicos escaseaban y las lesiones faciales eran habituales. Incluso hoy en día algunos dentistas continúan utilizando la hipnosis, sobre todo en casos en los que el historial médico de una persona excluye la administración de un anestésico. Una investigación reciente con pacientes a los que se les extrajeron piezas dentales bajo los efectos de la hipnosis demostró que la «analgesia hipnótica» puede aumentar el umbral del dolor hasta un 220 por ciento. Esta misma investigación también descubrió que el 93 por ciento de los pacientes experimentaban menos dolor y hemorragias postoperatorios.[12] (Es obvio que esto encaja con el dato de la marcada disminución de las tasas de mortalidad como resultado del uso de la hipnosis por parte de Esdaile. Sin duda, la hipnosis reduce la pérdida de sangre y las hemorragias.)

Al igual que en el caso del efecto placebo, las investigaciones han demostrado que el efecto analgésico de la hipnosis no es un simple fenómeno subjetivo, sino algo que provoca verdaderos cambios fisiológicos asociados con la ausencia de dolor; por ejemplo, ritmos cardíacos y respiratorios lentos y cambios en la respuesta galvánica de la piel. Y, de nuevo al igual que en el caso del efecto placebo, las técnicas de neuroimagen han mostrado un descenso en la actividad de las áreas del cerebro asociadas con el dolor. Esto podría sugerir que la hipnosis activa en el cerebro las mismas sustancias endógenas atenuantes del dolor que el efecto placebo. Sin embargo, no parece que esto sea cierto. En una sección anterior de este capítulo se ha descrito un experimento que demostraba que la naloxona, que bloquea la liberación de opioides endógenos, anulaba los efectos atenuantes del dolor del efecto placebo. Sin embargo, un experimento similar llegó a la conclusión de que, en pacientes bajo hipnosis, la naloxona no tenía efecto, lo cual sugiere que la implicación de los opioides endógenos era nula. Tal como sucede con muchos otros aspectos de la hipnosis, su capacidad de atenuar el dolor sigue sin explicación.[13]

Se ha probado que la hipnosis es eficaz en muchas otras áreas, aparte de la gestión del dolor. En la primera mitad del siglo XIX, los médicos la utilizaban como tratamiento contra la enfermedad, y descubrieron que era eficaz contra dolencias como la epilepsia, la neuralgia y el reumatismo. En cualquier caso, el área en la que ha demostrado ser más eficaz es en la de las lesiones dermatológicas. En personas muy sugestionables se ha empleado la hipnosis para curar de forma rápida heridas y quemaduras, para hacer desaparecer verrugas y ampollas y para controlar el sangrado de los hemofílicos. A la inversa, las personas muy sugestionables pueden provocarse ampollas o marcas de quemadura si un hipnotizador les dice que se les ha quemado la piel o si les vendan los ojos y el hipnotizador finge tocarlas con un atizador al rojo vivo u otro objeto.[14]

La hipnosis también puede producir cambios estructurales importantes en el cuerpo. En la década de 1970, diversos estudios (en los que hubo un total de setenta mujeres implicadas) probaron que la sugestión hipnótica permitía a las mujeres aumentar su talla de pecho. Mientras se hallaban bajo el trance hipnótico, se les propusieron varias sugestiones y visualizaciones diferentes. Por ejemplo, se les pidió que visualizaran qué aspecto querían tener, o que experimentaran sensaciones cálidas y de hormigueo en los pechos. Al cabo de doce semanas, un ochenta y cinco por ciento de ellas refirió un aumento del tamaño del pecho, de una media de entre 3,8 y 5 centímetros. Los estudios de seguimiento atestiguaron que el aumento de tamaño fue permanente para el ochenta y uno por ciento de las que habían desarrollado pechos más grandes.[15]

A pesar de que los efectos de la hipnosis aún no tienen explicación, parece claro que el proceso involucra los mismos poderes innatos, autocurativos y autorregulables que se aprovechan en el efecto placebo. En realidad, el hipnotizador no hace nada salvo crear las condiciones bajo las cuales pueden activarse dichos poderes.

OTROS MISTERIOS DE LA MENTE QUE INFLUYEN EN EL CUERPO

Esta exposición de las increíbles capacidades autocurativas de los seres humanos tal vez arroje cierta luz sobre prácticas controvertidas como la curación por la fe o la homeopatía. Desde una perspectiva materialista, estas prácticas no tienen ningún sentido. Los científicos materialistas suelen expresar incredulidad respecto a que los homeópatas consideren que las soluciones inocuas (tan diluidas que no queda ni una sola molécula de sustancia activa) puedan sanar. Pero eso es justo lo que ocurre con el efecto placebo, que la mayoría de los materialistas aceptan como real. Así pues, ¿no es posible que estas prácticas sean consecuencia del efecto placebo? Si una persona cree que una terapia o una técnica puede curarla, entonces cabe la posibilidad de que sus capacidades autocurativas la sanen. Al hacer esta insinuación no pretendo menospreciar esas prácticas curativas. Como ya hemos visto, el efecto placebo puede ser enormemente eficaz. Podría ser tan simple como que dichas prácticas sean otras formas de aprovechar la misma capacidad curativa que el efecto placebo. Y, en este sentido, podrían ser valiosísimas. (También es posible que la homeopatía y otras prácticas curativas sean más que placebos y que operen por medio de fuerzas o fenómenos de los que no tenemos conocimiento y que quizá nunca lleguemos a descubrir.)

Otra posibilidad, especialmente relacionada con la curación por la fe y también con la «curación a distancia» (por ejemplo, cuando varias personas rezan desde la lejanía por la recuperación de una persona enferma), es que, si como individuos somos capaces de influir en la forma y el funcionamiento de nuestros cuerpos, tal vez también seamos capaces de influir en la forma y el funcionamiento del cuerpo de otras personas. Mi intuición es que esto es posible en teoría, pero, con toda probabilidad, mucho menos común. Hay una gran diferencia entre ser capaces de influir en nuestro propio funcionamiento fisiológico, que está ligado de manera muy estrecha con nuestra actividad mental y no puede separarse de ella, y ser capaces de influir en el funcionamiento fisiológico de otra persona, que está alejado de nosotros.

Tal vez exista aquí un vínculo con el fenómeno paranormal de la psicoquinesis, que se da cuando una persona demuestra la capacidad de influir en la forma y el funcionamiento de los objetos materiales mediante la mente. (Por ejemplo, cuando una persona consigue parar un reloj de pared o doblar las manecillas de uno de pulsera sin ninguna intervención física.) Si la mente tiene primacía sobre la materia y la permea, entonces es posible, en potencia, que la influencia mental pueda afectar a la materia. Pero, insisto, es probable que esto sea mucho menos común que causar cambios en el propio cuerpo, y también menos probable que provocar cambios en el cuerpo de otras personas, debido a la ausencia de conexión íntima entre las formas materiales externas a nuestro cuerpo.

Hay tantísimos ejemplos de cómo pueden influir las creencias en la forma y el funcionamiento del cuerpo que se podría escribir un libro entero con ellos. Y dado que considero que las pruebas que he presentado ya son lo bastante convincentes, no quiero aburrir al lector con un bombardeo de material innecesario. Sin embargo, antes de terminar este capítulo me gustaría presentar de manera sucinta otros dos (o tres, si el embarazo psicológico se toma por separado) fenómenos que creo que aportan un peso significativo al argumento que estoy defendiendo.

En primer lugar, es importante tener en cuenta lo contrario de la curación: provocarnos enfermedades. Resulta lógico pensar que, si las creencias y sugestiones subconscientes pueden aliviar el dolor e inducir la curación, también sean capaces de crear (o aumentar) el dolor e inducir la enfermedad. Si podemos curarnos a nosotros mismos, ¿no tendremos también la capacidad de enfermarnos? El término técnico que se utiliza en este caso es *psicogénesis*: la generación o exacerbación de enfermedades por medio de factores mentales. Es obvio que también existe un estrecho vínculo con el concepto de enfermedad *psicosomática*, aunque los médicos suelen restringir este término a los factores psicológicos que influyen en las enfermedades en lugar de provocarlas.

Los nocebos son el ejemplo más obvio de psicogénesis. Una investigación sobre ensayos clínicos controlados aleatorizados con medicamentos para la enfermedad de Parkinson señaló que casi dos tercios de los pacientes experimentaron efectos secundarios negativos de un placebo. En el caso de una décima parte de los pacientes, esos efectos secundarios fueron tan graves que no pudieron seguir adelante con el ensayo.[16] En otro estudio se produjo un sorprendente ejemplo de nocebo y efecto placebo funcionando al mismo tiempo. A varios pacientes asmáticos se les pidió que inhalaran una sustancia inocua (una solución salina) diciéndoles que era un alérgeno. Esto provocó un aumento importante de la resistencia de las vías respiratorias que, en algunos pacientes, desembocó en ataques de asma. Por suerte, los ataques remitieron cuando se les administró la solución salina una vez más, aunque en esta segunda ocasión se les había dicho que era un antialergénico.[17] Encontramos un último y dramático ejemplo del efecto nocebo en el caso de un joven estadounidense —cuya novia acababa de poner fin a su relación— que decidió suicidarse mientras participaba en un ensayo clínico de medicamentos. Se tomó veintiséis pastillas de lo que él creía que eran antidepresivos, aunque en realidad eran los placebos del ensayo. Lo llevaron a toda prisa al hospital, donde los médicos detectaron que su presión sanguínea había descendido a un nivel peligrosamente bajo. Como medida de emergencia, le administraron líquido intravenoso para restaurar el nivel normal de presión sanguínea. Pero entonces los profesionales sanitarios se dieron cuenta de que sólo había tomado pastillas de placebo, y su presión sanguínea no tardó en recuperarse.[18]

En un sentido más general, es muy probable que una importante proporción de las enfermedades que sufrimos sean psicogénicas o psicosomáticas. Estudios en todo el mundo han sugerido que entre el veinticinco y el cincuenta por ciento de los pacientes que recurren a los médicos de atención primaria padecen «síntomas inexplicados desde el punto de vista médico» causados por factores psicológicos.[19] Y resulta interesante saber que las enfermedades dermatológicas, como la psoriasis y el eccema, tienen un factor psicosomático más acusado de lo habitual. Esto encaja con el hallazgo ya mencionado de que la curación hipnótica tiene un índice de eficacia bastante elevado en el caso de las lesiones de la piel. (Otras dolencias que son muy psicosomáticas son las úlceras estomacales, las enfermedades cardíacas y la hipertensión.)

Uno de los fenómenos psicogénicos más relevantes es el del embarazo falso o psicológico. Hoy en día, los casos de pseudociesis son bastante escasos debido a la utilización de los test de embarazo, al aumento de los conocimientos médicos generales y al descenso de la presión social sobre las mujeres para que se queden embarazadas. Pero en la década de 1940 se calculaba que uno de cada doscientos cincuenta embarazos era falso. Al igual que ocurre con el efecto placebo, el embarazo psicológico no es sólo cuestión de que una mujer se autoconvenza de que está embarazada, sino que conlleva muchos de los cambios fisiológicos que se dan en un embarazo real, entre ellos la interrupción de la regla durante meses, el agrandamiento del vientre (que crece más o menos al mismo ritmo que en un embarazo normal), la irritación de los pechos (que secretan calostro) y náuseas. En algunos casos, se liberan las hormonas propias del embarazo, como los estrógenos y la prolactina. Puede que también haya movimientos intrauterinos experimentados no sólo por la madre, sino también por otras personas, entre ellas, médicos.[20]

Antes de que existieran los test de embarazo, estos cambios fisiológicos a menudo eran tan parecidos a los de un embarazo real que los médicos eran incapaces de diferenciarlos. Un estudio de 1951 sobre pseudociesis, según se publicó en el *Journal of the American Medical Association*, afirmó que los síntomas eran tan convincentes que «podrían poner a prueba las capacidades diagnósticas de los médicos más solventes».[21] Un estudio de veintisiete casos de embarazo psicológico comprendidos entre 1937 y 1952 constató que, en todos los casos, al menos un médico coincidía con la convicción de la mujer de que estaba embarazada.[22]

Para terminar esta visión de conjunto de cómo la mente puede influir en el cuerpo, permite que guíe tu atención hacia un último fenómeno extraño: la capacidad de posponer la muerte. Si somos capaces de cambiar la forma de nuestro cuerpo y de curar o generar enfermedades, entonces es posible que también poseamos control definitivo sobre nuestro cuerpo y podamos elegir cuándo cesa su funcionamiento. Parece que, dentro de unos límites, esto es así. Obviamente, no podemos retrasar la muerte de manera indefinida. Pero hay indicios de que, cuando ya hemos iniciado el proceso de la agonía, tenemos cierto control sobre cuándo llega el momento de la muerte. Por lo general suele ocurrir con relación a ocasiones especiales como cumpleaños, aniversarios, festividades culturales (como la Navidad o el Eid) o a la llegada de un familiar o amigo. Pedí ejemplos de esto en las redes sociales y recibí un número muy elevado de testimonios. Una mujer me contó que su madre padecía un cáncer en estadio IV y llevaba sin alimentarse (ni siquiera por vía intravenosa) más de un mes. Los médicos estaban asombrados de que continuara con vida, pero la mujer les dijo que estaba esperando a ver a su hijo, que venía de Estados Unidos (ella vivía en Europa). Cuando llegó su hijo, la paciente les dijo a los médicos: «Me dejaré llevar en cuanto él se marche». Murió unas horas después de la visita de su hijo. Otras personas me contaron historias de enfermos que esperaban a ocasiones como el nacimiento de un nieto, una boda o una graduación. Un conocido mío que trabajaba como capellán en un centro de cuidados paliativos me comentó que a menudo era testigo de que la gente esperaba a la última visita de un mejor amigo, un amante o un familiar..., o a la muerte de otra persona enferma (en un caso, incluso a la muerte de un perro).

También hay pruebas empíricas de este fenómeno. Algunos estudios han demostrado que las tasas de mortalidad descienden antes de acontecimientos relevantes desde el punto de vista cultural (como la Navidad o la Pascua judía) y luego aumentan. Un estudio de 1990 reflejó que la mortalidad entre los chinos disminuía en torno al treinta y cinco por ciento durante la semana anterior a la Fiesta del Medio Otoño y ascendía en aproximadamente el mismo porcentaje durante la semana siguiente.[23] Esto sugiere que una determinación férrea puede influir en el proceso biológico de la muerte.

Los enfermeros y otros cuidadores suelen referir una variante de este fenómeno. Si una persona está a punto de fallecer y sus familiares se reúnen en torno a su lecho de muerte, no es extraño que retrase el momento del deceso hasta que sus seres queridos salgan de la habitación. Según me dijo una enfermera: «He visto a muchas personas esperar hasta que un familiar querido pudiera despedirse o hasta que pasara una época especial del año. Pero también ha sucedido lo contrario [...]. A veces un paciente se marchaba con discreción, cuando su cuidador o familiar no estaba presente». Otra ex enfermera me contó: «Los ejemplos más comunes que he presenciado son los de la persona enferma que decide morir cuando sus familiares y amigos no estaban con ella». No está claro por qué la gente elige morir cuando sus familiares están ausentes. Tal vez quieran ahorrarles a sus parientes o cuidadores el dolor de verlos morir, o evitar el drama de sus reacciones emocionales.

CONSECUENCIAS

Todos los ejemplos que hemos visto en este capítulo dejan claro que T.H. Huxley se equivocaba por completo al afirmar que la mente no tiene el poder de «modificar» el cuerpo. Dado que no cabe duda de que esas modificaciones ocurren, lo que en realidad debemos plantearnos son sus consecuencias.

Una de ellas es que tenemos mucho más control sobre nuestra salud y nuestro cuerpo del que creemos por lo general. Poseemos un enorme potencial para la autorregulación y la autocuración del que apenas somos conscientes. Por supuesto, esto también tiene consecuencias para los profesionales de la salud. En la actualidad —a pesar de la gran cantidad de pruebas de la influencia de la mente que nos ofrece el efecto placebo—, la profesión médica está dominada por una concepción materialista del cuerpo como máquina. Sin embargo, está claro que la influencia de las creencias y la determinación deberían tomarse en cuenta, sobre todo porque pueden tener efectos muy positivos.

Esto también conlleva la importancia del contexto y de la relación entre el médico y el paciente. Si el cuerpo no es más que una máquina, estos factores pueden considerarse secundarios. No importa cómo actúe un mecánico para repararte el coche, ni si mantienes una buena relación con él, siempre y cuando el vehículo termine arreglado. Pero, dado que el estado mental de un paciente tiene tanta influencia sobre la salud de su cuerpo, es importante que los profesionales médicos estén atentos al bienestar psicológico de sus pacientes y que fomenten una relación positiva con ellos. Y lo mejor de todo, deberían llevar a cabo un esfuerzo consciente para aprovechar sus capacidades autocurativas innatas.

En un sentido más amplio, de acuerdo con la tesis de este libro, es importante tener en cuenta que todos los fenómenos que hemos examinado a lo largo de los dos últimos capítulos —tales como el efecto placebo, la curación por hipnosis, la psicogénesis, el embarazo psicológico y la capacidad para retrasar la muerte— no pueden explicarse desde una perspectiva materialista. Para un materialista, no son más que fenómenos anómalos que carecen de sentido y que deben ignorarse o justificarse. Sin embargo, como no se puede dudar de su existencia, tenemos que llegar a la conclusión de que en realidad es el modelo materialista el que carece de sentido y debe ser ignorado.

Por el contrario, desde una perspectiva espiritual, estos fenómenos sí pueden explicarse. Tienen sentido si presumimos que la mente es más fundamental que la materia del cuerpo y que, por lo tanto, posee la capacidad de alterar su forma y su funcionamiento. Desde la interpretación panespiritista, la conciencia humana es en esencia una afluencia de la energía espiritual del universo. El cerebro canaliza la conciencia universal hacia nuestro propio ser individual. En este sentido, la mente puede interpretarse como un producto de la conciencia, que interactúa con el cerebro. Con sus miles de millones de neuronas y sus increíblemente complejas conexiones, el cerebro posibilita funciones mentales como la memoria, el procesamiento de la información, la concentración, la cognición abstracta o lógica, etcétera. Podría decirse que, una vez que la ha canalizado, el cerebro permite que la conciencia se organice en varias funciones y procesos psicológicos. Por lo tanto, la esencia de la mente no es el cerebro, sino la energía espiritual (o conciencia universal). El cerebro es tan sólo el soporte de la mente.

Recuerda que ésta no es una perspectiva dualista. No estoy diciendo que la mente y el cuerpo —o la mente y la materia— sean distintos. Estoy diciendo que la materia y el cuerpo son diferentes aspectos de la conciencia o espíritu. Pero la mente es una expresión del espíritu más sutil y completa que la materia. Es, podría considerarse, una expresión del espíritu de orden superior. La materia tiene conciencia, ya que está imbuida de ella, pero no es la conciencia en sí. No obstante, cuando la materia se dispone de maneras complejas e intrincadas, como por ejemplo en las células y organismos, puede permitir la canalización de la conciencia, de manera que los organismos se tornan individualmente conscientes. Y cuanto más complejas e intrincadas son esas disposiciones, más intensa y amplia se vuelve su conciencia. Algunos filósofos se han referido a este proceso como *involución*, ya que, a medida que la evolución avanza, la conciencia se «involucra» más en la materia. Así, cuando la evolución progresa, hay una espiritualización creciente de la materia: los seres vivos se convierten en una expresión más completa del espíritu y se aproximan a la fuente de la que ellos, de la que todas las cosas, surgieron.

Por lo tanto, no debería sorprendernos que no existan correspondencias exactas entre los estados cerebrales y los estados mentales. Deberíamos esperar que el funcionamiento mental fuera muy flexible, porque su papel no es producir estados mentales, sino facilitarlos. No debería sorprendernos que diferentes funciones mentales puedan desplazarse a distintas partes del cerebro en determinadas circunstancias, ni siquiera que el cerebro consiga facilitar las funciones mentales habituales en ausencia de una gran cantidad de tejido cerebral. Una vez que se ha producido la canalización de la conciencia y que ésta se ha organizado en diferentes funciones mentales, queda un gran espacio para la flexibilidad. No existe una dependencia estricta entre partes concretas del cerebro (o determinadas redes neuronales) y ciertos procesos o funciones psicológicas, aun cuando algunas de estas últimas suelan asociarse con algunas de las primeras.

De igual modo, tampoco deberíamos extrañarnos si resulta complicado especificar la localización precisa de cualquier función mental particular. En los dos últimos capítulos hemos visto que algunas funciones están relacionadas con ciertas partes del cerebro, pero deberíamos recordar que el cerebro funciona de manera holística. De hecho, toda función requiere que numerosas zonas trabajen juntas, aunque es posible que una zona sea predominante. Una vez más, esto es exactamente lo que cabría esperar de un cerebro que, más que producir, facilita la mente.

No debería sorprendernos tampoco que las actividades y las funciones de la mente puedan cambiar la estructura de nuestro cerebro, ni que ejerzan un efecto tan potente sobre la salud y la condición del cuerpo. Dado que es primaria y esencial, la mente es mucho más poderosa de lo que supone el modelo materialista. La sustancia física de nuestro cuerpo es, en sí misma, una manifestación de la conciencia universal (o espíritu) y está impregnada de ella, y por lo tanto es muy susceptible a la influencia de nuestra mente individual.

En el próximo capítulo proseguiremos esta discusión examinando otro fenómeno que sugiere —de forma aún más espectacular— que la mente (o conciencia) no depende del cerebro e incluso puede pervivir en ausencia de actividad cerebral.

6

EL ENIGMA DE LAS EXPERIENCIAS CERCANAS A LA MUERTE

Hace alrededor de quince años tuve como compañero de trabajo a John, un profesor adjunto universitario que se había sometido a un trasplante de corazón unos años antes. Padecía una enfermedad llamada miocardiopatía, una degeneración de las paredes de las cavidades cardíacas, que le había causado la muerte a su padre a los cincuenta y nueve años. John desarrolló la enfermedad a la temprana edad de treinta y dos años, y la pionera unidad de trasplantes de un hospital regional le salvó la vida.

Durante el trasplante, John se llevó una sorpresa cuando de repente se sintió despierto y alerta, contemplando su propio cuerpo desde arriba. Veía al cirujano y a los enfermeros llevando a cabo el procedimiento y, a raíz de su comportamiento, dedujo que se había producido una emergencia; los veía moviéndose a toda prisa de un lado a otro, angustiados. También le llamó la atención oír música clásica en el quirófano. Sintió que se alejaba de su cuerpo flotando, hacia una oscuridad que le resultaba extrañamente pacífica, hacia una luz brillante situada en la lejanía. Entonces se encontró con su padre fallecido. Éste pareció sorprenderse al toparse con él y le dijo: «No deberías estar aquí, todavía no ha llegado tu hora». En ese momento, John sintió que volvía a bajar hacia su cuerpo y perdió la conciencia. Lo siguiente que recuerda es que se despertó en la unidad de recuperación.

Poco después, cuando el cirujano acudió a comprobar su evolución, John le dijo: «Me ha gustado la música clásica que tenía puesta en el quirófano». El cirujano se quedó asombrado de que supiera que había música, porque John ya estaba inconsciente cuando la pusieron y había permanecido en ese estado durante toda la intervención.

John no tenía muy claro qué pensar de esta experiencia. Me dijo que él era una persona racionalista a la que le interesaba la ciencia y que no creía en ninguna tontería *new age*. Había intentado contársela a unos cuantos amigos y familiares, pero todos creían que estaba loco. Me comentó que yo era la primera persona que se la había tomado en serio.

«Eso es una experiencia cercana a la muerte —le dije—. Le ocurre a mucha gente. Una persona muere durante un breve período de tiempo: se le para el corazón, su cerebro no tiene actividad alguna, sus constantes vitales desaparecen [...]. Pero sigue estando consciente. Sale de su cuerpo y, a veces, se encuentra con familiares difuntos.»

Le regalé a John un libro sobre este tema, pero, lamentablemente, perdí el contacto con él poco tiempo después. Con un poco de suerte, el libro le ayudaría a conferirle sentido a la experiencia, a aceptarla e integrarla en su vida. (Por desgracia, hace poco me enteré de que John murió hace ya varios años debido a complicaciones derivadas de su trasplante.)

LA EXPERIENCIA DE MAX

Un alumno mío llamado Max vivió una experiencia similar, aunque le sucedió mientras estaba en coma y no bajo el efecto de una anestesia general. Hacia el final de su adolescencia,

Max recibió un diagnóstico erróneo y le administraron una medicación inadecuada que le provocó una crisis. (Más tarde, los médicos lo explicaron como una reacción química a la amitriptilina y el tramadol.) Max hizo su trabajo de fin de carrera sobre las experiencias cercanas a la muerte, y en él describió detalladamente su experiencia. Su relato es tan extraordinario que a continuación incluiré una extensa cita del mismo:

> Lo que al principio comenzó como unos dolores agudos e intensos que me laceraban el lóbulo frontal, terminaría explicándose como el resultado de la privación de oxígeno durante una serie de ataques. Era como si algo me aplastara la cabeza, y en ese momento sentí que mi vida había acabado. No recuperé la conciencia hasta unos días más tarde, en la unidad de cuidados intensivos de un hospital. Sin embargo, durante ese período de inconsciencia, mientras estaba en estado de coma inducido, viví una serie de experiencias que ahora comprendo que son sinónimo de las experiencias cercanas a la muerte, y típicas de ellas.
>
> Lo que vino después de mis punzantes dolores de cabeza fue una experiencia extracorporal durante la cual me vi desde todos los rincones de la habitación del hospital a la vez. Veía a los médicos y a los enfermeros comprobando mis constantes vitales con regularidad y sometiendo a mi cuerpo inconsciente a distintas pruebas. Fui testigo de cómo ajustaban los cables sujetos a lo que sólo puedo describir como un casco de metal conectado a un monitor, y de cómo después me inyectaban una sustancia en el estómago. Recuerdo que enseguida me invadió una sensación de miedo y pánico al darme cuenta de que, aunque podía observar cómo se desarrollaba la escena, era incapaz de inter-

venir, de comunicarme con los médicos o de obligar a mi cuerpo a reaccionar. Me sentía desconectado de mi cuerpo físico y, a pesar de que veía que los médicos y los enfermeros hablaban, no distinguía el significado de sus palabras, que además oía como amortiguadas. Eso contribuyó a mi sensación de angustia, porque no podía ni romper las barreras del lenguaje ni tampoco encontrarle sentido a la experiencia en su totalidad.

Mientras me encontraba en este estado proyectivo, de repente me sentí abrumado, absorbido y engullido por una luz brillante que dominaba el escenario de la habitación. Engulló tanto a mi ser físico como al incorpóreo. En ese momento, experimenté un cambio inmediato desde los sentimientos de pánico y miedo hacia un estado de paz profunda. No notaba mi ser físico: era como si mi cuerpo ya no estuviera en este mundo. Como si yo ya no estuviera presente. Me sentí liberado de las preocupaciones y henchido de una sensación de serenidad absoluta. Sólo era consciente del brillo de la luz, que me nutría y me llenaba de paz.

Fue entonces cuando tuve un encuentro con una cara que me resultaba familiar y que entendí que pertenecía a mi bisabuela, que había muerto cuando yo era muy pequeño. Por alguna razón, su presencia no me causó sorpresa. Me explicó que esa experiencia era única, y que, como en un sueño lúcido, cuando estuviera listo podría controlar de nuevo mi ser físico y sería capaz de recobrar la conciencia. Después de lo que me parecieron años de conversación con ella, me sentí preparado para despertarme y, antes de que pudiera darme cuenta, estaba en el hospital y en mi habitación había un hombre que descorrió las cortinas que rodeaban mi cama y me explicó dónde estaba. Aunque me sentía desorientado y confuso, había recuperado por completo la conciencia y el control de mi cuerpo. Mi reacción inmediata fue mirar hacia donde había estado sentada mi bisabuela. Mi último recuerdo era que ella me había dicho que no tuviera miedo de la oscuridad de mi ojo, pues había perdido la visión del ojo izquierdo.

Una de las cosas más destacadas de esta experiencia es que la bisabuela de Max era griega y sólo hablaba el idioma de su país, así que de niño él nunca había podido hablar de manera directa con la mujer. (Su padre hacía de intérprete entre ellos.) La bisabuela de Max también le habló en griego durante esta experiencia, pero, de algún modo, Max fue capaz de entenderla. Y lo que es aún más asombroso, la mujer le dio información sobre sus abuelos y su padre que él verificó después con su familia. Le describió su infancia en Grecia, le contó cómo había conocido a su bisabuelo y le habló de su vida juntos, incluyendo lo que sufrieron durante y después de la segunda guerra mundial.

Al contrario que en el caso de John, la experiencia de Max tuvo un profundo impacto en él desde el principio. Según sus propias palabras: «Esta experiencia cercana a la muerte provocó en mí una transición que me cambió la vida, que desvió mi curiosidad y mi atención hacia unos nuevos objetivos, valores y amplitud de miras que aún conservo hoy [...]. Me ha impulsado a tener un propósito más elevado y hacia una verdad personal; el conocimiento y la aceptación de la vida después de la muerte». Esto se manifestó en cambios importantísimos en su estilo de vida. Antes del ataque, Max estudiaba Económicas en la universidad, pero después ya no se sintió capaz de continuar con esa carrera. Quería investigar perspectivas alternativas y comprender la mente humana, y por eso empezó a estudiar con nosotros. Antes de su experiencia cercana a la muerte era un estudiante bastante típico, que disfrutaba de su vida social y no pensaba en mucho más que en pasárselo bien y vivir el presente. Después le encantaba dedicar el tiempo a reflexionar y a estudiar, y tenía más claro el rumbo de su vida.

¿QUÉ SON LAS EXPERIENCIAS CERCANAS A LA MUERTE?

En el lenguaje popular, la expresión «experiencia cercana a la muerte» (o ECM) suele emplearse para describir cualquier roce con la muerte, tal vez debido a un accidente, a una sobredosis o a una enfermedad. Pero en el sentido más estricto del término, una experiencia cercana a la muerte se produce cuando durante un breve período de tiempo una persona parece estar «muerta» desde el punto de vista clínico (cuando su corazón deja de latir, su cerebro no registra ningún signo de actividad y las demás «constantes vitales» indican muerte) y, sin embargo, después refiere una continuación de la conciencia. Esto puede ocurrir tras un paro cardíaco, por ejemplo. Durante unos segundos o minutos, una persona puede no mostrar ni una sola señal biológica de vida y, no obstante, cuando la reanimen, narrar una serie de experiencias extrañas.

Los investigadores han descubierto que hay una experiencia cercana a la muerte «troncal». Comienza con una sensación de separación del cuerpo (experiencia extracorporal), a veces acompañada de una especie de zumbido o silbido. Después, lo más típico es que se produzca un viaje a través de un pasaje o túnel oscuro hacia un lugar de luz. Reina una sensación de serenidad e intenso bienestar, un sentimiento de calma y plenitud, que por lo general es tan placentero que algunas personas se muestran reticentes a regresar a sus cuerpos e incluso se sienten decepcionadas cuando recuperan la conciencia. Es frecuente que estas personas se encuentren con familiares difuntos (como les ocurrió tanto a John como a mi alumno) o con seres de luz. En una proporción menor de los casos, se produce un «repaso vital» en el que se reproducen los acontecimientos significativos de la vida de la persona. Aunque no es común que todas estas características sucedan en una misma experiencia cercana a la muerte, sí suelen darse la mayoría de ellas.

Durante la experiencia, la persona nota que sus sentidos se han aguzado, pues todo lo que experimenta tiene una cualidad de intensa autenticidad. Al contrario que en los sueños o las alucinaciones, parece mucho más real que nuestras experiencias cotidianas. También suele imponerse una sensación de estar fuera del tiempo. Pese a que es posible que una persona esté inconsciente durante sólo unos segundos, puede vivir una serie de experiencias que parecen durar horas. Asimismo, reina una sensación de conexión o unidad. La percepción de ser una entidad separada, de estar encerrados dentro de nuestro propio estado mental, se ve sustituida por la impresión de formar parte de una red de seres interconectados, de compartir identidad con otras personas o con el mundo en general.

En una encuesta entre trescientos casos realizada por uno de los investigadores sobre ECM más destacados de Gran Bretaña, el psicólogo Peter Fenwick, el ochenta y ocho por ciento de los afectados experimentaron sensación de serenidad y alegría durante la ECM. Una víctima de ataque al corazón, que observó desde arriba a los sanitarios mientras éstos intentaban reanimarlo y que después cruzó un túnel en dirección a una luz, comentó: «No existe un lugar comparable en la realidad física para experimentar una conciencia tan plena. El amor, la proyección, la alegría, el dar, el compartir y el ser que experimenté en la Luz durante ese momento fueron absolutamente abrumadores y puros en su esencia».[1] Una mujer que había tenido una experiencia cercana a la muerte durante el parto dijo que el aspecto más llamativo asombroso de la experiencia había sido «la paz absoluta, la unidad, la plenitud».[2]

La luz que la gente ve en las ECM es muy distinta de la que podemos observar en nuestra vida normal. Tiene una cualidad radiante en extremo, incluso translúcida. A medida que la persona se acerca a ella, brilla cada vez más pero, por muy deslumbrante que se vuelva, no duele a los ojos. Al mismo tiempo, posee una naturaleza acogedora y lenitiva. Tal como refirió una persona, «era conciencia pura. Era una luz brillantísima que parecía mecerme. Yo parecía existir sólo en ella, ser parte de ella, alimentarme de ella, y esa sensación no hacía sino volverse cada vez más extática, gloriosa y perfecta».[3]

Conviene explicar que algunos investigadores utilizan una definición de la expresión «experiencia cercana a la muerte» más amplia que otros, ya que incluyen experiencias en las que la persona no está muerta a nivel clínico. Las experiencias durante el estado de coma, como la de Max, son un ejemplo de ello. Durante el coma, una persona tal vez no muestre signos biológicos de muerte (o ni siquiera corra peligro de muerte inminente), pero podría considerarse que está próxima a la muerte porque está profundamente inconsciente, su actividad neurológica se encuentra muy menguada y su funcionamiento biológico se ve afectado de forma grave. Pero, como en el caso de Max, es posible que aun así experimente algunas de las características nucleares de la experiencia cercana a la muerte, que tenga experiencias conscientes muy intensas e incompatibles con su muy reducido nivel de actividad cerebral. (El libro de Eben Alexander *La prueba del cielo* describe este tipo de ECM.)

Esta definición más amplia también incluye accidentes tales como las caídas, cuando una persona podría experimentar algunas de las características comunes de las ECM durante los escasos segundos que transcurren entre la caída y el aterrizaje. De hecho, el primer estudio de la historia sobre las experiencias cercanas a la muerte se centró de manera exclusiva en las caídas. Lo llevó a cabo un escalador suizo llamado Albert Heim, que publicó el artículo «Notizen über den Tod durch Absturz» («Notas sobre caídas fatales») en 1892. Heim cayó desde más de veinte metros de altura en un acantilado, y durante esos instantes experimentó una intensa sensación de bienestar y calma, una enorme ralentización del tiempo, una profunda claridad de percepción, y se le presentó un «repaso vital». A lo largo de los años siguientes, recopiló veinte ejemplos de experiencias similares vividas por otros escaladores.

Sea como sea, aun en el caso de que empleemos estas definiciones más amplias de ECM, lo cierto es que dichas experiencias son sin duda más comunes durante los períodos de muerte clínica, en especial después de que alguien sufra un paro cardíaco. En 2014 se publicó un estudio internacional (dirigido por el doctor Sam Parnia en la Universidad Estatal de Nueva York) sobre más de dos mil pacientes de paro cardíaco. Señalaba que el cuarenta por ciento de ellos refería haber conservado alguna clase de conciencia durante el tiempo en que habían estado muertos desde el punto de vista clínico, cuando el corazón había dejado de latirles y su cerebro se había apagado.[4] En 2001, en un estudio similar llevado a cabo por el cardiólogo holandés Pim van Lommel, que empezó a investigar estas experiencias debido al gran número de sus pacientes que hablaban de ellas tras la reanimación, de 344 pacientes cardíacos, 64 informaron de experiencias cercanas a la muerte.[5] De una forma más general, la investigación de Bruce Greyson ha sugerido que entre el diez y el veinte por ciento de los pacientes que están cerca de la muerte tienen la experiencia.[6]

Así pues, tal como le dije a mi compañero John, las experiencias cercanas a la muerte no son en absoluto insólitas. Una encuesta alemana de 2001 descubrió que el cuatro por ciento de una muestra de dos mil personas habían tenido una ECM.[7]

Las experiencias cercanas a la muerte tienen tan poco sentido de acuerdo con el paradigma materialista que, como le ocurrió a mi compañero John, a veces a la gente le cuesta comprenderlas y aceptarlas. Es habitual que los que las han vivido se muestren reticentes a la hora de hablarles de ellas a sus amigos o a sus familiares, pues temen que los tomen por locos. Por ejemplo, en una muestra de alrededor de cien ECM se constató que al cincuenta y siete por ciento de los afectados les daba miedo hablar de su experiencia, y que el veintisiete por ciento ni siquiera se la mencionó a nadie hasta que hubo transcurrido más de un año.[8] En los casos más extremos, la persona podía llegar a sentir tal rechazo hacia la experiencia que la reprimía por completo.

Éste fue el caso de otro conocido mío, William Murtha, cuya experiencia presenté con detalle en mi libro *Salir de la oscuridad*. William había tenido una experiencia cercana a la muerte mientras perdía y recobraba la conciencia en un mar helado durante alrededor de una hora. Sintió que abandonaba su cuerpo, que era uno con todo, y cobró conciencia de lo que él denominó una «presencia superior» que se comunicaba con él. También experimentó un «repaso vital» de algunas de las experiencias más significativas de su vida. Sin embargo, William no contaba con un marco de referencia a partir del cual conferirle sentido a su ECM. La sensación de amor y conexión que había experimentado era, además, del todo opuesta a los valores individualistas y competitivos según los que vivía. Así pues, a lo largo de los dieciocho meses siguientes, William se limitó a fingir que aquella experiencia no había tenido lugar y reaccionó viviendo de un modo aún más materialista y hedonista que antes.

Sin embargo, la oposición de William terminó por romperse una noche mientras bebía en un bar, cuando oyó que dentro de su cabeza una voz le decía: «Bill, ése no eres tú, no tendrías que estar aquí».[9] Se dio cuenta de que había estado huyendo de lo que había ocurrido, y todo cambió en cuestión de un instante. Su nuevo yo salió a la luz y su vida dio un giro radical. Perdió la necesidad de acumular dinero y bienes de consumo y descubrió el disfrute del sosiego y la inactividad. Poco después, vendió su parte de su empresa y empezó a llevar un estilo de vida mucho más lento y sencillo. Experimentaba unos sentimientos de empatía y compasión muy intensos, y una recién descubierta conciencia de lo maravillosa y bella que es la vida cotidiana.

Éste es un patrón habitual. Una vez que una persona ha aceptado e integrado su ECM, sufre una transformación intensa. De hecho, una de las cosas que más llaman la atención respecto a las experiencias cercanas a la muerte es su efecto a largo plazo: suelen provocar un profundo cambio de valores y perspectiva, que, a su vez, lleva a cambios fundamentales en el estilo de vida. Por lo general la gente se vuelve menos materialista y más altruista, menos centrada en sí misma y más compasiva. A menudo le dan un nuevo rumbo a su vida y sus relaciones se tornan más auténticas e íntimas. Aseguran hacerse más sensibles a la belleza, y apreciar más las cosas cotidianas. Una persona que tuvo una ECM tras sufrir un ataque al corazón le dijo a la investigadora Margot Grey: «Desde entonces, todo ha sido muy diferente [...]. El cielo es muy azul y los árboles son mucho más verdes; todo es muchísimo más hermoso. Mis sentidos están mucho más aguzados».[10] También es habitual que la gente refiera volverse más intuitiva, y en ocasiones incluso afirman que han desarrollado capacidades psíquicas. Otra mujer le dijo a Margot Grey que sentía «una sensación de amor muy reforzada, la capacidad de comunicar amor, la capacidad de encontrar alegría y placer en las cosas más insignificantes que me rodean [...]. Era como si tuviera una conciencia muy aguzada, diría que casi capacidades telepáticas».[11]

Uno de los efectos más notables de las ECM es la pérdida del miedo a la muerte. Como las ECM poseen una cualidad realista tan poderosa, la mayoría de las personas están convencidas de que en realidad han experimentado la muerte durante un breve lapso de tiempo. En consecuencia, se convencen por completo de que hay vida después de la muerte. Y dado que su ECM fue una experiencia tan dichosa, tanto que en ocasiones algunos de ellos se desilusionan al regresar a su cuerpo, toda angustia que pudiera provocarles la muerte se volatiliza de inmediato. Es probable que el miedo inconsciente a la muerte sea una de las principales causas de muchos comportamientos humanos patológicos tales como el materialismo y la búsqueda de estatus, así que cuando ese miedo desaparece, la repercusión es importantísima. Así, lo más seguro es que la pérdida del miedo a la muerte contribuya de manera significativa a algunos de los otros cambios que ya he mencionado, como por ejemplo el distanciamiento del materialismo.

Es llamativo que una única experiencia pueda tener un efecto transformador tan profundo y duradero. Esto quedó justificado tras una investigación que demostró que las personas que tienen experiencias cercanas a la muerte tras un intento de suicidio en muy raras ocasiones intentan volver a quitarse la vida. Este dato contrasta de forma radical con el patrón habitual, ya que un intento de suicidio, por lo general, suele pronosticar un suicidio final.

Que tengan unas consecuencias tan profundas hace que resulte muy poco probable que las ECM sean una alucinación generada por el cerebro. Es evidente que las alucinaciones no tienen este tipo de repercusiones transformadoras. Lo más normal es que se olviden rápido, que se tenga una clara sensación de que fueron experiencias ilusorias, menos auténticas y fiables que la conciencia cotidiana. Pero, en el caso de las experiencias cercanas a la muerte, hay una impresión lúcida de que lo que se experimenta es más real y auténtico que la conciencia normal, y la visión de la realidad de la persona, sus valores y su actitud ante la vida se transforman por completo.

EXPLICAR LAS ECM

Desde un punto de vista materialista, las experiencias cercanas a la muerte son, como mínimo, problemáticas. Una vez que el corazón de una persona ha dejado de latir, el cerebro se detiene al cabo de quince o veinte segundos. Así las cosas, ¿cómo es posible que esa persona continúe consciente? ¿Y cómo es posible que las personas que se encuentran en estado de coma profundo, sin apenas signos de actividad cerebral, tengan experiencias conscientes intensas y complejas en extremo? Esto sugiere la ausencia de una relación directa entre la conciencia y el cerebro. Si la conciencia puede darse cuando la actividad cerebral es inexistente, entonces cuesta entender cómo podría ser producto de esa actividad cerebral. Debe de ser esencialmente independiente del cerebro y emerger de otra fuente. Se contraviene, por tanto, uno de los principios más fundamentales del materialismo: que la materia es primaria y da origen a la mente.

Debido a esto, los científicos materialistas han invertido un gran esfuerzo en intentar explicar las experiencias cercanas a la muerte de acuerdo con los conceptos del materialismo. Se han sugerido tantas explicaciones distintas que es imposible analizarlas todas en detalle, por lo que aquí sólo examinaremos y evaluaremos la validez de las más significativas.

• • •

¿SON LAS ECM RESULTADO DE ALGÚN TIPO DE ACTIVIDAD CEREBRAL QUE NO SE DETECTA?

Muchas ECM (como las que se producen después de un paro cardíaco) parecen tener lugar cuando el cerebro no funciona, pero ¿podemos estar seguros de que esto es realmente así? Tal vez haya actividad cerebral a un nivel tan bajo que resulta difícil de detectar.

Sin embargo, este argumento es dudoso en términos médicos. Después de un paro cardíaco, los reflejos del tronco encefálico se pierden de inmediato, y no se recuperan hasta que se ha reanimado el corazón. Así que ¿cómo podría continuar funcionando un cerebro sin mostrar ni el más mínimo signo de actividad? Tal como ha señalado Sam Parnia: «Se necesita mucha imaginación para pensar que por algún motivo existe una zona oculta en el cerebro que entra en acción cuando nada más funciona».[12]

Pero aunque existiera la posibilidad de un funcionamiento cerebral de muy bajo nivel, sigue habiendo un error enorme en este argumento: si en esos momentos el cerebro no tiene más que una actividad de muy bajo nivel, ¿cómo podría producirse el funcionamiento cerebral complejo de una experiencia cercana a la muerte? En los modelos convencionales de la mente y el cerebro, la cognición compleja, la percepción sensorial y la memoria de las ECM debería ser imposible en una situación en la que la actividad cerebral es tan limitada que resulta indetectable. Ni siquiera es una cuestión de que en esos momentos la gente mantenga un nivel de funcionamiento mental normal, porque en realidad en las ECM la percepción y la cognición se intensifican extraordinariamente. Como ya hemos visto, la gente suele describir que se siente mucho más alerta de lo habitual, con un tipo de conciencia muy clara e intensa. Por tanto, ¿cómo podría un nivel de actividad cerebral tan bajo generar una clase de actividad mental superior a la normal? Es justo lo contrario de lo que cabría esperar. Si en esos momentos hubiera cualquier tipo de experiencia consciente, está claro que sería tenue, vaga y confusa.

Este argumento resulta aún más relevante para las ECM durante el estado de coma. Si hubiera una relación directa entre el cerebro y la mente, esperaríamos que la experiencia concreta de los pacientes de coma fuera muy limitada. Un nivel tan bajo de actividad cerebral no podría dar lugar sino a una experiencia mental muy vaga y confusa. Pero, insisto, lo cierto es que en las ECM que se producen durante el coma ocurre todo lo contrario. Es casi como si la experiencia se volviera más vívida e intensa cuanto menor capacidad de funcionamiento adecuado tenga el cerebro.

Esto también es válido para las ECM que ocurren bajo los efectos de una anestesia general. Retomemos la experiencia de John que hemos mencionado al inicio de este capítulo. Aun en el caso de que aceptemos que la experiencia no se produjo en un momento en el que el cerebro de John estaba inactivo, todavía tendríamos que reconocer que ocurrió en un momento en que él estaba inconsciente debido a la anestesia. Esto es cierto en todas y cada una de las ECM que se producen en un quirófano. Debería ser imposible que un paciente al que se le ha administrado una anestesia general tuviera ningún tipo de experiencia consciente, y menos una experiencia vívida e intensa como las que presentan las ECM. En palabras de los autores de *Irreducible Mind*, la perspectiva convencional de que la actividad neurológica genera la experiencia consciente «debe de ser errónea, porque tanto en los casos de anestesia general como en los de paro cardíaco las condiciones neuroeléctricas específicas que se consideran necesarias y suficientes para que exista conciencia quedan suprimidas, pero aun así pueden darse una percepción vívida e incluso aguzada, pensamientos y creación de recuerdos».[13]

Podría aducirse que tales experiencias en realidad no se producen durante el período de inconsciencia, sino cuando el paciente está recobrando el sentido y mientras los efectos de la anestesia van desapareciendo. Pero la recuperación de una conciencia neblinosa y confusa tras haber estado anestesiado no tiene nada que ver con la claridad alerta de la experiencia cercana a la muerte. Esto también sirve para los momentos posteriores al coma. El eminente neurólogo Oliver Sacks sugirió que la ECM de Eben Alexander no sucedió mientras estaba en coma, sino «cuando estaba emergiendo del coma y su corteza cerebral estaba retomando su funcionamiento completo».[14] Sin embargo, Sacks evita mencionar que la experiencia que en general se vive al recuperar la conciencia después de un coma es completamente distinta de la experiencia que detalla Alexander. A diferencia de la conciencia clara y aguzada que describe Alexander, por lo general el funcionamiento mental está muy confuso y alterado y tarda días en volver a la normalidad. Y huelga decir que esta emergencia tanto de la anestesia como del coma no tiene el mismo efecto transformador profundo que las ECM.

¿SON LAS ECM EFECTOS NEUROLÓGICOS DEL «CEREBRO MORIBUNDO»?

Una de las explicaciones de las ECM que se han propuesto en muchas ocasiones es la hipótesis del «cerebro moribundo». Adopta un enfoque similar al argumento de Oliver Sacks, pero se centra en el período que precede a la pérdida de la conciencia. Según este punto de vista, las ECM son experiencias poco comunes que suceden poco antes de que el cerebro se quede inactivo. Son una especie de alucinación generada por un cerebro moribundo. Este argumento se basa sobre todo en la idea de que la anoxia cerebral (falta de oxígeno en el tejido cerebral) causa muchas de las características de las ECM. Resulta en «desinhibición cortical» y una actividad cerebral intensa y descontrolada. La visión del túnel y la luz podría explicarse gracias a la desinhibición de la corteza visual del cerebro. Al mismo tiempo, la intensa sensación de bienestar de las ECM podría venir dada por la liberación de endorfinas cuando una persona está próxima a la muerte.

No obstante, estas explicaciones presentan problemas muy serios. Lo esperable sería que la actividad cerebral intensa y descontrolada desembocara en experiencias alocadas, caóticas, pero las ECM suelen ser experiencias muy serenas y bien integradas, desde luego nada parecidas a lo que cualquiera asociaría con «desinhibición» y sobreestimulación. Tal como señala Penny Sartori, una investigadora de ECM cuyo punto de vista está construido sobre muchos años de trabajo como enfermera de cuidados intensivos, la falta de oxígeno se asocia con la confusión, la irritabilidad y la pérdida de memoria. La claridad y la naturaleza sumamente ordenada de las ECM es, según sus palabras, del todo incoherente con «un cerebro desorganizado con un reducido flujo sanguíneo o ninguno en absoluto».[15]

También sería de esperar que la actividad cerebral descontrolada resultara en una amplia variedad de experiencias diferentes, tan variadas y distintas como los sueños. Sin embargo, como ya hemos mencionado, la mayoría de las personas que refieren una continuación de la conciencia durante las ECM hablan de la misma experiencia «troncal». Y, una vez más, no hay ni la menor posibilidad de que las experiencias normales de falta de oxígeno produzcan ninguno de los efectos transformadores de las ECM.

Otro argumento destacado contra la hipótesis del «cerebro moribundo» es que, como ya hemos visto, las ECM no ocurren únicamente cuando una persona está agonizando. Pueden suceder durante un coma o una caída, momentos en que tal vez una persona no esté en absoluto próxima a la muerte. El «cerebro moribundo» no puede ser la causa de las ECM en estas situaciones, así que resulta muy improbable que lo sea cuando las ECM se producen en otro tipo de circunstancias, como tras un paro cardíaco, por ejemplo.

PERCEPCIONES VERÍDICAS

En cualquier caso, quizá el problema más importante de la hipótesis del cerebro moribundo es que, como ya hemos visto en el caso de John, es habitual que la gente proporcione detalles exactos de lo que presenciaron mientras estaban en apariencia inconscientes. Es obvio que esto sería imposible si la experiencia se diera mientras el cerebro se está muriendo y antes de la pérdida de la conciencia. En el estudio de las experiencias cercanas a la muerte, el término que suele emplearse para referirse a esos detalles es *percepciones verídicas*.

Es posible que estas percepciones verídicas constituyan la prueba más convincente de que las ECM no son alucinaciones generadas por el cerebro. Hay muchos casos en los que los pacientes de ECM han ofrecido pormenores muy específicos que después fueron verificados por los profesionales médicos presentes durante los procedimientos. Hay tantísimos ejemplos bien documentados de esto que es difícil saber cuál escoger (un reciente estudio sobre las ECM llamado *The Self Does Not Die*, «El yo no muere», contiene más de cien casos). Aquí me centraré en dos de los ejemplos más impresionantes de los que tengo conocimiento.

El primero es el caso de un hombre de Nueva Inglaterra, llamado Al Sullivan, que se sometió a una operación cardíaca de urgencia a los cincuenta y seis años. Durante la intervención, cobró conciencia y sintió que se elevaba hasta salir de su cuerpo. Se vio tumbado sobre una mesa, tapado con unas sábanas de color azul claro. Vio la incisión que le habían realizado para llegar a la cavidad torácica, y el corazón dentro. Le mantenían el esternón abierto gracias a un separador de metal. Al reconoció al cirujano que le habían presentado antes de la operación y, para su sorpresa, lo vio «batiendo» los brazos como si intentara volar. Ese cirujano era la única persona que se encontraba cerca del pecho abierto de Al, pero había otros dos concentrados en una pierna del paciente. Aquello confundió a Al, hasta que más tarde se enteró de que es habitual emplear venas de la pierna en las operaciones de bypass coronario. Después de eso, Al percibió una luz amarilla muy fuerte, experimentó intensos sentimientos de alegría y amor y vio a miembros difuntos de su familia.

Cuando pudo volver a hablar después de la operación, le contó a su cardiólogo, Anthony LaSala, la experiencia que había tenido. El cardiólogo se mostró escéptico hasta que Al le dijo que había visto que uno de los cirujanos agitaba los codos. Se trataba de una peculiar costumbre de Hiroyoshi Takata, el médico que lo había operado, que, cuando no estaba participando de manera activa en una intervención, se apoyaba las manos en el pecho y daba instrucciones a sus ayudantes señalando con los codos. Lo hacía para evitar tocar nada con las manos esterilizadas. LaSala se quedó asombrado cuando Al le hizo ese comentario y decidió contárselo al cirujano.

En 1997, el investigador sobre ECM Bruce Greyson entrevistó tanto a Anthony LaSala como a Hiroyoshi Takata. Ambos confirmaron que Takata tenía la costumbre de mover los codos para dar instrucciones, y LaSala dijo que no tenía conocimiento de ningún otro cirujano que hiciera algo así. El cardiólogo también confirmó que durante la operación a Al le habían cerrado los ojos con esparadrapo y le habían cubierto la cabeza, por lo que habría sido incapaz de ver los movimientos del cirujano aunque hubiera estado consciente. Otro equipo de investigadores confirmó que Sullivan debía de estar en un estado de profunda inconsciencia bajo los efectos de la anestesia en el momento en que el cirujano llevó a cabo los movimientos de brazos. Más adelante, el propio Hiroyoshi Takata comentó el incidente señalando que, aunque había oído a otros colegas hablar de casos en los que la anestesia perdía efecto durante la operación y los pacientes alcanzaban a oír las conversaciones, «nunca me había topado con ninguno en el que el paciente describiera los detalles de la operación como si hubiera visto todo el proceso. La verdad, no sé cómo puede explicarse este caso. Pero, dado que realmente ocurrió, tengo que aceptarlo como un hecho».[16]

En el segundo caso, la médica de cuidados intensivos Laurin Bellg refirió la historia de una paciente llamada Naomi, que había sufrido un paro cardíaco. El equipo médico recurrió a la RCP y a las descargas eléctricas para intentar reactivarle el corazón, pero no lo consiguieron. De hecho, durante los procedimientos, Naomi sufrió un segundo paro. Entonces el equipo descubrió que la paciente tenía una arteria coronaria bloqueada, y procedieron a desobstruirla. Sin embargo, el corazón de Naomi estaba demasiado débil para bombear sangre, y eso significaba que los pulmones no le funcionaban bien, así que la intubaron para aplicarle ventilación mecánica.

Fue en el momento en que la doctora Bellg decidió que podía retirarle la ventilación mecánica a Naomi cuando ésta refirió una experiencia cercana a la muerte, y posteriormente describió los acontecimientos que habían tenido lugar durante los procedimientos médicos a los que la habían sometido. El primer lugar, describió escenas de la sala de urgencias diciéndole a la doctora Bellg: «Lo veía todo. Veía absolutamente todo [...]. Al principio no era capaz de entenderlo, luego me di cuenta de que estaba por encima de mi cuerpo viendo a todo el mundo apresurarse de un lado a otro. Los vi presionarme el pecho y colocarme en la boca un tubo para respirar. Vi que tenía los ojos cerrados y que estaba como inerte, con un brazo colgando de la cama».[17] Entonces Naomi contó que había estado en otra sala, con una luz grande por encima de ella y con un personal médico distinto; mencionó un incidente concreto en el que los miembros del equipo de reanimación le levantaron el cuerpo hacia un lado y deslizaron una tabla larga y plana debajo de ella. Mientras lo hacían, oyó a la doctora Bellg decir «Eh, eh, eh, mis cosas», y la vio agarrar varios instrumentos médicos que habían estado a punto de caerse al suelo.

A Naomi le extrañaba lo de la tabla, pero la doctora Bellg le explicó que su finalidad era ayudar a la circulación de la sangre para que las compresiones pectorales fueran más efectivas. Según dijo la doctora Bellg respecto al caso: «Me quedé asombrada de que la paciente hubiera sido consciente de que eso sucedía y de que me hubiera visto reaccionar al cambio agarrando mi instrumental para evitar que se cayera de la cama cuando yo sabía, con total certeza, que ella estaba inconsciente por completo».[18]

A veces se arguye que estos testimonios podrían ser una construcción mental de lo que, basándose en historias que han oído o en programas de televisión que han visto, la gente espera ver durante una operación. Sin embargo, los relatos que acabo de ofrecer contienen detalles tan específicos —muchos de los cuales eran del todo desconocidos de antemano por los pacientes, como por ejemplo la tabla de la que habló Naomi o los cirujanos que trabajaron en la pierna de Al— que parece improbable.

De hecho, los investigadores de las ECM han puesto a prueba estas hipótesis. Penny Sartori le pidió a un grupo de pacientes cardíacos que habían sido reanimados y no habían tenido ningún tipo de ECM que le explicaran cómo creían que eran los procedimientos de reanimación y comparó sus relatos con las descripciones de los pacientes con ECM.[19] Otro investigador, el doctor Michael Sabom, hizo lo mismo, pero con un grupo de pacientes cardíacos que no habían sido reanimados.[20] En ambos casos, las descripciones del grupo eran mucho menos exactas y creíbles que las de los pacientes que habían tenido una ECM. Los pacientes con ECM incluían muchos pormenores precisos y específicos, mientras que los otros grupos cometían errores significativos. Algunos miembros de los grupos sin ECM no tenían ni la menor idea de cuál era el procedimiento de reanimación, mientras que otros parecían tener una imagen distorsionada del mismo achacable a los programas de televisión. Tanto Sabom como Sartori concluyeron que la exactitud de los relatos sobre los procedimientos de reanimación de los pacientes con ECM no podían atribuirse a las expectativas, el conocimiento previo o la conjetura.

También merece la pena señalar que, como muestran los dos casos a los que he hecho referencia, los relatos de los pacientes con ECM suelen lograr convencer a los médicos de su veracidad. Tanto es así que una de las cosas más sorprendentes acerca de los investigadores de ECM es que, en muchos casos, no son parapsicólogos, sino médicos que se convencieron de la realidad del fenómeno basándose en los relatos de sus pacientes. La médica mencionada en el segundo ejemplo, Laurin Bellg, conoció tantísimos casos de ECM y se quedó tan impresionada de la especificidad de los detalles que contenían muchos de ellos, que los recopiló y los publicó en un libro llamado *Near Death in the «ICU»* («Cerca de la muerte en la UCI»). Como hemos comentado antes, la investigadora de ECM británica Penny Sartori trabajó como enfermera de cuidados intensivos durante diecisiete años y empezó a investigar en este campo después de que muchísimos pacientes le hablaran de ellas. Éste también es el caso del holandés Pim van Lommel, un investigador de ECM que fue cardiólogo durante veintiséis años. Del mismo modo, uno de los investigadores de ECM de más renombre, el estadounidense Martin Sabom, es un cardiólogo especializado en reanimación.

OTRAS POSIBLES EXPLICACIONES

Antes de adentrarnos en una interpretación espiritual de las ECM, deberíamos considerar con brevedad otras explicaciones materialistas que se han propuesto. Una teoría es que las ECM podrían ser resultado del paroxismo de los lóbulos temporales al acercarse a la muerte, algo parecido a los ataques de epilepsia del lóbulo temporal. De acuerdo con esta teoría, el paroxismo podría producir experiencias extracorporales y sensaciones de éxtasis. Sin embargo, los ataques de epilepsia del lóbulo temporal suelen provocar distorsiones y sentimientos de soledad y tristeza perpetuos, nada que ver con la claridad y el bienestar de las experiencias cercanas a la muerte. Además, no presentan las características «troncales» de las ECM, como por ejemplo los «repasos vitales» o los encuentros con familiares muertos.

Existe otra teoría según la cual las ECM podrían deberse a la liberación de sustancias cerebrales similares a la ketamina durante períodos de estrés intenso. Al igual que los ataques de epilepsia del lóbulo temporal, la ketamina puede producir la impresión de que estás fuera de tu cuerpo, así como sensación de bienestar. Sin embargo, los estudios que han comparado a los consumidores de ketamina con supervivientes de ECM también han detectado diferencias significativas. Era mucho más probable que los grupos de ECM se comunicaran con familiares fallecidos o que vieran una luz brillante, mientras que los grupos de ketamina tenían más probabilidades de ver imágenes extrañas y aterradoras. Estos últimos, además, tenían una intensa sensación de haber vivido una experiencia ilusoria, mientras que, por descontado, los grupos de ECM sentían que su experiencia había sido de una viveza fuera de lo normal. Las investigaciones también sugieren que, mientras que la primera experiencia con la ketamina de una persona podría poseer ciertas similitudes con una ECM, esos parecidos suelen desvanecerse en el caso de las demás experiencias. Por último, no existen pruebas de que en realidad se liberen sustancias cerebrales semejantes a la ketamina cuando una persona está cerca de la muerte o padece un estrés intenso.[21]

Esto también supone un problema para una teoría parecida, según la cual las ECM son consecuencia de la liberación de una gran cantidad de DMT, una sustancia alucinógena que nuestro cuerpo produce de forma natural. Por lo común, nuestro cuerpo sólo genera cantidades minúsculas de DMT, pero la teoría es que, cuando una persona está próxima a la muerte, se libera de forma repentina una cantidad considerable de esta sustancia que crea la experiencia «tipo psicodelia» de la ECM. Sin embargo, no hay pruebas de que el cerebro libere DMT cuando una persona está cerca de la muerte. Y todos los estudios de casos prácticos han demostrado que sólo una pequeña proporción de las experiencias con DTM (cuando se consume a modo de droga) tiene algún tipo de semejanza significativa con las ECM.[22]

Otras sugerencias han sido que las ECM están relacionadas con altas concentraciones de dióxido de carbono, una actividad alterada de la serotonina o los patrones del sueño REM. Todas estas teorías resultan problemáticas por razones similares: carecen de algunas de las características «troncales» de las ECM, no se produce una sensación subjetiva de realidad, tampoco provocan un efecto transformador, etcétera. Además, todas estas teorías presuponen que la ECM ocurre antes de que la persona pierda la conciencia, y por lo tanto es evidente que no pueden justificar las percepciones verídicas que suelen presentar las ECM.

Desde una perspectiva distinta, hay algunas teorías psicológicas de las ECM. Una es que dichas experiencias se deben a la despersonalización. En estados de sufrimiento y angustia intensos, por ejemplo durante una tortura o una violación, a veces las víctimas refieren haberse disociado de su propio cuerpo y sentir que han perdido su sentido de la identidad y la capacidad de sentir. Parece tratarse de un mecanismo de defensa, así que tal vez cuando una persona se aproxima a la muerte, lo cual suele equivaler a un estado de sufrimiento y angustia, también utiliza esa estrategia, que resulta en una experiencia cercana a la muerte. Sin embargo, las semejanzas entre la despersonalización y la experiencia cercana a la muerte son muy limitadas. Hemos visto que las ECM presentan una fuerte sensación de claridad y atención, que es distinta por completo de la confusión y la irrealidad de la despersonalización. Y, de nuevo, la despersonalización no presenta elementos importantes de las ECM, tales como la luz brillante o el encuentro con familiares muertos.

Otra teoría psicológica es el «modelo de expectativa», que sugiere que las ECM son una especie de fantasía que se crea como alternativa a las situaciones estresantes o peligrosas y que, además, se basa en el conocimiento popular de las ECM o en narraciones religiosas o espirituales que son similares a las ECM. Sin embargo hay varias razones muy sólidas por las que esta teoría no resulta creíble. En primer lugar, la gente que no tiene conocimiento previo de las ECM describen el mismo tipo de experiencias que los demás. Y los niños que tienen ECM refieren de forma coherente las mismas características que los adultos, a pesar de que son demasiado jóvenes para construirse expectativas personales y culturales. Las ECM sólo se dieron a conocer entre el gran público a partir de mediados de la década de 1970, a raíz de las investigaciones pioneras del doctor Raymond Moody (publicadas en su libro *Vida después de la vida*). Así, la expresión «experiencia cercana a la muerte» no se acuñó hasta 1975. Si la expectativa fuese un factor, lo esperable sería que las ECM que se refirieron después de 1975 se ajustaran más estrechamente al modelo de Moody, pero los estudios sobre ECM descritas tanto antes como después de la aparición del libro no han hallado diferencias significativas. Por último, varios estudios han demostrado también que muchas ECM difieren mucho de las expectativas de la persona y, en consecuencia, generan confusión y discordia. Las experiencias de John y William, que ya se han comentado, son ejemplos de ello. De hecho, si las expectativas culturales son las generadoras de las ECM, no hay razón alguna para que personas como John y William, que aceptaban el paradigma materialista de la realidad, tuvieran ningún tipo de ECM.

LAS ECM DESDE UNA PERSPECTIVA ESPIRITUAL

Incluso los académicos que defienden las explicaciones materialistas de las ECM reconocen que las teorías descritas antes son problemáticas. Por ejemplo, según lo han expresado Harvey Irwin y Caroline Watt, «es justo decir que ninguna teoría neurofisiológica ni psicológica actual de las ECM es satisfactoria».[23] En el capítulo 3 ya he sugerido que, cuando existen tantas propuestas de explicación distintas y divergentes de cómo se produce un fenómeno (en aquel caso, acerca de cómo podía el cerebro generar la conciencia), deberíamos sospechar que los supuestos causales básicos que subyacen a las diversas propuestas son erróneos. Y esto es aún más válido para las ECM. La variedad de distintas propuestas es desconcertante, y en algunas de ellas se percibe incluso cierta sensación de desesperación. La situación podría compararse con la de un alumno perezoso que utiliza incesantes excusas para justificar que no ha hecho los deberes: da igual lo ingeniosas que sean esas excusas, el mero hecho de que sean tantas acarrea el efecto general de disminuir su credibilidad. Tampoco es muy distinto de la forma en que los fundamentalistas cristianos niegan las pruebas de la evolución u otros descubrimientos científicos que proyectan dudas sobre la verdad literal de la Biblia; por ejemplo, al defender que los fósiles en realidad no tienen millones de años de antigüedad, sino que Dios los puso ahí cuando creó el mundo para poner a prueba nuestra fe. Prima la determinación de defender una cosmovisión y, en consecuencia, se produce un rechazo hacia las pruebas que parecen refutarla.

La forma más lógica de interpretar las ECM es aceptar que no pueden explicarse según los supuestos materialistas. Del mismo modo que la conciencia, las ECM no pueden justificarse recurriendo a la actividad cerebral. Sin embargo, desde la perspectiva espiritual se explican con facilidad. Como ya hemos visto, la conciencia es una cualidad fundamental del universo, y nuestra conciencia individual (o mente) surge cuando el cerebro recibe y canaliza esa conciencia fundamental. Por lo tanto, nuestra sensación de identidad no viene producida de manera directa por el cerebro y, como resultado, no tiene por qué acabarse cuando el cerebro deja de funcionar. Puede continuar en ausencia de cualquier señal de actividad fisiológica o neurológica y, lo que es igual de importante, puede funcionar de manera muy intensa e integrada cuando el nivel de funcionamiento neurológico es muy bajo (como en el caso de un coma). Como los elementos que se han revisado en los capítulos 4 y 5, las ECM señalan hacia una independencia fundamental entre la mente y el cerebro.

Resulta complicado examinar las experiencias cercanas a la muerte de manera objetiva y llegar a cualquier otra conclusión. De hecho, ésta es la conclusión a la que han llegado la mayor parte de los investigadores de ECM. Penny Sartori lo ha reflejado de la siguiente forma: «la conciencia es primaria [...] el cerebro actúa como mediador de la conciencia, pero no la crea».[24] O en las más descriptivas palabras de Pim van Lommel: «La conciencia plena e infinita está presente en todas partes, en una dimensión que no está ligada ni al tiempo ni al espacio, donde el pasado, el presente y el futuro existen y son accesibles a la vez».[25]

Una cuestión potencialmente problemática de esta postura es que, según mi tesis, nuestra mente individual requiere del funcionamiento del cerebro en su papel de transmisor. Por lo tanto, ¿no debería apagarse nuestra mente individual cuando el cerebro deja de funcionar, del mismo modo que una radio deja de sonar cuando se averían sus circuitos? ¿Una persona que sufre un paro cardíaco no debería experimentar el cese de la conciencia?

Hay dos formas de enfocar este asunto. Lo primero que hay que tener en cuenta es que las ECM que se producen cuando el cerebro se apaga nunca duran más de unos minutos en tiempo real, así que una posibilidad es que la conciencia prosiga sólo durante un breve lapso tras la muerte cerebral, como un eco. Tal vez la identidad individual que se ha formado por medio de la interacción de la conciencia universal con el cerebro pueda sustentarse durante un tiempo sin este órgano, aunque después vaya disolviéndose poco a poco. La segunda posibilidad es que, una vez que nuestra mente individual se ha formado, se convierta en una estructura permanente que pueda seguir existiendo sin el cerebro.

¿HAY VIDA DESPUÉS DE LA MUERTE?

La cuestión de este apartado lleva a una pregunta inevitable que surge de la discusión de las ECM: ¿ofrecen o no pruebas de la existencia de vida después de la muerte?

Para muchos intelectuales, la idea de la vida después de la muerte es una absurdidad. Se la considera una superstición precientífica, como creer en las hadas o en la brujería. Está claro que creer en la vida después de la muerte es tan irracional como creer que el mundo se creó en siete días o que las enfermedades las causan espíritus malignos, ¿verdad? Sin duda, la liberación de conceptos ilusorios acerca de la vida después de la muerte es una de las sufridas victorias de la Ilustración y de la superación del dogma religioso, ¿no?

Sin embargo, es importante separar la idea de la vida después de la muerte del trasfondo religioso. Los conceptos de «paraíso» o «cielo» de las religiones tradicionales están, sin duda, llenos de fantasía y castillos en el aire. Es probable que se desarrollaran, hace muchos siglos, cuando la vida era violenta y dura en extremo para la mayor parte de la gente, como una especie de quimera para compensar a las personas por los padecimientos que llenaban su vida: una forma de proporcionar alguna esperanza en un mundo en apariencia desesperado. Pero rechazar esos conceptos concretos de la vida después de la muerte no invalida por completo la idea de la existencia de un más allá. Es, por descontado, perfectamente posible creer en la existencia de la vida después de la muerte sin ser religioso.

Desde el punto de vista del materialismo, la cuestión está clara: no puede haber vida después de la muerte porque no existe nada similar al alma o al espíritu que pueda sobrevivir a la muerte del cuerpo. Nuestra mente no es más que un producto de nuestro cerebro, de manera que, cuando el cerebro muere, nuestra mente también. No obstante, si rechazamos la idea de que el cerebro genera la mente —tal como hago yo en este libro—, entonces la idea de que exista algún tipo de más allá se torna factible.

Por desgracia, llevar a cabo una investigación exhaustiva del asunto de la vida después de la muerte escapa al alcance de estas páginas. Es un tema tan vasto que explicarlo requiere un libro propio, y, en efecto, hay ensayos sobre la cuestión (yo recomendaría el de David Fontana, *Is There an Afterlife?*, «¿Hay vida después de la muerte?»). Además, el tema tampoco es del todo relevante para la presente obra, ya que mi principal objetivo es sacar a la luz las limitaciones de la concepción materialista del mundo y proponer una cosmovisión espiritual como mejor alternativa. No obstante, intentaré resumir mi punto de vista sobre este asunto del más allá.

A veces se sugiere que las ECM aportan pruebas de que existe vida después de la muerte. Es obvio que de lo que sí aportan pruebas es de que la conciencia no depende por completo del cerebro y de que puede continuar más allá de ese órgano y del cuerpo en general. Pero, como ya he insinuado, no está claro durante cuánto tiempo continúa esa conciencia. Podría ocurrir que la identidad o la conciencia individual de la persona permanezca intacta sólo durante un breve lapso tras la muerte. Tal vez la identidad se disuelva poco a poco y vaya perdiendo su asociación con la conciencia esencial de nuestro ser, que en ese momento se convierte de nuevo en parte de la conciencia universal. En mi opinión, esta forma de verlo posee una circularidad que resulta satisfactoria: es como si volviéramos a casa, a la fuente de la que surgimos.

Sin embargo, desde una perspectiva distinta, las ECM proporcionan, en efecto, cierto apoyo a la idea de que la identidad personal permanece intacta y prosigue de manera indefinida después de la muerte. Esta idea proviene de los encuentros con familiares muertos que los afectados suelen experimentar durante las ECM. Como ya hemos visto, es muy habitual que la persona se encuentre a sus padres o sus abuelos (a veces también a los bisabuelos, como en el caso de mi alumno Max), que en ocasiones les informan de que aún no ha llegado su hora y de que deberían regresar a su cuerpo. Podría tratarse de alucinaciones, por supuesto, pero —de nuevo como en el ejemplo de mi alumno Max— sí hay casos en los que los familiares muertos le han proporcionado a la persona información que ésta desconocía y que más tarde se verificó. También se han dado muchos casos en los que quien experimenta la ECM no conoce a la persona con la que se ha encontrado, cuya identidad le han tenido que revelar después sus familiares. Además, se han dado casos en los que la persona que tiene la experiencia cercana a la muerte se ha encontrado con un familiar de cuya muerte aún no estaba informada.

Esto ya ofrece por sí mismo un apoyo significativo a la idea de la supervivencia post mórtem, pero aún hay más pruebas. De hecho, quienes defienden la idea de la supervivencia post mórtem suelen hablar de tres fuentes de pruebas: en primer lugar, las pruebas provenientes de médiums, que al parecer son capaces de establecer contacto con individuos fallecidos; en segundo lugar, las visiones o encuentros con los difuntos; y en tercer lugar, los aparentes casos de reencarnación.

Los médiums están muy desprestigiados hoy en día, y es cierto que hay muchos charlatanes (y puede que individuos autoengañados) que se limitan a emplear ciertas técnicas para hacer creer a la gente ingenua que están en contacto con sus familiares difuntos. Pero esto no debería invalidar el campo de la clarividencia por completo, igual que no toda la disciplina del yoga queda invalidada por el hecho de que algunos instructores sean cantamañanas sin formación. Además, en los últimos años se han llevado a cabo varios experimentos con médiums dotados que se han sometido a un férreo control —estudios a ciegas, a doble ciego e incluso a triple ciego—[26] y han dado unos resultados significativamente positivos. Uno de los procedimientos típicos es que el experimento utilice un «sujeto por poderes». En otras palabras, se aísla al verdadero sujeto del médium; otra persona interactúa con este último y obtiene información acerca de los «desencarnados» del auténtico sujeto (es decir, los individuos fallecidos que están vinculados con él). Esa información (que suele incluir detalles tales como el aspecto del desencarnado, sus aficiones e intereses y la causa de la muerte) se transcribe y se le entrega al sujeto, junto con una transcripción de una sesión distinta que el mismo médium compartió con un sujeto diferente. Lo único que tiene que hacer entonces el sujeto es escoger la transcripción que procede del descarnado relacionado con él. Este procedimiento se repite muchas veces a lo largo de diferentes sesiones con el mismo médium. Muchos estudios que han seguido este tipo de protocolo han mostrado un bastante consistente (y muy significativo) setenta y cinco por ciento de «tasa de acierto».[27] Tal como ha escrito un grupo de investigadores, está claro que los resultados de tales estudios sugieren que «algunos médiums pueden referir información precisa y concreta sobre los seres queridos difuntos (denominados descarnados) de personas aún vivas [...] sin conocimiento previo acerca de los sujetos o los descarnados, en total ausencia de cualquier tipo de retroalimentación sensorial y sin recurrir al fraude o el engaño».[28]

Otra faceta interesante de las pruebas relacionadas con los médiums es el abanico de habilidades asombrosas y miedos creativos que han demostrado algunos «descarnados». Uno de los casos más sorprendentes fue el de un «descarnado» gran maestro del ajedrez que jugó, a través de un médium que no practicaba ese deporte, con el gran maestro del ajedrez Víktor Korchnói en 1985. Gracias al médium, el descarnado se identificó como un gran maestro húngaro, Géza Maróczy, un jugador muy conocido que murió en 1950 y que en su mejor momento llegó a ocupar el tercer puesto mundial. La partida se prolongó durante cuarenta y ocho movimientos, y un análisis llevado a cabo por expertos en ajedrez verificó que las habilidades de Maróczy estaban al nivel de las de un gran maestro (aunque perdió). Los expertos también confirmaron que su estilo de juego era bastante anticuado y coherente con el verdadero estilo de Maróczy. Además, al Maróczy «descarnado» se le formularon ochenta y una preguntas sobre la vida del Maróczy «de verdad», y la veracidad de setenta y nueve de sus respuestas pudo ser comprobada.[29] Hay diversos tipos de visiones de los fallecidos y de encuentros con ellos. Un ejemplo son los encuentros con familiares durante las ECM; otro son las «visiones de lecho de muerte», cuando las personas agonizantes parecen ver a parientes muertos. Los enfermeros y otros cuidadores suelen oírlos describir a esos familiares y llamarlos o hablar con ellos. Cuando Penny Sartori comenzó a trabajar como enfermera de cuidados intensivos, se sorprendió al descubrir que sus colegas interpretaban esta situación como un síntoma de que la muerte estaba cerca: «A medida que avanzaba mi trabajo como enfermera me di cuenta de que los pacientes que llamaban, hablaban y hacían gestos a personas invisibles se hallaban próximos a la muerte y que este hecho era aceptado por muchas de las enfermeras con las que trabajaba».[30] Los cuidadores suelen distinguir entre estos episodios y las alucinaciones provocadas por los medicamentos, pues señalan que por lo general los primeros se dan cuando el paciente tiene la conciencia clara y que, al contrario que en el caso de las alucinaciones (que con frecuencia provocan ansiedad y nerviosismo), lo normal es que generen una sensación de calma y aceptación de la muerte. Osis y Haraldsson llevaron a cabo una investigación que demostró que era menos probable que los pacientes tuvieran visiones de lecho de muerte si estaban medicados o si la enfermedad afectaba de algún modo a su conciencia.[31] Y al igual que ocurre con los encuentros con familiares muertos durante las ECM, hay casos de pacientes que se encuentran con una persona fallecida de cuya muerte no tenían noticia.

Tampoco es raro que las personas que acaban de fallecer se aparezcan a sus parientes en situaciones cotidianas antes de que éstos sepan de su muerte. Una amiga mía se despertó repentinamente de madrugada y vio a su abuela (que vivía a doscientos cuarenta kilómetros de distancia) al pie de su cama. Se llevó un susto y le preguntó «¿Qué estás haciendo aquí, abuela?». La mujer no contestó, y después desapareció. A la mañana siguiente, a mi amiga le comunicaron por teléfono que su abuela había muerto la noche anterior. Otras variantes de estos encuentros son oler el perfume de una persona muerta, notar su tacto y oír su voz, incluso recibir mensajes suyos a través de aparatos electrónicos como ordenadores, radios o teléfonos. Varios estudios han concluido que entre dos tercios y tres cuartos del total de las personas que pierden a su pareja sienten que han percibido la presencia de su cónyuge fallecido.[32]

En lo que se refiere a la reencarnación, hay muchos casos bien documentados de niños que han proporcionado detalles específicos acerca de una vida pasada, que, además, los investigadores han podido comprobar a posteriori. El investigador más destacado de este campo era el doctor Ian Stevenson, un psiquiatra de la Facultad de Medicina de la Universidad de Virginia, que dedicó gran parte de su vida a recopilar y examinar esos casos. Lo más común era que, entre los dos y los cuatro años, esos niños empezaran a hablar sobre su vida anterior; a menudo explicaban los sucesos que habían desembocado en su muerte, en ocasiones utilizando el presente de indicativo, como si su vida anterior aún continuara. En algunos casos, Stevenson lograba identificar a la persona que el niño decía ser y verificar la información hablando con familiares del difunto.

Algunas de las pruebas más llamativas que Stevenson examinó tenían que ver con las manchas de nacimiento. Un importante número de niños que aseguraban recordar vidas previas tenían manchas de nacimiento que explicaban de acuerdo con lesiones de su vida anterior. En cuarenta y nueve casos, Stevenson consiguió obtener documentos médicos de la persona fallecida, y cuarenta y tres de ellos contenían información que confirmaba la correspondencia entre las heridas y las manchas de nacimiento.[33]

Considero que cualquier examen imparcial de las pruebas dejaría claro que estar abierto a la posibilidad de que exista algún tipo de vida después de la muerte dista mucho de ser irracional. Como dicen los autores de *Irreducible Mind*: «Si cualquier otra cosa fuera mínimamente equivalente, la mayor parte de las personas racionales concluirían, basándose en las pruebas disponibles, que la supervivencia de algún tipo es, al menos, posible, y puede que incluso una realidad empírica demostrada».[34] Los autores también apuntan que, por desgracia, «cualquier otra cosa» no es equivalente ni de lejos, debido a la preponderancia del paradigma materialista.

Como he señalado antes, para mí el problema no es si existe o no existe vida después de la muerte, sino durante cuánto tiempo permanece la identidad individual después de la muerte. Y las pruebas sugieren con claridad que esa identidad permanece de forma indefinida.

LAS ECM COMO EXPERIENCIAS ESPIRITUALES

Para concluir este capítulo, volveremos durante unos instantes a las ECM. Su verdadera importancia en lo que se refiere a la tesis de este libro es que proporcionan pruebas convincentes de que el cerebro no produce la conciencia de forma directa, sino que ésta es más bien una cualidad esencial del universo. Y es importante tener en cuenta que esto lo indican tanto el contenido de las ECM como su mera existencia.

Durante las ECM es habitual que la persona experimente una sensación de unidad, el sentimiento de que todas las cosas están interconectadas y de que ella forma parte de esa interconexión. En ocasiones algunas personas también refieren haber alcanzado el conocimiento de que la realidad fundamental del mundo es el amor, o de que existe una especie de fuerza que lo permea todo y que posee las cualidades del resplandor y la felicidad. Podría ser que en esos momentos estuvieran experimentando de manera directa la fuerza espiritual, tal como eran capaces de hacerlo los místicos y los pueblos indígenas (según se explica en el capítulo 2). La unidad que experimentan es la esencia compartida de todas las cosas, impregnadas de la fuerza espiritual. La luz translúcida que ven es la cualidad del resplandor que la fuerza espiritual posee de forma innata.

En este sentido, las ECM son significativas porque, en parte, son experiencias espirituales poderosas. Ya hemos visto antes que las ECM tienen un profundo efecto transformador y, desde mi punto de vista, esto se debe a tres factores distintos. El primero de ellos es que, con independencia de cuál sea su contenido, las ECM implican un roce con la muerte. Son un potente recordatorio de la realidad de la muerte y de la naturaleza frágil y temporal de la vida, y como resultado generan una nueva perspectiva y una nueva sensación de gratitud. El segundo factor transformador es que las ECM alivian el miedo a la muerte, debido, al menos parcialmente, a que demuestran que la experiencia de morir puede ser alegre y liberadora, y también a que convencen a la gente de que hay vida después de la muerte. Y el tercer, y tal vez más importante, factor transformador es el contenido espiritual de las ECM. La imagen de amor, belleza y conexión que percibe la persona —y la sensación de euforia y unidad que experimenta— la cambia para siempre. Quienes viven una ECM sienten que han visto la verdad esencial de las cosas, una imagen de la realidad más intensa y completa que la que nuestra conciencia normal suele permitirnos tener. Aunque la intensidad inicial de esa imagen pueda desvaírse, una parte de ella permanece en el interior de esas personas, que, en consecuencia, nunca vuelven a ver el mundo o la vida de la misma manera. Viven una experiencia de despertar espiritual.

Y esto nos conduce con fluidez al siguiente capítulo, en el que hablaremos de las experiencias espirituales con mayor detalle.

7

LAS EXPERIENCIAS DE DESPERTAR: UN ENIGMA

Hace unos años, mientras estaba en Gales de vacaciones con mi familia, decidí salir a explorar las tierras de cultivo que rodeaban nuestro chalet de alquiler. Salté una valla y de pronto me encontré contemplando un valle con campos sembrados que ondeaban hasta donde me alcanzaba la vista y centenares de ovejas salpicando las colinas. Cuando ya llevaba unos cuantos minutos caminando, mirando el cielo y los sembrados, se produjo un cambio en mi percepción, como si alguien hubiera presionado un interruptor. Todo lo que me rodeaba se volvió intensamente real. La presencia de los campos, los arbustos, los árboles y las nubes me parecía poderosa, como si se les hubiera añadido una dimensión extra. Tenían un aspecto más vívido, más intrincado y hermoso. Por alguna razón, también me sentí conectado con mi entorno. Cuando levantaba la vista hacia el cielo, sentía que, de alguna manera, el espacio que lo llenaba era el mismo «espacio» que llenaba mi propio ser. Lo que había dentro de mí, mi propia conciencia, también estaba «ahí fuera». En mi interior también había un resplandor de intenso bienestar, un poderoso sentimiento de «todo va bien». Me sentía muy «bien» por estar vivo en este mundo.

Éste es un ejemplo de lo que yo llamo una «experiencia de despertar». Llevo una década estudiando ese tipo de experiencias como psicólogo. Defino las experiencias de despertar como una expansión e intensificación temporal de la conciencia que produce cambios perceptivos, afectivos y conceptuales significativos. Según mis investigaciones, las tres características más comunes de estas experiencias son: conciencia elevada, estados afectivos positivos (entre los que se cuentan las sensaciones de júbilo o serenidad, la ausencia de miedo y ansiedad y los sentimientos de gratitud) y sensación de conexión (con otras personas, con la naturaleza o con el mundo en general). La última característica conlleva la trascendencia de la separación. Cuanto esto ocurre, ya no nos sentimos como si fuéramos «alguien» que vive de manera exclusiva dentro de nuestra mente o nuestro cuerpo, con el resto del mundo «ahí fuera», al otro lado. Otras características destacadas son el amor y la compasión, la sensación de estar presente de forma muy intensa y un sentimiento de silencio o vacío interior.

Las experiencias de despertar comportan una penetrante sensación de revelación y convicción. Al igual que en el caso de las ECM, se produce la fuerte impresión de que, más que alucinaciones o delirios, son más reales que la conciencia normal. Sentimos que los filtros y obstáculos que restringen nuestra conciencia normal han desaparecido, y que por lo tanto estamos teniendo una visión más amplia y verdadera del mundo. Es como si viéramos en tres dimensiones en lugar de en dos, o en color en lugar de en blanco y negro. En comparación, nuestra conciencia normal parece incompleta e incluso irreal. Se genera una idea de «Sí, ¡así es como son las cosas en realidad!».

Cuando la experiencia termina, puede invadirnos la sensación de que hemos vuelto a quedarnos «dormidos» o, dicho de otro modo, de que nuestra conciencia vuelve a ser restringida y limitada. Sin embargo, el conocimiento que hemos adquirido, incluido el de que esa realidad expandida está ahí fuera y, por lo tanto, siempre es potencialmente accesible para nosotros, puede ofrecernos consuelo y una nueva sensación de esperanza y optimismo. Como me dijo un participante en mi investigación, «ese momento me permitió atisbar el otro lado y me abrió al saber de que nunca estoy separado». O como afirmó otra persona: «Saber que está ahí (o aquí, mejor dicho) supone una gran liberación».

AL MARGEN DE LA RELIGIÓN Y LA ESPIRITUALIDAD

Las experiencias de despertar han sido referidas de forma constante a lo largo de toda la historia documentada, y en muy diversas culturas. En el pasado se explicaban —y es frecuente que aún se expliquen— como experiencias espirituales o místicas, y se asociaban tanto con las tradiciones espirituales orientales como con las tradiciones místicas occidentales. No obstante, en el mundo actual suelen darse fuera del contexto de estas tradiciones, y sin ser inducidas por prácticas espirituales. La gran mayoría se producen de manera inesperada en mitad de actividades y situaciones cotidianas, con personas que saben poco o nada de espiritualidad y religión. Ésa es una de las razones por las que, en lugar de utilizar los términos más tradicionales, prefiero emplear la expresión «experiencias de despertar», que pone de relieve que la experiencia es un fenómeno psicológico natural que puede interpretarse en términos espirituales o religiosos, pero no necesariamente.

Las investigaciones sugieren que las experiencias de despertar son comunes. Un estudio realizado en 2008 reveló que el ochenta por ciento de 487 participantes aseguraban haber tenido profundas experiencias extáticas de naturaleza religiosa, mística o estética.[1] Sin embargo, igual que en el caso de las ECM, parece existir cierta reticencia a hablar abiertamente sobre las experiencias de despertar. Como no encajan con facilidad en el paradigma materialista, y como desde una perspectiva tradicional están asociadas a la espiritualidad y la religión, las experiencias de despertar son una especie de tabú. A la gente le da miedo a hablar de ellas por si los toman por locos, o por personas irracionales y desorientadas.

Hace un par de años di una charla sobre psicología transpersonal en una librería y mencioné mi investigación sobre las experiencias de despertar. Al final del evento, una mujer se acercó a mí con cara de sentirse algo confusa. «Respecto a esas experiencias que ha descrito antes... —empezó—. Soy atea, pero tuve una experiencia de ese tipo. ¿Es posible que ocurra algo así?»

«¡Sí! —contesté—. Las experiencias de despertar no tienen por qué estar vinculadas a la religión, ni siquiera a la espiritualidad. Si una persona religiosa tiene una experiencia de despertar, lo más probable es que la interprete de acuerdo con parámetros religiosos. Pero las personas no religiosas también las tienen, y las interpretan de forma distinta. En esencia, no son más que un estado de conciencia expandido que cualquier persona puede experimentar.»

Después me describió una experiencia de despertar que había tenido mientras viajaba en tren, mirando por la ventanilla. De repente notó una sensación de liberación y claridad. El tiempo se detuvo y todo lo que la mujer miraba parecía vivo y hermoso. La invadió un sentimiento de serenidad, la impresión de que todo estaba en armonía. Me di cuenta de que poder conferirle un sentido a esta experiencia sin tener que relacionarla con la religión le producía un intenso alivio. Como muchas otras personas en nuestra cultura, esta mujer creía que sólo existían dos alternativas metafísicas, o la religión o el materialismo científico, y que cualquier experiencia o fenómeno que no concordara con el materialismo debía categorizarse como religioso.

LOS DESENCADENANTES DE LAS EXPERIENCIAS DE DESPERTAR

A veces las experiencias de despertar se producen de manera espontánea, sin ningún motivo aparente. Sin embargo, en muchos casos están asociadas con determinados desencadenantes, actividades o situaciones. En mis investigaciones he constatado que hay tres desencadenantes principales que aparecen constantemente, así como muchos otros menos significativos.

El desencadenante más habitual de las experiencias de despertar podría resultar desconcertante en un principio: la agitación psicológica. He descubierto que en torno a un cuarto de las experiencias de despertar se producen en situaciones de estrés, depresión y pérdida. Por ejemplo, una mujer explicó que estaba destrozada tras el fin de una relación de siete años de duración. Sin embargo, en mitad de ese sufrimiento, comenzó «a experimentar un estado de claridad y de conexión con todo lo que existía [...] me encontraba en un momento de una felicidad y una aceptación tan puras que ya nada me daba miedo. De aquella profundidad surgieron tal compasión y tal vínculo hacia todo lo que me rodeaba que sentía incluso el dolor de las flores que se arrancaban».[2]

Un estadounidense refirió una experiencias de despertar que le sucedió durante un combate en Vietnam. Estaba trasladando a un marine herido hacia el helicóptero que lo esperaba cuando «me ocurrió algo. En realidad es indescriptible, pero haré un ineficaz esfuerzo por conseguirlo. Me abrí, de manera literal, desde mi punto de vista. Salí de mí mismo. Me expandí infinitamente. Desaparecí. No duró mucho, pero fue la experiencia más potente que he tenido en mi vida».[3] Un hombre contó que había pasado por un largo período de agitación interior debido a que estaba confuso respecto a su sexualidad, y que eso desembocó en la ruptura de su matrimonio. Pero, una vez más, en medio de esa conmoción, mientras pasaba unas últimas vacaciones con su familia en Túnez, tuvo una experiencias de despertar en la que «todo dejó de ser. Perdí todo sentido del tiempo. Me perdí a mí mismo. Tuve la sensación de ser totalmente uno con la naturaleza y una enorme sensación de paz. Yo formaba parte de la escena. Dejó de existir un "yo"».[4]

El segundo desencadenante principal de las experiencias de despertar, según mis investigaciones, es el contacto con la naturaleza. Tal como me ocurrió a mí en la experiencia que he explicado al inicio de este capítulo, numerosas personas relatan experiencias de despertar sucedidas mientras paseaban por el campo, nadaban en un lago o contemplaban flores hermosas o atardeceres. Por ejemplo, una mujer refirió una experiencia de despertar que tuvo lugar cuando nadaba en un lago. En ese momento se sintió «sola por completo, pero parte de todo. Me sentí en paz [...]. Todos mis problemas desaparecieron y me sentí en armonía con la naturaleza. Sólo duró unos minutos, pero recuerdo una sensación de calma y quietud que todavía me tranquiliza ahora».[5] Estas experiencias extáticas de conexión con la naturaleza son equiparables a las que a menudo describían poetas románticos como William Wordsworth y Percy Shelley.

El tercer desencadenante de las experiencias de despertar que han señalado mis investigaciones es la práctica espiritual. Con esto me refiero sobre todo a la meditación, pero también incluye la oración y las prácticas psicofísicas como el yoga y el tai-chi. El efecto relajante y apaciguador de la mente que ejercen estas prácticas parece facilitar las experiencias de despertar.

Aparte de estos tres desencadenantes, hay varios algo menos significativos, entre ellos observar o escuchar representaciones artísticas, leer (en especial, literatura espiritual), las actividades creativas (como bailar o interpretar música), el amor y el sexo. Sólo se me refirieron unos cuantos casos de experiencias de despertar sexuales, pero es probable que los participantes en el estudio se sintieran reticentes a la hora de revelar una experiencia tan íntima, así que es posible que en realidad la frecuencia de esa clase de experiencias sea más alta. Es curioso que, a pesar de que las experiencias de despertar suelen relacionarse popularmente con drogas psicodélicas como el LSD, las «setas mágicas» o la ayahuasca, mis investigaciones no han corroborado este dato. Por ejemplo, en un estudio de 161 experiencias de despertar que dirigí, únicamente ocho se dieron bajo la influencia de sustancias psicodélicas.[6]

GRADOS Y CLASES DE EXPERIENCIAS DE DESPERTAR

Existen distintas intensidades de experiencias de despertar, con características diferentes que emergen en esas intensidades distintas. Una experiencia de despertar de baja intensidad puede presentar sólo una sensación de conciencia aguzada, de que nuestro entorno se ha vuelto más real, con cualidades de «seridad» y «viveza». Las experiencias de despertar de intensidad media pueden producir la sensación de que todas las cosas están interconectadas, como si fueran expresiones de algo más fundamental, y por lo tanto compartieran su esencia. Por lo general también sentimos que somos parte de esa unidad, de modo que perdemos la sensación de ser individuos separados y aislados. También podemos sentir un fuerte sentimiento de compasión y amor por otras personas, pues reconocemos que compartimos la esencia con ellos.

En las experiencias de despertar de alta intensidad, todo el mundo material puede disolverse en un océano de fuerza espiritual resplandeciente y dichosa, que sentimos que conforma la esencia tanto del universo como de nuestro propio ser; es posible que sintamos que nosotros somos, literalmente, el universo. Esto equivale a lo que la filosofía del yoga denomina *nirvikalpa samadhi*, un estado en el que la conciencia se expande más allá de los límites del ser normal y perdemos por completo la sensación de ser un «yo». No sólo nos hacemos uno con la realidad absoluta: nos convertimos en ella. En el misticismo cristiano, el Maestro Eckhart, un místico alemán del siglo XIII, describió este estado refiriéndose a la unión con la «Divinidad», la fuente incondicional de la que brota todo el mundo, incluido Dios.

Mis investigaciones han demostrado que existe una relación inversamente proporcional entre la intensidad de las experiencias de despertar y lo comunes que son. En otras palabras, cuanto más intensas son, con menos frecuencia se darán. En un reciente estudio de noventa experiencias de despertar, mi coautor y yo registramos tan sólo once de «alta intensidad». Se trataba de experiencias en las que el tiempo, el espacio y la identidad personal desaparecían y no dejaban más que una sensación de fusión con el universo, de convertirse en él. Una persona refirió haber tenido una experiencia así de niño, cuando salía corriendo por la puerta de su casa: «Todo se disolvió de golpe. Miré hacia el poste de telégrafo cubierto de alquitrán que había delante de la casa de mi amigo, cuatro puertas más allá. Vibraba de vida y energía; lo mismo ocurría con la superficie de la carretera. Bajé la mirada hacia mí: estaba hecho de la misma energía vibrante. El tiempo también se disolvió sin más».[7] Una mujer explicó que estaba «dentro del universo y a la vez pertenecía a él, el tiempo y el espacio estaban alterados. Sabía que podía estar en todas partes al mismo tiempo. No existía el concepto de distancia ni pasado y presente [...]. Es complicado expresar con palabras la sensación de paz, felicidad y unidad».[8]

Además de la cuestión de la intensidad de las experiencias de despertar, existe una importante distinción que Walter Stace, el filósofo y estudioso del misticismo británico, estableció por primera vez. Se trata de la distinción entre experiencias místicas extravertidas e introvertidas. Tal como sugiere su nomenclatura, las experiencias extravertidas están volcadas hacia fuera. Implican una visión diferente del mundo y una relación distinta con la naturaleza y con otras personas. Pueden presentar una percepción intensificada y una sensación de unidad de las cosas. Todas las experiencias que hemos examinado hasta ahora en este capítulo son de esta clase.

En las experiencias introvertidas volvemos nuestra atención en dirección contraria, hacia nuestro propio ser, donde es posible que sintamos que hemos conectado con una parte más profunda y auténtica de nosotros mismos y que notemos una sensación de expansividad interior, además de un sentimiento de alegría y plenitud. Mientras que las experiencias extravertidas suelen ocurrir de manera espontánea, las experiencias introvertidas son más habituales en el caso de los contemplativos y las personas que practican la meditación, pues todos ellos están acostumbrados a replegarse hacia el interior de su espacio mental y a alcanzar un estado de quietud interior. En los niveles de intensidad más altos, una experiencia introvertida se convierte en lo que el filósofo Robert Forman ha llamado «acontecimiento de conciencia pura».[9] Esto sucede cuando nuestra mente se queda inactiva y vacía por completo y perdemos todo el sentido de la identidad individual. Cobramos conciencia de que la esencia espiritual de nuestro ser es la misma esencia espiritual de toda la realidad y experimentamos una indescriptible sensación de dicha y libertad. Uno de los Upanishads indios, el *Mandukya Upanishad*, lo describe como un estado que está «más allá de los sentidos, más allá de la comprensión, más allá de toda expresión [...]. Es nuestra conciencia unitaria, en la que la percepción del mundo y de la multiplicidad queda arrasada por completo. Es una paz inefable. Es el bien supremo. Es Uno sin un segundo. Es el Ser».[10]

Sin embargo, es importante señalar que, en última instancia, en realidad no existe distinción entre las experiencias introvertidas y extravertidas. En estas últimas experimentamos la unidad a través del mundo de la forma; sentimos que una fuerza espiritual esencial permea todas las cosas y las atrae hacia la unidad. En las experiencias introvertidas, experimentamos la unidad a través de nuestro propio ser, pues encontramos la fuerza espiritual como nuestra propia esencia y percibimos que también es la esencia de todo lo que existe. Es como llegar al mismo destino partiendo de puntos distintos. Lo importante es que, en el caso de las experiencias de despertar de más alta intensidad, los conceptos de «interior» y «exterior» (o «introvertido» y «extravertido») no tienen ningún significado.

LAS CONSECUENCIAS DE LAS EXPERIENCIAS DE DESPERTAR

Ya he destacado algunas similitudes entre las experiencias de despertar y las experiencias cercanas a la muerte: que la gente se muestra reacia a hablar de ellas y que presentan una fuerte convicción de revelación, pues parecen más reales que la conciencia normal. Además, las consecuencias de las experiencias de despertar son muy parecidas, aunque puede que no tan poderosas, a las de las experiencias cercanas a la muerte.

A pesar de que por lo general duran muy poco (entre unos instantes y varias horas), las experiencias de despertar suelen provocar un cambio vital. Muchas personas describen la experiencia de despertar como el momento más significativo de su vida, ya que cambia su forma de ver la vida y sus valores. En nuestro último estudio de noventa experiencias de despertar, llegamos a la conclusión de que la consecuencia más destacada era una mayor sensación de confianza, seguridad y optimismo. Una persona refirió que a pesar de que «la experiencia fue breve, me dejó un poso de saber y esperanza [...]. Me dejó el conocimiento de que siempre puedes contar con tu verdad interior».[11] Una mujer tuvo una poderosa experiencia de despertar mientras sufría una depresión aguda. La experiencia sólo se prolongó durante unos minutos, pero después la participante sintió que la sensación de miedo que tenía en el estómago había desaparecido y que era capaz de volver a enfrentarse a las cosas, lo cual la llevó a una nueva y positiva fase en la vida. Según sus propias palabras: «Miré a mi alrededor y pensé en todas las cosas buenas de mi vida y del futuro. Me sentí más positiva y resiliente».[12] En ocasiones tales cambios de actitud desembocan en cambios significativos en el estilo de vida, como intereses nuevos, relaciones distintas y carreras profesionales renovadas.

El gran psicólogo Abraham Maslow no estudió las experiencias de despertar de manera específica, sino que las incluyó dentro de una categoría más amplia de «experiencias cumbre». Pero, en general, lo que Maslow escribió acerca de las experiencias cumbre es sin lugar a duda válido para las experiencias de despertar: «Yo creo que, aun en el caso de que nunca volviese a presentarse [la experiencia cumbre], el poder de la experiencia es tal que puede cambiar para siempre la actitud de la persona ante la vida. Un solo atisbo de cielo basta, aun cuando jamás vuelva a experimentarse, para confirmar la realidad de su existencia».[13]

No es de extrañar que existan tantas semejanzas entre las experiencias de despertar y las experiencias cercanas a la muerte porque, como ya hemos visto al final del capítulo anterior, en gran medida son la misma experiencia. Para expresarlo de manera más concreta: las experiencias cercanas a la muerte suelen incluir experiencias de despertar de alta intensidad entre todas sus demás características (como las experiencias extracorporales, los encuentros con familiares difuntos, los «repasos vitales», etcétera). El bienestar profundo, la sensación de interconexión de todas las cosas y el sentimiento de unidad con el mundo que presentan las experiencias cercanas a la muerte son justo las mismas cualidades que aparecen en las experiencias de despertar. En otras palabras, cuando la conciencia continúa tras el cese de la actividad cerebral, parece experimentar la misma expansión e intensificación que se da durante las experiencias de despertar. (Lo examinaremos con más detalle en las próximas páginas, sobre todo con relación al resplandor o translucidez que a menudo se percibe tanto en las experiencias de despertar de alta intensidad como en las experiencias cercanas a la muerte.)

INTERPRETACIONES MATERIALISTAS DE LAS EXPERIENCIAS DE DESPERTAR

Si se acepta el paradigma metafísico materialista, las experiencias de despertar tienen que explicarse por medio de la actividad neurológica. Y no sólo eso, sino que además tienen que explicarse por medio de una actividad neurológica anormal. Una de las características del materialismo es la fe ingenua en la objetividad y fiabilidad de la conciencia ordinaria. Se da por supuesto que, en un estado de conciencia normal, vemos el mundo más o menos como es, que los estados de conciencia no ordinarios (o alterados) no pueden ser más que falsos y que la visión del mundo que estos últimos nos ofrecen únicamente puede ser ilusoria. Podríamos denominar esta idea «la hegemonía de la conciencia ordinaria»: la presuposición de que la conciencia ordinaria es superior a cualquier otra forma de conciencia. Desde este punto de vista, las experiencias de despertar no se interpretan como estados de conciencia más expansivos, sino como alucinaciones.

Lo que está claro es que ha habido muchos intentos de explicar algunos aspectos de las experiencias de despertar en estos términos. Algunos neurocientíficos, como Michael Persinger y V.S. Ramachandran, han sugerido que las experiencias místicas son resultado de la estimulación de los lóbulos temporales del cerebro.[14] Persinger incluso ha asegurado que es capaz de inducir experiencias místicas con un «casco», ahora conocido como «casco Shakti» o «casco de Dios», y a la venta para el público general, que estimula los lóbulos frontales de una persona mediante campos magnéticos. Otra teoría, propuesta por el físico Andrew Newberg, es que las experiencias místicas de unidad se dan cuando la zona de nuestro cerebro responsable de crear nuestra sensación de ser un yo individual y limitado (la parte superior del córtex parietal posterior) está menos activa de lo habitual.[15] (Para ser justo con Newberg, no defiende exactamente que las experiencias espirituales sean causadas por este cambio neurológico, sólo que existe una correlación. Sin embargo, otros han interpretado su teoría en términos causales.)

En cualquier caso, estas teorías presentan problemas parecidos a los de los intentos por explicar las ECM de acuerdo con los preceptos del materialismo. De hecho, el vínculo entre las zonas del cerebro antes descritas y las experiencias de despertar es aún más tenue que en el caso de las explicaciones neurológicas de las ECM. Una de las supuestas pruebas de la teoría del lóbulo temporal es que resulta frecuente que los pacientes que sufren problemas en el lóbulo temporal tengan experiencias místicas, pero esto es muy dudoso. Como hemos visto en el capítulo anterior, es mucho más probable que los ataques de epilepsia del lóbulo temporal provoquen sentimientos de ansiedad y desorientación que experiencias espirituales. Y vivir con epilepsia del lóbulo temporal como enfermedad a largo plazo conlleva por lo general una existencia tensa y dolorosa; la típica «personalidad de paciente de lóbulo temporal» experimenta tendencias maníacas, depresión, sexualidad alterada, rabia, hostilidad y otros muchos rasgos negativos.[16] Esto está tan alejado de las características positivas de las experiencias de despertar que cuesta entender cómo podría haber algún tipo de relación entre ellas. Es más, los estudios con pacientes del lóbulo temporal han proyectado dudas sobre la idea de que son personas muy religiosas o inclinadas a lo espiritual. De hecho, esos estudios sugieren que su frecuencia de experiencias religiosas varía entre el uno y el cuatro por ciento, que es un porcentaje tan bajo en comparación con la población general que resulta llamativo.[17]

Aparte de todo esto, no hay ni la más mínima prueba de que, en efecto, los lóbulos temporales se estimulen durante las experiencias místicas o espirituales. Parece que la proporción de experiencias de despertar que se asocian a cambios fisiológicos es muy pequeña (en uno de mis primeros libros, *Waking From Sleep*, me refiero a estos ejemplos como casos de «alteración de la homeostasis»), pero lo más frecuente es que se deba al ayuno, la falta de sueño, el dolor autoinfligido o el consumo de drogas psicodélicas.

Otro problema es que, si examinamos con detenimiento el tipo de experiencias que describen Persinger y Ramachandran, vemos que tienen muy poco en común con las experiencias de despertar o con las experiencias espirituales o místicas. En realidad, Ramachandran está describiendo experiencias «sobrenaturales», como viajes de tipo chamánico a otros mundos o supuestas regresiones a vidas anteriores. Persinger asegura que su casco produce la sensación de que hay otra persona o ser presente o que induce visiones de brillantes patrones geométricos. Pero, dejando a un lado el intenso sentimiento de bienestar y la sensación de estar alerta, estos relatos no cumplen con ninguna de las características de las experiencias de despertar que hemos comentado.

Por si estos problemas no fueran suficiente, las teorías materialistas son también muy dudosas desde el punto de vista de la investigación científica. En un repaso de las investigaciones que relacionan las experiencias espirituales o religiosas con la actividad cerebral, el psicólogo experimental Craig Aaen-Stockdale encontró numerosos defectos en ellas, en especial la ausencia de grupos de control y de estudios de replicación que tuvieran éxito. Concluyó: «Los escépticos son, en mi opinión, demasiado rápidos a la hora de asegurar que Dios está "en el cerebro" (por lo general en el lóbulo temporal) cuando en realidad las pruebas en las que se basan son inquietantemente débiles».[18] Otro problema relacionado en concreto con la investigación de Andrew Newberg es que su afirmación de que nuestra sensación de identidad y nuestra conciencia de los límites surge del lóbulo parietal posterior. Otros neurocientíficos se han mostrado muy críticos con esta idea, y el consenso es que en realidad nuestra conciencia de los límites está asociada al lóbulo temporal y que nuestra sensación de identidad está sobre todo vinculada al lóbulo frontal.[19]

Así pues, tenemos que concluir que los intentos de explicar las experiencias de despertar (o espirituales/místicas) por medio de procesos neurocientíficos son aún más problemáticos que los de explicar las ECM de forma similar; tanto es así que, según se presentan en la actualidad, pueden descartarse por completo.

INTERPRETACIONES PANESPIRITISTAS

Tal vez en el futuro aparezcan explicaciones neurológicas de las experiencias de despertar que resulten más convincentes. Sin embargo, no hay motivo para que las esperemos, puesto que las experiencias de despertar pueden justificarse con facilidad mediante conceptos panespiritistas.

Durante las experiencias de despertar, muchas personas tienen la sensación de que los filtros o las restricciones desaparecen, y ésa es, desde mi punto de vista, la clave para entender dichas experiencias. Desde un punto de vista psicológico, eso es justo lo que ocurre en esos momentos. En el capítulo 1 he postulado que dos de los rasgos psicológicos más importantes de nuestro habitual estado de «sueño» son nuestra fuerte sensación de individualidad y separación y nuestra percepción automática y trillada del mundo fenomenológico. No obstante, en las experiencias de despertar todo esto cambia. Perdemos nuestra sensación de separación y nos conectamos con otros seres humanos, con la naturaleza y con el mundo entero. Además, nuestra percepción cobra energía y se «desautomatiza», así que el mundo que nos rodea se torna más vívido, hermoso e intrincado.

Este cambio se debe a cambios psicológicos, no neurológicos. Muchas experiencias de despertar están relacionadas con estados de relajación y tranquilidad mental, como por ejemplo cuando vienen inducidas por el contacto con la naturaleza, las prácticas espirituales, los actos creativos o la contemplación de interpretaciones artísticas. Estas actividades fomentan lo que he denominado un estado de «energía vital intensificada y acallada». Reducimos la cantidad de energía que gastamos en funciones mentales tales como la cognición, la concentración y la percepción.

A modo de ejemplo, imagina lo que ocurre cuando te sientas a meditar. Te apartas de las actividades y los estímulos externos, y luego intentas acallar tu ruido mental concentrando la atención en un mantra o en tu respiración, por citar un par de opciones. En consecuencia, no gastas tanta energía mental como de costumbre, y ésta comienza a intensificarse en tu interior. El aspecto más importante es acallar el parloteo del pensamiento, que por lo general es tan incesante y turbulento que consume una enorme cantidad de energía. El contacto con la naturaleza también puede parecerse un poco a la meditación, en el sentido de que el paisaje natural te ofrece un foco en el que concentrar la atención y un lugar donde refugiarte del exceso de actividad, un lugar que acalla nuestra mente e intensifica nuestra energía interior.

La intensificación de la energía interior es muy relevante porque significa que ya no tenemos que percibir nuestro entorno de manera automática. Nuestra percepción automática habitual es, en esencia, una medida de ahorro de energía. Es como si tuviéramos un mecanismo psicológico que «apaga el interruptor» de nuestra atención hacia la «ser-idad» de nuestro entorno para que no gastemos energía percibiéndola y podamos ahorrar esa energía para otras funciones. Sin embargo, cuando nuestra energía interior se intensifica no hay necesidad de que ese mecanismo se active. Nuestra percepción se «desautomatiza» y nuestro entorno se vuelve vívido y hermoso. No «despertamos» de nuestro habitual sueño perpetuo. Al mismo tiempo, una vez que nuestra mente está tranquila y en silencio, nuestra acostumbrada sensación de separación del mundo se desvanece. Es nuestra incesante cháchara del pensamiento la que sostiene en gran medida esa sensación de separación, así que, cuando el ruido desaparece, la separación hace lo propio. (Véase mi libro *Waking From Sleep* para una explicación más detallada de estos procesos.)

Sin embargo, ¿cómo se explican las experiencias de despertar vinculadas a la agitación psicológica? Resulta muy complicado interpretarlas tomando como ejes la relajación y el silencio mental, ya que suelen producirse en estados de conmoción mental. Se trata de un problema sumamente complejo que no puedo explicar en detalle por falta de espacio, pero el argumento principal es que, cuando una persona está alterada desde el punto de vista psicológico, suele estarlo debido a que sus vínculos psicológicos se han roto. En otras palabras, le han arrebatado los elementos externos de los que depende para experimentar su sensación tanto de bienestar como de identidad (por ejemplo: esperanzas, ambiciones, creencias, posesiones, estatus y relaciones). Puesto que esos vínculos refuerzan nuestra sensación de identidad cotidiana, experimentamos una pérdida temporal del yo, o lo que yo denomino «disolución del ego». Esto provoca angustia, pero también resulta potencialmente liberador y genera una nueva amplitud y plenitud interiores. Nuestras habituales fronteras del ego se disipan, de modo que transcendemos la separación. Y teniendo en cuenta que por lo general los vínculos psicológicos consumen mucha de nuestra energía interior, también experimentamos una intensificación de la energía vital y una desautomatización de la percepción. (Véase mi libro *Salir de la oscuridad* para una argumentación más detallada.)

Una forma de interpretar nuestro habitual estado de «sueño» es verlo como un estado de alienación de la fuerza espiritual. Al contrario que los pueblos que nos han precedido en la historia y que los pueblos indígenas, no somos capaces de sentir la fuerza espiritual que impregna el mundo, que hace que todas las cosas naturales (y artificiales) estén vivas y sean sagradas. Y tampoco somos capaces de sentir nuestra propia conexión con la fuerza espiritual; más bien nos experimentamos como individuos separados y autónomos, diferenciados del mundo natural. (Como hemos visto en el capítulo 1, estos dos factores provocan nuestro trato temerario y abusivo del mundo natural: es decir, no captamos su sacralidad y no nos sentimos conectados con él.) Sin embargo, cuando sufrimos el cambio psicológico que ya he descrito, no estamos alienados de la fuerza espiritual. Las estructuras psicológicas que nos alienan de ella se deshacen... y por lo tanto encontramos la fuerza espiritual y advertimos sus efectos.

Cuanto más intensa es la experiencia —es decir, cuanto más se disuelven nuestras restricciones habituales—, más total y directo es nuestro encuentro con la fuerza espiritual. En las experiencias de despertar de menor intensidad, puede que no sintamos directamente la fuerza espiritual, pero sí somos capaces de percibir que sus cualidades de felicidad, armonía y resplandor invaden nuestro ser y el mundo en general. Tal vez no notemos de forma directa la unidad de todas las cosas, pero es posible que sintamos una fuerte sensación de conexión con otras personas y con la naturaleza, y que cobremos conciencia de la interconexión de diferentes fenómenos. Se podría hacer una comparación con el sol durante un día nuboso. No lo ves de forma directa, pero aun así percibes su luz y sientes su calor.

En las experiencias de despertar de intensidad más alta, experimentamos la fuerza espiritual de manera muy plena y directa, o, siguiendo con la metáfora que acabo de emplear, nos encontramos con el mismísimo sol. Experimentamos de forma directa la unidad fundamental del universo, que subyace en todo y lo permea todo (incluido nuestro propio ser), que hace resplandecer el mundo al completo. Experimentamos de forma directa la conciencia como una cualidad fundamental del universo. Esto ocurre de manera especial en las experiencias de conciencia pura introvertidas. Descubrimos que, en el nivel esencial de nuestro ser, somos fuerza espiritual, y por lo tanto nos unimos con la esencia del universo. Nos volvemos ilimitados y experimentamos una sensación de felicidad indescriptible. (A este respecto, es importante recordar que, en sentido estricto, la fuerza espiritual no tiene nada de transcendente. Aunque he hablado de un «encuentro» con ella, eso no significa que sea algo ajeno a nosotros. En cierto sentido, es un encuentro con nuestro propio ser, que en última instancia es indistinguible del ser de todo lo demás y del universo entero.)

LA NATURALEZA DE LA FUERZA ESPIRITUAL

Uno de los aspectos más significativos de las experiencias de despertar es que, dado que son un encuentro (en mayor o menor grado) con la fuerza espiritual, nos revelan ciertas cualidades o características esenciales de ésta. Por ejemplo, las experiencias de despertar sugieren que la fuerza espiritual tiene cualidades naturales de felicidad, armonía y amor, y que podemos sentirlas tanto en nuestro interior como impregnando el mundo. Esto también se hace evidente a partir de relatos de experiencias cercanas a la muerte; tal como hemos visto, la sensación de intenso bienestar y la conciencia de una cualidad universal de amor son rasgos comunes de las ECM.

En los Upanishad indios se nos dice que la naturaleza de *brahman*, y por lo tanto de la realidad en sí, es *satchitananda*: «ser-conciencia-felicidad». Las experiencias de despertar y las experiencias cercanas a la muerte lo confirman. La felicidad es la naturaleza de la fuerza espiritual del mismo modo en que la humedad es la cualidad del agua.

Tanto las experiencias de despertar como las experiencias cercanas a la muerte insinúan con claridad que la fuerza espiritual tiene una cualidad natural de resplandor. En las experiencias de despertar de intensidad más baja este resplandor se hace evidente en la viveza y frescura de todas las cosas, como si alguien las hubiera iluminado. Las personas que han tenido experiencias de mayor intensidad en ocasiones refieren que toman conciencia de la presencia de una luz traslúcida que es una cualidad en sí misma, y que sienten que permea su propio ser y todo lo que las rodea. (¡La analogía del sol, su calor y su luz es aún más válida en este caso!) Esto puede suceder tanto en las experiencias introvertidas como en las extravertidas, es decir: la luz puede aparecer como una cualidad de nuestro propio ser interior o del mundo en sí. (Una vez más, esto es justo lo que cabría esperar, puesto que la fuerza espiritual es la esencia tanto de nuestro ser como del mundo, así que en última instancia no existe distinción alguna entre ellos.)

En un ejemplo (inédito) de mi propia recopilación de experiencias de despertar, una persona me contó que había experimentado una luz interior después de haber pasado la tarde leyendo un libro espiritual. Según sus propias palabras, «de pronto me sentí abrumado por una luz espiritual que envolvía todo mi ser interior, y eso me provocó un sentimiento de profunda felicidad». Una mujer me explicó que se sentía deprimida cuando, de pronto, «se abrió una grieta en la oscuridad de mi interior y una brillantísima luz blanca fulguró. Fue como saludar a un viejo amigo del que me había olvidado, pero al que sabía que conocía [...] entonces me di cuenta de que no era un amigo, sino yo misma». En cuanto a las experiencias extravertidas, una persona me refirió una experiencia que había tenido mientras estaba sentada en el parque de su barrio: «De pronto, las hojas, los árboles, todo lo que me rodeaba se convirtió en luz [...]. La luz lo tocaba todo, todo estaba entrelazado/relacionado. Fue asombroso, indescriptible».

Estas descripciones son muy similares a las que se hacen de la luz en las experiencias cercanas a la muerte. También resulta muy destacable que, en las diferentes tradiciones espirituales, la realidad básica del universo (la conciencia pura, *brahman*, la Divinidad de la mística cristiana o el *dharmakaya*) se describa como poseedora de un brillante resplandor. En la filosofía vedanta, suele compararse a *brahman* con el sol: el *Bhagavad Gita* afirma: «Si de pronto surgiera en el firmamento la luz de mil soles, tal esplendor pudiera compararse con el fulgor del Espíritu Supremo».[20] De forma no muy distinta, el texto místico judío del *Zohar* describe el universo como impregnado de una luz traslúcida (de hecho, *zohar* puede traducirse como «esplendor» o «brillo»). Las tradiciones espirituales también describen nuestro ser interior con estos mismos términos. En la tradición hindú, la luz de *brahman* se manifiesta dentro de nosotros como la luz interna de *atman*. Tal como afirma el *Katha Upanishad*: «La luz del Atman, el Espíritu, es invisible, oculta en todos los seres. Es vista por los que ven lo sutil, cuando su visión es aguda y clara».[21] Así que parece probable que esta luz traslúcida sea una cualidad innata de la fuerza espiritual que experimentamos de manera más potente y directa cuanto más aumenta la intensidad de la experiencia de despertar.

También hemos visto que las experiencias de despertar de alta intensidad, y también las experiencias cercanas a la muerte, poseen una cualidad de atemporalidad. De alguna manera, el tiempo en su totalidad parece recaer en el momento presente; el futuro y el pasado dan la impresión de convertirse en parte del ahora. Según lo expresó el Maestro Eckhart, en la esencia de nuestra alma no hay «ni ayer ni anteayer, ni mañana ni pasado mañana (porque en la eternidad no hay ni ayer ni mañana); sólo hay un ahora presente; los sucesos de hace mil años, de dentro de mil años, están en el presente y las antípodas son este mismo lugar».[22] Esto da a entender que la fuerza espiritual tiene una cualidad de atemporalidad y que las nociones de pasado, presente y futuro son constructos de la mente humana.

CONCLUSIÓN

Antes de terminar este capítulo, es importante mencionar que, a pesar de que hemos estado hablando de las experiencias de despertar temporales, ese estado de despertar puede convertirse en permanente, continuo. De hecho, el objetivo primordial de todas las tradiciones espirituales y místicas es «despertar» de forma indefinida. Éste es el fin de los sistemas de autocrecimiento relacionados con las tradiciones espirituales, tales como el camino óctuple del budismo, el camino las ocho ramas del yoga, los caminos del sufismo y la cábala, y los del ascetismo cristiano. Todos estos caminos contienen prácticas y orientaciones de estilo de vida pensadas para transformar nuestro estado de ser mediante la deconstrucción de las estructuras psicológicas que por lo común restringen nuestra conciencia; más en concreto: mediante la deconstrucción de nuestro ego y sus resistentes barreras y del mecanismo de «desensibilización» que hace que nuestra percepción sea automática. Todas las tradiciones espirituales tienen términos para este estado de despertar permanente: en el hinduismo es *sahaja samadhi*; en el sufismo es *baqa* (que traducido de forma literal quiere decir «morar en Dios»); en el taoísmo es *ming*; en la cábala judía es *devekut*; y en el misticismo cristiano a veces se denomina deificación o theosis, etcétera. Sin duda, existen algunas diferencias entre estos conceptos, puesto que las diversas tradiciones sulen enfatizar aspectos distintos del despertar y a interpretarlos de forma ligeramente diferente según sus constructos metafísicos y culturales, pero el principio esencial es el mismo. Todos se refieren a un estado continuado de conciencia más intensa y expansiva, en el que las características de las experiencias de despertar temporales se establecen de forma constante.

Sin embargo, como en el caso de las experiencias de despertar, este estado no se limita de ningún modo a las tradiciones espirituales o místicas. En mis investigaciones, he descubierto que no es extraño que se dé un cambio permanente hacia una conciencia más expansiva en personas que no saben nada de espiritualidad. Esto ocurre con mayor frecuencia en situaciones de intensa agitación psicológica. En mi libro *Salir de la oscuridad* recojo muchos ejemplos de casos de personas que habían sufrido estrés y depresión intensos, a quienes les habían diagnosticado cáncer, habían pasado por pérdidas o adicciones, etcétera. Muchos maestros espirituales, como Jiddu Krishnamurti, Eckhart Tolle y Byron Katie, también padecieron períodos de conmoción intensa antes de experimentar un repentino momento de despertar. En otras palabras, además de ser el desencadenante más habitual de las experiencias de despertar temporales, la agitación psicológica intensa también puede desencadenar el despertar permanente.

Podría decirse que todo el que ha experimentado este cambio ha transcendido el acostumbrado estado de alienación de la fuerza espiritual de los seres humanos actuales y ahora vive en conexión constante con ella, consciente de ella.

8

NO AJUSTAR LAS CUENTAS: EL ENIGMA DE LOS FENÓMENOS PSÍQUICOS

Para muchos académicos e intelectuales modernos, creer en fenómenos psíquicos como la telepatía, la precognición y la clarividencia tiene el mismo estatus que creer en la vida después de la muerte... o en las hadas y las abducciones extraterrestres. Muchos de mis colegas parecen creer que ya deberíamos haber superado esa tontería tan irracional. ¿Acaso no fue ésta otra de las victorias ganadas a pulso por la Ilustración, la de una comprensión racional del mundo que significa que ya no debemos recurrir a las explicaciones sobrenaturales? Esas explicaciones nacían de la ignorancia, y ahora ya no tenemos que ser ignorantes. Si aceptáramos la realidad de los fenómenos psíquicos, significaría regresar a un mundo de superstición y brujería, donde nada es aleatorio y los espíritus malignos causan las enfermedades y las desgracias. Incluso el *Manual diagnóstico y estadístico de los trastornos mentales*, la guía que los psiquiatras estadounidenses utilizan para diagnosticar las dolencias de sus pacientes, incluye la creencia en fenómenos psíquicos como la clarividencia y la telepatía como síntoma de un trastorno esquizotípico de la personalidad.[1]

En este capítulo espero convencerte de que esta visión de los fenómenos psíquicos es equivocada. No es en absoluto irracional aceptar la existencia de los fenómenos psíquicos; de hecho, argumentaré que hay numerosas pruebas de su existencia y que se sustentan sobre una base teórica tan sólida que, de hecho, lo irracional es no aceptar que son reales. Los fenómenos psíquicos aparentan ser imposibles sólo desde la perspectiva del materialismo. Desde la panespiritista, no tienen nada de anómalos.

Comenzaré aclarando a qué me refiero con «fenómenos psíquicos» (o paranormales, como también es habitual denominarlos), y lo haré estableciendo una distinción. Resulta útil pensar en fenómenos paranormales blandos y duros. Hay algunos tipos de fenómenos paranormales cuya existencia es más cuestionable que la de otros, porque no hay muchas pruebas sobre ellos; por ejemplo, los ovnis, las abducciones extraterrestres, las hadas, las casas encantadas, las posesiones demoníacas o la brujería. A éstos podríamos llamarlos fenómenos paranormales «blandos». Por otro lado, hay tipos de fenómenos paranormales que se han puesto a prueba de manera rigurosa a lo largo de muchas décadas y sobre los que se han acumulado demostraciones Su existencia también tiene sentido desde un punto de vista teórico, sobre todo si se tienen en cuenta algunos de los descubrimientos de la física cuántica. Éstos son los que yo denomino fenómenos paranormales «duros». Esta categoría comprende principalmente fenómenos que en ocasiones se engloban bajo el término conjunto de *percepción extrasensorial* (o ESP, por sus siglas en inglés), como es el caso de la telepatía, la precognición y la clarividencia (o visión remota). Yo también clasificaría la psicoquinesis, la capacidad de influir en los sistemas físicos con la intención mental (a veces también llamada *influencia remota*), como un fenómeno paranormal duro.

Los fenómenos paranormales duros y blandos suelen meterse en el mismo saco, lo cual facilita que puedan desestimarse *in toto*; podríamos decir que es como no molestarse en separar el trigo de la paja. Sin embargo, si examinamos por separado los fenómenos duros de la ESP, entonces es mucho más complicado desestimarlos.

Y éstos son los fenómenos que voy a analizar en este capítulo. En realidad, voy a concentrarme de forma especial en dos tipos de fenómenos paranormales duros: la telepatía y la precognición. El principal motivo para ello es la falta de espacio. Los fenómenos psíquicos son un campo tan vasto que sería imposible cubrir todos y cada uno de sus aspectos, y he elegido estos dos campos en particular porque ambos han sido investigados con rigurosidad durante décadas.

A partir del capítulo 3, las secciones de este libro han seguido la misma estructura básica. Se ha presentado un «enigma» distinto (por ejemplo, la conciencia, las ECM o las experiencias espirituales) y luego se han examinado los diversos intentos de explicar el fenómeno desde una perspectiva materialista. Se han puesto de relieve las debilidades de estas explicaciones y a continuación se ha sugerido una explicación panespiritista alternativa. En todas estas ocasiones he intentado mostrar que la explicación panespiritista es menos problemática y más elegante y lógica que la materialista.

Sin embargo, dado que los fenómenos psíquicos son un tema tan controvertido, este capítulo sigue una estructura distinta. El materialismo no duda de la existencia de los fenómenos que hemos estudiado a lo largo de los últimos capítulos, como son la conciencia, el efecto placebo, la hipnosis y las experiencias cercanas a la muerte. Tan sólo considera que todos ellos pueden explicarse mediante simples procesos neurológicos o fisiológicos. Pero en el caso de los fenómenos psíquicos, el materialismo no sólo duda de su existencia, sino que la niega con vehemencia.

El principal problema es que, al contrario que en los demás fenómenos que hemos examinado, los psíquicos no pueden explicarse en términos materialistas. Como hemos visto, es fácil dar con posibles explicaciones materialistas para la conciencia, las experiencias cercanas a la muerte y las experiencias de despertar (por muy erróneas que puedan ser esas explicaciones). Pero éste no es el caso de la telepatía o la precognición. La única opción del materialismo es negar su existencia, lo cual, por lo general, significa rechazar los hallazgos positivos considerándolos el resultado de engaños, coincidencias o prácticas de investigación deficientes.

Es probable que ésta sea la razón por la que los fenómenos psíquicos son tan controvertidos... y por la que consiguen exasperar a los materialistas más que cualquier otro fenómeno. Los demás fenómenos no tienen por qué amenazar la cosmovisión materialista, ya que pueden explicarse. Pero los paranormales sí suponen una amenaza para la forma en que los materialistas ven el mundo. Uno de los argumentos más comunes empleados por los escépticos es que los fenómenos psíquicos contravienen las leyes de la física. Como veremos enseguida, este argumento es falso. Lo que sí está claro que los fenómenos psíquicos contravienen —y, por lo tanto, socavan— son los principios básicos del materialismo.

Por lo tanto, mi principal empeño en este capítulo no será ofrecer una explicación alternativa, sino defender la existencia de la ESP, y en concreto de la telepatía y la precognición. Después explicaré por qué la existencia de estos fenómenos tiene sentido desde una perspectiva espiritual (o panespiritista).

ALGUNOS EJEMPLOS DE PRECOGNICIÓN

Las encuestas indican que entre un cuarto y un tercio de la población afirma haber tenido al menos una experiencia precognitiva, la mayoría de las cuales (en torno al setenta y cinco por ciento, según el difunto J.B. Rhine, pionero de la investigación de fenómenos psíquicos) ocurren en sueños.[2] Un ejemplo bien conocido es el de un hombre llamado John Godley, que soñó los nombres de los caballos ganadores de una carrera. Una noche de 1946, en su etapa de estudiante en la Universidad de Oxford, Godley soñó que estaba leyendo una lista de caballos de carreras ganadores en un periódico y vio los nombres *Bindal* y *Juladdin*. A la mañana siguiente echó un vistazo a los periódicos y descubrió que ese día corrían dos caballos que se llamaban así. Un grupo de amigos y él decidieron hacer una apuesta; ambos caballos ganaron y el grupo ganó enormes cantidades de dinero. Esto le sucedió en varias ocasiones a lo largo de los siguientes años. La cuarta vez que tuvo el sueño, redactó una declaración de sus predicciones (que de nuevo implicaban a dos caballos) ante varios testigos, la metió en un sobre que luego recibió el sello de un funcionario de correos y por último la guardó bajo llave hasta el día de la carrera. Cuando se cumplió la predicción, Godley se hizo famoso en todo el mundo.

Es frecuente que en los sueños precognitivos aparezcan premoniciones de desastres futuros. Una de las catástrofes más importantes de la historia moderna de Gran Bretaña tuvo lugar en 1966 en el pueblo minero de Aberfan, en Gales, donde un inmenso desprendimiento de carbón bajó por la ladera de una montaña y engulló varias casas y un colegio. Como resultado murieron 144 personas, entre ellas, 128 niños. Un psiquiatra que trabajó con los habitantes del pueblo tras el desastre, J. C. Barker, refirió que setenta y seis de ellos aseguraron haber tenido premoniciones del accidente. En algunos casos se trataba sólo de intensos sentimientos de ansiedad, de una sensación de que iba a suceder algo terrible, pero otras personas habían tenido visiones reales de lo ocurrido mientras dormían. En total, treinta y seis sujetos «habían visto» el accidente en sueños, y las visiones de algunos de ellos habían sido tan vívidas que se despertaron sobresaltados.

Es bien sabido que las premoniciones hicieron que algunas personas cancelaran su reserva en el *Titanic*; más recientemente, el científico e investigador de fenómenos psíquicos Rupert Sheldrake ha descubierto que mucha gente tuvo premoniciones sobre el atentado terrorista del 11-S en Nueva York.[3] Uno de los ejemplos más asombrosos de estas «premoniciones de desastres» es el de un hombre llamado David Mandell, un profesor universitario jubilado que, en la década de 1990, empezó a tener sueños vívidos que creía que contenían visiones del futuro. Como era artista, empezó a pintar escenas de sus sueños. Luego iba a su oficina bancaria a fotografiarlos debajo de un reloj digital que mostraba la fecha y el año. Al final se dio cuenta de que estaba teniendo visiones de futuros desastres mundiales. Por ejemplo, un cuadro representaba un ataque con gas en una estación de metro; en las notas que acompañaban al cuadro, Mandell comentaba que ocurriría en Tokio y hacía referencia a un «grupo secreto» que procedía de la «montañas». Esto parece estar relacionado con el atentado que los miembros de la secta religiosa Aum Shinrikyo llevaron a cabo en 1995, cuando liberaron gas sarín en los túneles del metro de Tokio y asesinaron a doce personas. El grupo vivía en las montañas de los alrededores de Tokio. También pintó un cuadro de un avión Concorde estrellándose en un aeropuerto, que anticipaba el accidente de París en el año 2000. Mandell había incluido una bandera francesa en la obra, lo cual indica que estaba al tanto de la localización. Pero lo que es aún más llamativo es que, el 11 de septiembre de 1996, el artista fotografió un cuadro que mostraba dos torres en llamas que se derrumbaban la una sobre la otra y que también incluía el contorno de la cabeza de la Estatua de la Libertad y la silueta de un avión volando hacia abajo.

Mendell se prestó de buen grado a que los científicos lo investigaran: se sometió a la prueba del polígrafo y los exámenes forenses de los negativos de sus fotografías no mostraron ningún indicio de manipulación. Chris French, un investigador célebre por su escepticismo respecto a los fenómenos psíquicos, diseñó una prueba para verificar la exactitud de las pinturas: enseñaron los cuadros de Mendell a veinte personas a las que también les ofrecieron tanto la interpretación que su propio autor hacía de ellos como interpretaciones alternativas. A continuación se les pidió que escogieran qué interpretación encajaba mejor con cada una de las obras. En treinta y uno de los cuarenta cuadros que se les mostraron, las veinte personas eligieron la interpretación de Mandell, un resultado que el propio French reconoció como estadísticamente muy significativo.[4]

Exceptuando el caso de David Mandell, los ejemplos anteriores son anecdóticos y, por consiguiente, resulta poco probable que convenzan a nadie que se muestre escéptico respecto a los fenómenos psíquicos. Los científicos, con toda razón, exigen pruebas sólidas obtenidas mediante la realización de experimentos muy controlados que satisfagan los más altos estándares de la investigación científica. Afortunadamente, también disponemos de ese tipo de pruebas.

PRUEBAS EMPÍRICAS DE LOS FENÓMENOS PSÍQUICOS

En 2011, el eminente psicólogo Daryl Bem, que en la actualidad es profesor emérito de la Universidad de Cornell, publicó un artículo titulado «Feeling the Future» («Sentir el futuro») en una prestigiosa revista científica, el *Journal of Personality and Social Psychology* («Revista de psicología de la personalidad y social»). El artículo daba razón de los resultados de nueve experimentos, que involucraban a más de mil participantes, ocho de los cuales aportaban pruebas significativas para el caso de la precognición. Mediante un abanico de procedimientos, Bem descubrió que sus participantes eran capaces de «intuir» información antes de que ésta apareciera. En un ejemplo simple, se les enseñaron un par de cortinas en una pantalla de ordenador y se les pidió que clicaran en la cortina tras la que creyeran que había una imagen. En ese momento, se generaba una imagen de manera aleatoria y con las mismas probabilidades de aparecer detrás de cualquiera de las dos cortinas. Se constató que un número importante de participantes elegía la cortina correcta. Y dado que en el momento en que los participantes llevaban a cabo esa elección todavía no había ninguna imagen bajo las cortinas, esto se interpretó como prueba de un presentimiento. Los editores de la revista señalaron, sin equivocarse, que los hallazgos de Bem «le dan la vuelta a nuestra comprensión tradicional de la causalidad».[5]

Sin embargo, algunos destacados escépticos de los fenómenos psíquicos se indignaron y desestimaron de inmediato los descubrimientos de Bem. El psicólogo Ray Hyman describió los resultados como «pura locura [...], una vergüenza para nuestra disciplina».[6] En físico Robert Park tildó el artículo de «pérdida de tiempo [...], guía al público en direcciones extrañas que resultarán improductivas».[7] El periodista científico Jim Schnabel calificó estas reacciones de un intento de «acallar los descubrimientos de un colega científico porque esos hallazgos amenazaban su realidad».[8]

Bem animó a otros investigadores a repetir sus experimentos, y muchos lo hicieron a lo largo de los siguientes años. Puede que de manera incluso más significativa que los experimentos originales, un metaanálisis de noventa intentos de replicación de los experimentos (en los que participaron 12.406 personas en treinta y tres laboratorios diferentes) mostró un resultado positivo muy destacable. Según Bem, esto proporcionó «pruebas decisivas» para su hipótesis experimental de que los seres humanos pueden presentir acontecimientos futuros.[9]

La verdad es que estos resultados no deberían sorprender a nadie que tenga conocimiento de la historia de la investigación de los fenómenos psíquicos. Ya en la década de 1930, los investigadores J. B. y Louisa Rhine se dieron cuenta de que sus voluntarios podían adivinar, con una tasa de acierto tres millones de veces más alta que la probabilidad, qué cartas iban a extraerse al azar de una baraja.[10] Charles Honorton y Diane C. Ferrari, investigadores del campo de la parapsicología, analizaron los resultados de 309 experimentos de «respuesta forzada» sobre precognición aparecidos entre 1935 y 1977. En ellos habían estado implicados más de cincuenta mil participantes y sus conclusiones se habían publicado en ciento trece artículos científicos. En su análisis, los dos estudiosos constataron una tasa de éxito extraordinariamente elevada (contra la que las probabilidades eran de 1.024 contra uno), que sobrepasaba con creces cualquier posible sesgo de información científica.[11] Un metaanálisis de experimentos sobre el presentimiento más recientes (de entre 1978 y 2010), en los que se medía la fisiología humana antes de la presentación de imágenes alarmantes, mostró un resultado positivo aún más notable.[12]

Las investigaciones con individuos que parecen tener un «don» especial para la precognición (o la clarividencia o la telepatía, ya que a veces es difícil distinguir los fenómenos) también han ofrecido resultados positivos altamente significativos. Por ejemplo, un holandés llamado Gerard Croiset aseguraba tener capacidades psíquicas, así que los miembros de la Sociedad Holandesa para la Investigación Psíquica lo sometieron a intensas pruebas a lo largo de veinticinco años. Un investigador concibió un sencillo test que se repitió varios centenares de veces. Llevaban a Croiset a un local público, por ejemplo un teatro o un lugar de culto, y allí seleccionaban un asiento al azar. Entonces Croiset tenía que describir a la persona que ocuparía ese asiento en una fecha concreta. Las descripciones que el hombre ofrecía eran muy específicas e incluían detalles tales como el color del pelo y los ojos, la edad, la ropa, cualquier tipo de marca poco corriente y pormenores sobre su personalidad, sus intereses y su vida personal. Las descripciones se grababan y se guardaban bajo llave, y el día de la clase o representación en cuestión, se reproducían las grabaciones y la persona que ocupaba el asiento se ponía en pie y comentaba la precisión de lo que acababa de escuchar. Las descripciones de Croiset eran tan acertadas que sorprendían. Con el paso de los años, se hizo muy famoso y muchos otros investigadores quisieron ponerlo a prueba. Se incrementó la dificultad de las condiciones de los experimentos, pero Croiset siguió superándolos con éxito.

Las investigaciones acerca de la telepatía han obtenido resultados igual de extraordinarios. Uno de los experimentos estándar que se utilizan para comprobar si alguien tiene telepatía es el método conocido como «ganzfeld», que se emplea desde la década de 1970. Por lo general, hay un «receptor» al que se priva de todo estímulo externo mediante el uso de unos auriculares y de media pelota de ping-pong sobre cada ojo. Un «emisor» intenta enviarle una imagen al receptor, que describe lo que está recibiendo (si es que recibe algo). Después, al receptor se le muestran cuatro imágenes y se le pide que escoja la que se le ha «enviado» durante el experimento.

Es evidente que la tasa de éxito esperada de acuerdo con la probabilidad sería del veinticinco por ciento. Pero, tras llevarse a cabo millares de pruebas, la tasa de éxito ha sido significativamente más alta. Un metaanálisis de más de tres mil experimentos ganzfeld que se realizaron entre 1974 y 2004 obtuvo un índice de acierto del treinta y dos por ciento. Puede que una tasa un siete por ciento más alta que la probabilidad no impresione en exceso, pero tras un número tan elevado de experimentos, equivale a muchos miles de millones contra uno.[13]

Resulta interesante que los experimentos ganzfeld con gente creativa hayan mostrado un índice de éxito superior a la media. En 128 sesiones ganzfeld con alumnos con dotes artísticas de la Universidad de Edimburgo, se obtuvo un cuarenta y siete por ciento de tasa de acierto, con una probabilidad de ciento cuarenta millones contra uno.[14] De igual modo, en una sesión con veinte estudiantes de la Escuela Juilliard, el famoso centro de artes escénicas de Nueva York, los alumnos alcanzaron una tasa de éxito del cincuenta por ciento.[15] Otro estudio en el que participaron sobre todo músicos obtuvo un índice de acierto del cuarenta y uno por ciento.[16] Una teoría que podría ayudar a explicar estos hallazgos es que las capacidades psíquicas están ligadas al hecho de tener unas barreras personales «lábiles» o blandas que permiten que la persona esté abierta a influencias y energías situadas más allá de la mente consciente normal. Esto también contribuye a que la gente se abra a la inspiración artística y, potencialmente, a las experiencias espirituales.

Otros muchos experimentos sobre la telepatía han obtenido resultados reveladores. Los llevados a cabo por el científico Rupert Sheldrake han demostrado la existencia de la «telepatía telefónica» y también que al parecer los perros podrían tener una conexión telepática con sus dueños. En una larga serie de experimentos con una perra llamada *Jaytee*, Sheldrake descubrió que el animal pasaba sentado junto a la ventana un porcentaje significativo del tiempo que su dueña empleaba en el camino de vuelta a casa: el cincuenta y cinco por ciento, frente a sólo un cuatro por ciento del resto del tiempo que duraba su ausencia.[17] (Analizaremos este experimento más adelante, con relación al intento de replicación que llevó a cabo el investigador escéptico Richard Wiseman.)

Como suelen señalar los escépticos de los fenómenos psíquicos, no deberíamos aceptar estos resultados necesariamente al pie de la letra. Es posible que las conclusiones positivas de algunos experimentos, en especial de los más tempranos, se debieran en parte a factores como una metodología defectuosa, controles de mala calidad o incluso fraudes. Pero en los últimos tiempos los protocolos de los experimentos parapsicológicos se han vuelto muy rigurosos, sobre todo a causa de las críticas de los escépticos. De hecho, los experimentos parapsicológicos contemporáneos (como los de Daryl Bem) se llevan a cabo de manera más rigurosa que muchos ensayos de otros campos, ya que los investigadores son conscientes de la controvertida naturaleza de sus experimentos y del intenso escrutinio al que serán sometidos.

EL SESGO DE PUBLICACIÓN CIENTÍFICA

A menudo se comenta que el sesgo de publicación científica es una de las posibles razones por las que los metaanálisis de experimentos de ESP muestran resultados positivos impòrtantes. Lo que se quiere señalar con esto es que, si un experimento tiene resultados negativos, es menos probable que se publique. En primer lugar, quizá sea menos probable que los investigadores intenten publicar los estudios nulos, y aun en el caso de que lo hagan, resulta menos probable que las revistas académicas publiquen un estudio negativo que uno positivo. Así pues, de acuerdo con este argumento, hay muchos experimentos de ESP con resultados negativos que han quedado relegados al olvido y por lo tanto no están incluidos en los metaanálisis.

Sin embargo, hay varias razones válidas por las que el sesgo de publicación científica no puede explicar los resultados positivos de los metaanálisis de ESP. Para empezar, incluso los primeros investigadores de los fenómenos psíquicos eran conscientes del potencial problema que suponía el sesgo de publicación y tomaron medidas para incluir ese factor en los análisis. J. B. Rhine desarrolló un método estadístico para calcular el efecto del sesgo de publicación y, en 1975, la Parapsychological Association adoptó la política de publicar los resultados nulos para que éstos se incluyeran siempre en los metaanálisis. Como consecuencia de estas medidas se ha convertido en una práctica común en las investigaciones parapsicológicas medir el sesgo de selección de estudios mediante distintas técnicas.

Y es de destacar que, incluso cuando se aplican esas técnicas, los metaanálisis continúan mostrando resultados positivos reveladores. En el metaanálisis de más de tres mil experimentos de entre 1974 y 2004 que he mencionado antes, los investigadores calcularon que se habrían necesitado 2.002 estudios nulos no publicados para convertir esos resultados en insignificantes. El estudio ganzfeld medio a lo largo de ese período de treinta años consistía en treinta y seis pruebas, de modo que los otros 2.002 estudios habrían requerido 72.072 sesiones adicionales, lo cual significaría llevar a cabo sesiones ganzfeld de manera continua veinticuatro horas al día durante treinta y seis años.[18] En un análisis de veintisiete estudios ganzfeld más recientes, los investigadores calcularon que se necesitarían 384 artículos no publicados para anular los resultados. En este punto es importante tener en cuenta que, en los últimos tiempos (en parte debido a las dificultades para obtener financiación) se ha llevado a cabo un número bastante reducido de experimentos parapsicológicos. Dado que la Parapsychological Association se ha ceñido a la política de publicar los estudios nulos, resulta improbable que se haya desarrollado una cantidad tan enorme de estudios y que después se hayan archivado en secreto.[19]

REPLICACIÓN

Otra cuestión que a menudo sale a relucir con relación a los descubrimientos parapsicológicos positivos es el de lo que los científicos llaman *replicación*. Este término hace referencia a cuando los experimentos se repiten para comprobar si los resultados son fiables. Podría darse el caso de que un investigador obtuviera un resultado positivo en un experimento pero otros estudiosos alcanzaran unas conclusiones diferentes, y eso sugeriría que el experimento original tenía algún tipo de defecto.

En la práctica, los experimentos de fenómenos psíquicos han obtenido bastante éxito en la replicación. Muchos experimentos, como por ejemplo los test ganzfeld y las pruebas de Daryl Bem, se han replicado de forma repetida con resultados satisfactorios. Sin embargo, algunos científicos materialistas ponen el listón muy alto cuando se trata de parapsicología y aseguran que los fenómenos psíquicos no pueden considerarse probados porque no se han replicado sin error. Un solo fallo experimental se considera justificación suficiente para invalidar toda una serie de resultados positivos. Por ejemplo, un equipo de psicólogos escépticos encabezados por el investigador británico Stuart Ritchie repitió uno de los experimentos de Daryl Bem, pero no obtuvo resultados positivos. A pesar de las muchas otras replicaciones exitosas, este único fallo se utilizó como prueba para rechazar sin miramientos la hipótesis de «sentir el futuro» de Bem.[20]

No obstante, en otros campos científicos es muy extraño que se aplique esa política de «una falta y a la calle». No es infrecuente que una investigación se acepte de forma tácita antes de que haya sido replicada. En algunos casos, la replicación ni siquiera llega a intentarse nunca. Y cuando se intenta, los índices de replicaciones exitosas suelen ser muy bajos. Un equipo de investigadores constató un veinticinco por ciento de tasa de replicación,[21] mientras que otros descubrieron una tasa aún menor, del once por ciento.[22] En comparación con esto, las tasas de replicación de muchos experimentos parapsicológicos son impresionantes, tal como indican los metaanálisis anteriores. No cabe duda de que los miles de experimentos ganzfeld y autoganzfeld (que es cuando el procedimiento lo controla un ordenador) repetidos desde la década de 1970 con resultados por encima de la probabilidad constituyen una replicación de éxito.

Un argumento que podría aplicarse aquí es que, como los fenómenos psíquicos son tan controvertidos, hay que poner el listón muy alto, como sugiere la frase (en general atribuida al astrónomo Carl Sagan) «las afirmaciones extraordinarias requieren pruebas extraordinarias». No obstante, esto resulta prejuicioso, como decir que ciertos tipos de delincuentes necesitan niveles más altos de pruebas para demostrar su inocencia. También es discutible si los fenómenos psíquicos son en realidad extraordinarios. Las investigaciones han mostrado que la mayor parte de la gente cree que ha experimentado al menos un tipo de fenómeno psíquico, y la mayoría de las culturas de la historia ha aceptado la parapsicología como una realidad. Sólo parece algo extraordinario en el contexto del materialismo.

También es importante recordar que la ESP, debido a su naturaleza, no es constante o fiable por completo. No se pueden comparar las pruebas de telepatía o precognición con las pruebas de procesos psicológicos «estándar» como la atención, la percepción o la memoria. Las capacidades psíquicas varían de un caso a otro. En algunas personas parecen no estar presentes en absoluto, mientras que otras (como por ejemplo las personas creativas, según hemos visto ya) las poseen en un grado más alto. Las capacidades psíquicas también pueden ser situacionales; aun cuando una persona demuestre tenerlas muy desarrolladas en circunstancias normales, pueden darse ocasiones en las que le fallen, cuando está nerviosa o estresada, por poner un ejemplo.

En este sentido, podrían compararse las capacidades de ESP con capacidades creativas como la pintura o la poesía. Algunas personas tienen muy poca destreza en estas artes, puede que ninguna. Otros individuos tal vez sean capaces de practicarlas de manera pasable, y otros, probablemente el grupo más pequeño, sean muy hábiles en ellas. Y que la gente demuestre o no sus capacidades creativas es situacional; incluso una persona creativa con mucho talento podría ser incapaz de demostrar su destreza en un ambiente hostil en el que se siente inquieta. Tanto la ESP como las habilidades creativas funcionan mejor en estados de calma y relajación. (Y, como hemos visto antes, la ESP y las capacidades creativas podrían estar conectadas en tanto en cuanto ambas cosas están ligadas a las barreras personales «lábiles».)

En consecuencia, no es de extrañar que las replicaciones de los experimentos de ESP no siempre arrojen resultados positivos. Esperar lo contrario sería como esperar que todos los seres humanos demostraran habilidades poéticas de manera infalible en experimentos de laboratorio. Y es impresionante que, a pesar de esta limitación, los experimentos de fenómenos psíquicos obtengan unas tasas de replicación relativamente altas.

MÁS ALLÁ DE NUESTRA CONCIENCIA NORMAL

Una de las razones por las que siempre he estado abierto a la posibilidad de la parapsicología es que no creo que podamos, como reza la frase de William James, ajustar las «cuentas entre nosotros y la realidad». Como ya he señalado, algunos científicos materialistas aceptan de forma tácita que nuestra visión actual de la realidad es considerablemente fiable y completa. Aunque dejan cierto espacio para que se efectúen añadidos o enmiendas a nuestra comprensión presente, creen que los elementos principales de nuestra cosmovisión están establecidos con solidez. Dan por hecho que ya hemos descubierto las principales fuerzas y leyes naturales por las que se rige el mundo.

Sin embargo, yo considero que esto es estúpido y arrogante. Todo animal tiene un conocimiento de la realidad limitado. Por ejemplo, pensemos en nuestro conocimiento de la realidad comparado con el de una oveja. Nosotros conocemos muchos fenómenos y conceptos que lo más seguro es que una oveja desconozca; por ejemplo, los conceptos de «muerte», «futuro» y «pasado». Pero pese a que es posible que nuestra conciencia de la realidad sea más intensa que la de la mayoría de los demás animales, es muy poco probable que sea completa. Creer lo contrario es una forma de antropocentrismo equivalente a ver a los seres humanos como el punto final del proceso evolutivo. Cabe la posibilidad de que en el futuro existan otros seres vivos que tengan una conciencia más aguzada que la nuestra, del mismo modo que nosotros tenemos una conciencia mayor que la de la oveja. Estos seres hipotéticos podrían tener un conocimiento más amplio que el nuestro del mundo fenomenológico que los rodee, y también ser más conscientes de los fenómenos (por ejemplo, fuerzas, energías o leyes) que están «excluidos» de nuestra conciencia o que quedan fuera de su alcance.

Así que es probable que haya, en palabras de Shakespeare, «más cosas en el cielo y la tierra [...] de las que se sueñan en [nuestra] filosofía». Casi sin duda, en el universo hay fuerzas, energías y otros fenómenos que van más allá de los que nosotros podemos percibir y comprender, o incluso detectar, en estos momentos. Tal vez seamos conscientes de los efectos de algunos de estos fenómenos sin ser conscientes de los propios fenómenos, de la misma forma que, por ejemplo, un insecto puede ser capaz de sentir el calor del sol sin tener conocimiento del sol como una entidad en sí mismo. Esto lo indica claramente la física cuántica. Hay muchísimos aspectos de la física cuántica sólidamente establecidos (como por ejemplo el entrelazamiento, el «efecto túnel» y la dualidad onda/partícula, todos ellos conceptos que analizaremos en breve) que parecen carecer de sentido si nos basamos en nuestra comprensión normal del mundo. Sabemos que suceden, pero no entendemos cómo; es decir, no comprendemos las fuerzas o principios subyacentes que permiten que ocurran. Y esto también es válido para las fuerzas o principios que generan, o que explicarían, la telepatía y la precognición. Quizá algún día entendamos estas fuerzas; o tal vez permanezcan para siempre fuera de nuestro conocimiento y comprensión. En cualquier caso, la afirmación dogmática de que la parapsicología no existe y no puede existir es un buen ejemplo de lo que el filósofo Alfred North Whitehead describió como «el dogmatismo autocomplaciente con el que la humanidad acaricia en todo período de su historia el engaño del carácter definitivo de sus modos de conocimiento existentes».[23]

¿ROMPE LA PARAPSICOLOGÍA LAS LEYES DE LA CIENCIA?

La discusión anterior está relacionada con otro par de argumentos que con frecuencia se esgrimen en contra de la parapsicología. El primero de ellos es que no es válida porque no existe una teoría que explique cómo podría funcionar. Sin embargo, hay muchas cosas que los científicos aceptan como reales a pesar de que no comprenden cómo funcionan. El ejemplo más obvio es la conciencia. Tal vez Daniel Dennett y otros cuantos teóricos arguyan que la conciencia es una ilusión, pero la mayoría de los que la estudian están de acuerdo en que están investigando un fenómeno real, al mismo tiempo que reconocen que todavía carecen de una teoría adecuada para explicarlo. Esto también es cierto en el caso de algunos de los fenómenos cuánticos que acabo de mencionar. Por lo tanto, es ilógico «proscribir» un fenómeno sólo porque no podemos explicarlo.

El segundo argumento consiste en que los fenómenos psíquicos no pueden existir porque contravienen los principios fundamentales de la ciencia. Si existieran de verdad, según este razonamiento, tendríamos que revisar de arriba abajo nuestra forma de entender la física. El escéptico Douglas Hofstadter arguyó algo parecido como respuesta al trabajo de Deryl Bem y escribió que, si los resultados eran válidos, esa investigación «daría necesariamente al traste con toda la ciencia tal como la conocemos».[24]

No obstante, aunque puede que la parapsicología contravenga algunas de las leyes de la física newtoniana tradicional, es del todo compatible con muchos de los descubrimientos de la física moderna.

Tomemos por caso la precognición. La idea de que el futuro podría existir ya de algún modo no tiene ningún sentido en términos newtonianos, pero es del todo compatible con conceptos más recientes de la física. Muchos físicos modernos no piensan en el tiempo de forma lineal, sino que hablan de la espacialización del tiempo o de un «universo de bloque» en el que todo lo que ha ocurrido u ocurrirá en algún momento existe de forma simultánea. El universo existe en un espacio-tiempo tetradimensional y, de acuerdo con esto, el tiempo, más que fluir, está ahí, sin más, de la misma manera estática que el espacio. En el espacio-tiempo tetradimensional, los conceptos de «pasado», «presente» y «futuro» carecen de significado. Según el físico Roger Penrose: «El modo de considerar el tiempo en la física moderna no es esencialmente diferente de la manera en que se considera el espacio [...] ¡sólo tenemos un “espacio tiempo” fijo de apariencia estática en el que están dispuestos los sucesos de nuestro universo!».[25] Penrose sugiere que nuestra sensación lineal de que el tiempo corre hacia delante es ilusoria, una creación de nuestra muerte para imponer el orden en nuestra experiencia. (Es una propuesta similar a la del filósofo Immanuel Kant de que el tiempo y el espacio no son aspectos innatos del mundo, sino «categorías» creadas por la mente humana.) Ningún experimento físico ha verificado la idea de que el tiempo pasa, o de que hay un pasado y un futuro separados por un presente. Según señaló Paul Davies, también físico: «Tan pronto como se considera el mundo objetivo de la realidad, el paso del tiempo desaparece como un fantasma al amanecer».[26]

La teoría de la relatividad de Einstein también lo da a entender. Además de demostrar que el tiempo es relativo a la velocidad y la gravedad, Einstein demostró que los acontecimientos no suceden en un orden predeterminado. Desde la perspectiva de una persona en reposo, dos acontecimientos pueden dar la sensación de ocurrir al mismo tiempo, pero para alguien que se mueve a una alta velocidad podría existir un lapso de tiempo entre ambos sucesos. O podría darse el caso de dos acontecimientos que ocurren uno después de otro y que una persona que viaja a gran velocidad puede ver en el orden contrario. Una vez más, esto sugiere que, según las propias palabras de Einstein, «la distinción entre pasado, presente y futuro no es más que una ilusión, a pesar de su persistencia».[27]

Varios de los hallazgos de la física cuántica también señalan con claridad en esta misma dirección. En el mundo microcósmico subatómico, el tiempo parece ser indeterminado. Algunos físicos cuánticos aseguran que, en este nivel de la realidad, a veces la causa y el efecto pueden invertirse, lo cual significa que un acontecimiento puede suceder antes que su causa. Incluso existe un término para referirse a esto: *retrocausación*. Como indica el físico Daniel Sheehan: «Parece insostenible afirmar que la causación de tiempo hacia atrás (retrocausación) no puede ocurrir, a pesar de que temporalmente corre en contra de la flecha macroscópica del tiempo».[28] Los fundadores de la física cuántica, como Pascual Jordan y Werner Heisenberg, también aceptaron esta noción. Tras señalar que en el mundo cuántico a veces se invierte la secuencia normal de los acontecimientos, Jordan destacó: «Esto tiene grandes consecuencias para la psicología y la parapsicología, dado que demuestra que esas inversiones de la secuencia causa-efecto son posibles y filosóficamente válidas».[29] De modo similar, la interpretación «transaccional» de la mecánica cuántica entiende los acontecimientos cuánticos como una interacción entre ondas que se mueven tanto hacia delante como hacia atrás en el tiempo. El creador de este enfoque, el físico estadounidense John Cramer, se refiere a los eventos cuánticos como un «apretón de manos» a través del espacio-tiempo, donde una onda «se ofrece» y otra procedente del futuro la «confirma». Esto significa que, en el nivel cuántico, el tiempo es una carretera de doble sentido, en la que el futuro determina el pasado y viceversa.[30]

También es muy debatible la afirmación de que la telepatía rompe las leyes de la física. El fenómeno cuántico del entrelazamiento significa que, una vez que dos partículas han interactuado, permanecerán conectadas para siempre. No importa lo alejadas que estén, rotarán a la vez en armonía y se equilibrarán mutuamente las fluctuaciones aleatorias. En otras palabras, las partículas no pueden tratarse como entidades separadas, sino sólo como parte de un sistema completo. Esto sugiere un nivel fundamental de interconexión que permitiría la posibilidad de un intercambio de información por medio de la telepatía.

La psicoquinesis (que se da cuando la intención mental influye en los sistemas físicos, es decir, en el caso de que una persona utilice poderes mentales para alterar el movimiento de los objetos, como por ejemplo influir en la caída de una moneda o parar un reloj de muñeca) también es concebible de acuerdo con los principios de la física cuántica, aunque de una forma menos obvia. En el mundo subatómico, no hay separación entre nuestra propia conciencia y el mundo de «ahí fuera». La idea tradicional del científico «objetivo» que se aparta de sus experimentos y observa y registra los resultados con un desapego absoluto resulta ser un mito. En el mundo cuántico, el observador siempre interactúa con lo que está observando, cambia el comportamiento de las partículas mediante los actos de la observación y la medida. Pascual Jordan lo expresó así: «Las observaciones no sólo alteran lo que ha de ser medido, sino que lo producen».[31] Y esta noción de que la mente interactúa con las partículas e influye en ellas no está tan alejada de la psicoquinesis. La física cuántica muestra que la conciencia y el mundo «material» están entrelazados.

También es muy importante señalar que la rareza de la física cuántica no está confinada al mundo subatómico microcósmico. El campo relativamente nuevo de la biología cuántica sugiere que a nuestro alrededor (y dentro de nosotros) ocurren efectos cuánticos a gran escala por todas partes. Algunos procesos biológicos, como la fotosíntesis, el olfato y las tasas de reacción de las enzimas podrían producirse mediante entrelazamiento y «efecto túnel» (en el que las partículas atraviesan barreras sólidas de una forma que es imposible según la física newtoniana).[32] Estos fenómenos diluyen la distinción entre lo «sobrenatural» y lo «natural» y, ciñéndonos a los conceptos de la física clásica, y del materialismo en general, tienen tan poco sentido como la telepatía o la precognición. (En el capítulo 11 estudiaremos con mayor detalle la biología cuántica y la física cuántica en general.)

Por lo tanto, no es válido decir que la telepatía y la precognición contravienen las leyes de la física, o que requerirían un nuevo modelo de ciencia. De hecho, incluso podría argumentarse que, en la física moderna, los fenómenos psíquicos no son sólo concebibles, sino inevitables. Así lo escribió el físico Olivier Costa de Beauregard: «La mecánica cuántica relativista es un esquema conceptual en el que fenómenos como la psicoquinesis o la telepatía, lejos de ser irracionales, deberían, por el contrario, suponerse como muy racionales».[33]

Cabe destacar que quienes suelen esgrimir el argumento de que la parapsicología contraviene las leyes de la física son más los psicólogos y los filósofos que los propios físicos. De hecho, muchos físicos (como Marie Curie, Wolfgang Pauli, Max Planck, Eugene Wigner, J.J. Thomson, David Bohm y John Stewart Bell) se han mostrado abiertos a la posibilidad de los fenómenos psíquicos.

LOS FENÓMENOS PSÍQUICOS Y EL PANESPIRITISMO

Como en el caso de la física moderna, los fenómenos psíquicos tienen mucho sentido en el ámbito del panespiritismo. La fuerza espiritual es en esencia atemporal. Tal como señaló Kant, el tiempo es un constructo mental. Sólo cobra existencia con nuestra conciencia individualizada. Esto es algo que ya hemos abordado en el capítulo anterior con relación a las experiencias de despertar. En el momento de mayor intensidad de las experiencias de despertar (y también en las experiencias cercanas a la muerte), el tiempo cesa de existir, porque acariciamos la atemporalidad esencial de la fuerza espiritual. Del mismo modo que la fuerza espiritual está en todos los lugares del espacio, también está por todas partes en el tiempo. Así pues, en cierto sentido, el futuro ya ha ocurrido y, en realidad, el pasado continúa ocurriendo. El pasado no desaparece en la nada y el futuro no espera incognosciblemente delante de nosotros. Todo está aquí y ahora, al igual que en el concepto del «universo de bloque» de la física. Por lo tanto, las experiencias precognitivas, como las experiencias de despertar de alta intensidad, no son más que una transcendencia de la ilusión del tiempo lineal. (Esto también es válido para el fenómeno de la retrocognición, cuando el pasado se experimenta de manera directa en el presente.)

Es evidente que la telepatía también tiene sentido en el panespiritismo. Una vez más, existe un paralelismo con las experiencias de despertar. En las experiencias de despertar de mayor intensidad, transcendemos la separación y la individualidad del mismo modo en que transcendemos el tiempo. Nos hacemos uno con otros seres humanos (en ocasiones también con otros seres vivos) y con la naturaleza, quizá incluso con todo el cosmos. En las experiencias de despertar experimentamos esta unidad en términos de ser. Sin embargo, en la telepatía la experimentamos en un sentido informacional (o cognitivo). Desde la interpretación panespiritista no hay separación entre las mentes humanas. Así que no resulta sorprendente que, de vez en cuando, seamos capaces de entrar los unos en el espacio mental de los otros y de percibir los pensamientos e intenciones de los demás.

La psicoquinesis también tiene sentido desde la perspectiva panespiritista. El espíritu lo impregna todo y nos conecta con todo, no sólo con otros seres humanos, sino con todas las cosas. En consecuencia, en cierto sentido nosotros somos todas las cosas (tal como, una vez más, implica el «efecto observador» de la física cuántica). En teoría, entonces, deberíamos ser capaces de influir en la estructura de las cosas físicas. En el capítulo 5 hemos visto que nuestras intenciones mentales a menudo influyen en nuestro cuerpo, y la psicoquinesis puede interpretarse como una extensión de esto. Quizá la cuestión más desconcertante sea que la psicoquinesis se da en muy raras ocasiones, si la comparamos con las influencias mente-cuerpo. Pero, como ya he sugerido (en el capítulo 5), la diferencia importante puede radicar en que estamos asociados de una manera mucho más íntima con la materia de nuestro cuerpo que con la materia en general. Nuestra mente está entremezclada de una forma tan estrecha con la materia de nuestro cuerpo que es imposible separarlas. En realidad no deberíamos hablar de una mente y un cuerpo, sino sólo de un compuesto mente/cuerpo. Así que no es de extrañar que nuestros pensamientos y creencias puedan influir tanto en el funcionamiento de nuestro cuerpo. Sin embargo, cuando se trata de elementos físicos que no están relacionados de forma intrínseca con nosotros, el efecto es, evidentemente, mucho menos habitual.

ACEPTACIÓN Y NEGACIÓN

Cuando le digo a la gente que existen pruebas muy sólidas de los fenómenos psíquicos, a veces me preguntan: «Entonces, ¿por qué no lo sabe todo el mundo? ¿Por qué los rechazan los científicos?».

En primer lugar, cabe señalar que no todos los científicos rechazan la parapsicología. Las pruebas de los fenómenos psíquicos, junto con la posibilidad teórica de su existencia, han convencido a algunos científicos de mente más abierta, que no estaban tan sometidos a la esclavitud del paradigma del materialismo. En 1949, el genio matemático Alan Turing escribió sobre la parapsicología: «Estos fenómenos inquietantes parecen negar todas nuestras ideas científicas habituales. ¡Cómo nos gustaría desacreditarlos! Por desgracia, las pruebas estadísticas, al menos en el caso de la telepatía, son abrumadoras. Cuesta mucho reorganizar las ideas propias para incorporar estos nuevos hechos».[34] Incluso Einstein (que estaba menos convencido de los fenómenos psíquicos que otros físicos) dijo: «No tenemos ningún derecho a descartar a priori la posibilidad de la telepatía. Los cimientos de nuestra ciencia son demasiado inestables e incompletos para eso».[35]

De hecho, en los momentos de descuido incluso los materialistas más fervientes (y escépticos de los fenómenos psíquicos) han admitido que los experimentos parapsicológicos han obtenido resultados muy significativos. El psicólogo británico Richard Wiseman, uno de los críticos más activos y vehementes de la parapsicología, ha señalado que «según los estándares de cualquier otro campo de la ciencia, la visión remota está demostrada».[36] En 1996, la estadista Jessica Utts (que no se muestra escéptica respecto a la parapsicología) afirmó: «Empleando los estándares aplicados a cualquier otro campo de la ciencia, se concluye que el funcionamiento psíquico ha quedado sólidamente establecido».[37] Aunque resulte sorprendente, uno de los más feroces críticos de los fenómenos psíquicos en Estados Unidos, el filósofo Ray Hyman (que reaccionó con indignación a los descubrimientos de Daryl Bem), se mostró de acuerdo con Utts y escribió que los resultados de la investigación «sí parecen indicar que está sucediendo algo que va más allá de los deslices estadísticos esporádicos. También tengo que reconocer que carezco de una explicación inmediata para estos efectos observados».[38]

Estos momentos de relativa apertura mental contrastan con los intentos de algunos materialistas por negar, o justificar, los resultados positivos de sus propios experimentos parapsicológicos. En 2005, unos investigadores de la Universidad de Notre Dame dirigieron una serie de ocho experimentos ganzfeld que obtuvo una muy significativa «tasa de acierto» total del treinta y dos por ciento. Los investigadores admitieron que, como escépticos, el resultado hacía que se sintieran «incómodos», porque se acercaba «peligrosamente a la demostración de que, en efecto, los humanos tienen poderes psíquicos».[39] A modo de respuesta, desarrollaron un experimento en el que emparejaron a los individuos que habían tenido «aciertos» durante los ocho experimentos propios. Por algún extraño motivo, esas parejas produjeron un muy notable resultado negativo de un trece por ciento de tasa de acierto (bastante más baja que el veinticinco por ciento de aciertos que serían esperables por probabilidad). Animados por este resultado negativo, los investigadores aseguraron que este segundo experimento invalidaba los ocho anteriores y llegaron a la conclusión de que no habían encontrado ninguna prueba de la existencia de la telepatía.

También se produjo una gran controversia cuando Richard Wiseman intentó replicar uno de los experimentos de Rupert Sheldrake con la perra *Jaytee* (que ya se han descrito antes). De acuerdo con la metodología empleada por Sheldrake, lo cierto es que los cuatro experimentos de Wiseman produjeron un resultado aún más positivo que los de Sheldrake: *Jaytee* pasaba sentado junto a la ventana el setenta y ocho por ciento del tiempo que su dueña empleaba en el camino de regreso a casa, en comparación con el cuatro por ciento del tiempo del resto de su ausencia. (En los experimentos de Sheldrake, los porcentajes eran de cincuenta y cinco frente a cuatro durante el resto del tiempo de ausencia de la dueña.)[40]

Podría decirse, por tanto, que el éxito de la replicación de los experimentos de Sheldrake fue incontrovertible. No obstante, Wiseman prefirió ignorar estos datos y empleó un criterio distinto para calcular ese éxito: *Jaytee* tenía que ir a sentarse junto a la ventana en el momento preciso en el que su dueña ponía rumbo a su casa. Si *Jaytee* se acercaba a la ventana antes de ese momento, eso significaría que la perra había «fracasado». Y no es sorprendente que, según este criterio, se juzgara que los experimentos no habían tenido éxito y, lo que es aún más extraño, se presentaran como «prueba» de que *Jaytee* (y los perros en general) no tienen poderes psíquicos.[41]

Esto demuestra que siempre es posible desestimar las pruebas si no te gustan. Si estás estrechamente vinculado a un sistema de creencias, cualquier prueba que parezca contradecirlo crea una disonancia cognitiva, que a su vez genera el impulso de «enterrar» esa prueba. Esto no difiere mucho de la forma en que los creacionistas, como ya hemos señalado, intentan explicar la existencia de los fósiles diciendo que Dios los colocó ahí para poner a prueba nuestra fe (o que fue Satán quien los dejó para hacernos caer en la tentación de la incredulidad).

Esta situación nos lleva de vuelta al argumento sobre la función psicológica fundamental que desempeñan los sistemas de creencias que ya he planteado en el capítulo 1: ofrecen una narrativa para conferirle sentido a nuestra vida, una sensación de orientación y comprensión respecto a nuestra problemática. Al mismo tiempo, sentir que somos capaces de explicar el mundo nos proporciona un sentimiento de control muy satisfactorio, la sensación de que la naturaleza «está en nuestras manos» y a nuestro servicio. En consecuencia, nos mostramos muy reacios a aceptar las pruebas que contravienen nuestros sistemas de creencias.

EL PROYECTO DE LA ILUSTRACIÓN

Algunos materialistas se consideran parte de un «proyecto de la Ilustración» histórico cuyo objetivo es superar la superstición y la irracionalidad. El movimiento de la Ilustración, que surgió durante el siglo XVIII, nació como un proceso de liberación de la hegemonía de la Iglesia y la monarquía que sustituyó el dogma y el mito por el conocimiento científico. Y no cabe duda de que este proyecto ha aportado ingentes beneficios a la especie humana, pues dio origen a la medicina y la tecnología, nos liberó de supersticiones y tabúes y de la opresión intelectual y social, lo cual dio paso a un concepto de realidad más verdadero y basado en pruebas.

Sin embargo, para algunos de sus adeptos, el proyecto de la Ilustración conlleva una oposición frontal a cualquier fenómeno que parezca ser «irracional». Más en concreto, ha desembocado en el «error categorial» de asociar fenómenos tales como la telepatía y la precognición (y también las experiencias espirituales o las experiencias cercanas a la muerte) con fenómenos como el cristianismo y el islam fundamentalistas o las supersticiones y los tabúes. Se trata de un ejemplo de lo que el filósofo Ken Wilber llama la «falacia pre/trans», que explica que es muy sencillo confundir los fenómenos «prerracionales» con los «transracionales».[42] (Wilber pone como ejemplo la actitud de Freud hacia las experiencias espirituales, que el austríaco explicó como una regresión a un estado de unidad con la madre. En otras palabras: Freud abordó una experiencia «transracional» desde un punto de vista «prerracional».) La religión fundamentalista puede interpretarse como un fenómeno «prerracional», dado que ignora de buen grado las pruebas científicas (por ejemplo, con respecto a la evolución) y se aferra a una visión mítica de la realidad. En cambio, los fenómenos como la telepatía y la precognición, de los que existen muchas pruebas empíricas y que concuerdan con los descubrimientos de la física cuántica y de las teorías de la conciencia, se interpretan mejor como «transracionales». Es decir, no están relacionados con la ignorancia o la superstición, sino con fenómenos o fuerzas ignotos que están, al menos de momento, fuera de los límites de nuestro conocimiento. No están por debajo de nosotros, sino más allá de nosotros.

La telepatía y la precognición son fenómenos que no contravienen en absoluto los principios de la ciencia en sí, sino sólo los principios del materialismo. Y teniendo en cuenta que a lo largo de todo este libro hemos ido viendo que los principios del materialismo no son válidos, esto no supone ningún problema. Los fenómenos psíquicos son reales, su existencia tiene sentido desde un punto de vista teórico e, incluso, desde un punto de vista científico. Además, hay abundantes pruebas experimentales de su existencia. Sólo la cosmovisión materialista considera que la parapsicología es «sobrenatural» o «paranormal», cuando en realidad debería verse como natural y normal.

9

COMPLEJIDAD Y CONCIENCIA: ENIGMAS DE LA EVOLUCIÓN

En 1952, un joven universitario llamado Stanley Miller descubrió que los aminoácidos, los «ladrillos» básicos de la vida, podían sintetizarse de manera espontánea en una simulación química de la atmósfera terrestre. Después de esto, muchos científicos creyeron que el problema del «origen de la vida» no tardaría el resolverse. Parecía inevitable que experimentos similares llevaran a la formación de una molécula «autorreplicante» a partir de esos aminoácidos.

Sin embargo, poco después del experimento de Miller, los científicos empezaron a darse cuenta de que en realidad la vida era mucho más complicada de lo que habían supuesto. Las células no eran meros paquetitos de elementos químicos, sino entidades muy complejas y organizadas de manera intrincada. Otro problema que identificaron los estudiosos fue el del «huevo y la gallina»: el ADN necesita proteínas para funcionar, pero las proteínas necesitan del ADN para ser secuenciadas de manera adecuada. Así pues, ¿cómo podrían surgir las unas sin el otro y viceversa?

Algunos investigadores señalaron también el problema de que, como la vida es tan compleja y depende de la combinación de tantísimos elementos diferentes de maneras tan intrincadas (puesto que todos ellos construyen los unos sobre los otros crecientes capas de organización e interconectividad), podría no haber habido tiempo para que surgiera de manera accidental en la Tierra. Esos teóricos señalaron que sólo había una «ventana de oportunidad» relativamente pequeña para que la vida emergiera. La Tierra se originó hace alrededor de cuatro mil quinientos millones de años, y sabemos que hasta hace tres mil novecientos millones de años recibía el impacto de tantos meteoritos que la vida habría sido imposible en ella. Y, aun así, los primeros signos de vida aparecen en huellas fósiles de hace tres mil ochocientos millones de años. Esto significa que la vida tuvo menos de cien millones de años para empezar a existir. Esto llevó a la teoría de la *panspermia* (uno de cuyos seguidores fue Francis Crick, autor de algunas teorías neurológicas sobre la conciencia que hemos examinado en el capítulo 3), que sugiere que en realidad la vida podría haber comenzado en algún otro lugar del universo y que la Tierra podría haber sido «fertilizada» desde el espacio interestelar. No obstante, tal como han señalado otros científicos, las probabilidades de que esto sucediera podrían ser incluso menores que las probabilidades de que la vida empezara por accidente en este planeta.

En los últimos años, la teoría más popular ha sido que la vida se originó a partir de moléculas de ARN. (Como el ADN, el ARN es un ácido nucleico que desempeña un papel en la descodificación y expresión de los genes.) La forma estándar de pensar en el origen de la vida es que decenas de moléculas se unieron de forma simultánea en una sopa química. Pero tal vez la vida no dependiera de todas esas moléculas distintas. Se ha descubierto que las moléculas de ARN son muy versátiles, así que es posible que desempeñaran todas las funciones de la vida por sí mismas. En 2009 esta teoría recibió un enorme impulso, cuando los científicos consiguieron sintetizar enzimas de ARN que podían autorreplicarse.

Aun así, algunos científicos continúan mostrándose escépticos respecto a esta teoría, sobre todo porque parece imposible que una molécula compleja y sensible como la del ARN naciera de manera espontánea en el entorno volátil del mundo «prebiótico» (es decir, el mundo antes de que comenzara la vida). Otro problema es que, para actuar como catalizadoras (para permitir las reacciones químicas con otras moléculas), las moléculas de ARN tendrían que haber adoptado la forma de cadenas largas y plegadas y, una vez más, el entorno prebiótico lo habría impedido.[1] Otros científicos han argüido que el origen de la vida no puede residir en el ARN porque carece de la «reflexividad» (la capacidad de formar un bucle de realimentación) necesaria para que emerjan formas de vida.[2]

En consecuencia, sigue sin haber consenso acerca de cómo podría haberse formado la vida de manera accidental. Se ha propuesto una agotadora variedad de teorías distintas, la mayor parte de las cuales son extremadamente especulativas. Sólo en 2017 se plantearon al menos tres hipótesis diferentes: una, que la vida se originó como una colaboración entre el ARN y los péptidos;[3] otra, que la vida debió de comenzar con las proteínas, cuya emergencia espontánea parece mucho más probable que la de los ácidos nucleicos como el ARN;[4] y, por último, la teoría de que los fosfatos fueron esenciales para la generación de la vida.[5]

En otras palabras, más de seis décadas después del experimento original de Miller, no existe ni consenso ni una explicación satisfactoria acerca de cómo podría haberse formado la vida. A pesar de esto, la mayor parte de los científicos sigue dando por sentado la idea de que la vida en la Tierra surgió por accidente. Puede que esto no resulte sorprendente, dado que la alternativa parece ser el creacionismo. Si la vida no comenzó por accidente, ¿no tendríamos, entonces, que creer que Dios creó a los seres vivos?

EVOLUCIÓN

Una vez que emergió la primera molécula autorreplicante, fuera por el medio que fuese, la vida comenzó un lento proceso mediante el que evolucionó hacia diferentes formas. La evolución suele entenderse como un proceso según el cual, a lo largo de vastos períodos tiempo, los seres vivos divergieron hacia gran cantidad de variedades y se volvieron cada vez más complejos e intrincadamente organizados. A lo largo de cientos de millones de años, las bacterias unicelulares evolucionaron hacia criaturas pluricelulares más complejas, que a su vez llevaron a formas de vida como las esponjas, los hongos, los corales y las anémonas marinas, y después a los insectos, los peces y las plantas terrestres.

A medida que la evolución avanzaba, iban produciéndose una especialización y una diferenciación crecientes: cada vez se reunían más células, y éstas trabajaban unidas de manera más compleja, asumiendo diferentes papeles. Esto desembocó en el desarrollo del primer cerebro (el de los platelmintos). Con el tiempo, los cerebros fueron aumentando de tamaño y sus células fueron interconectándose más. Y después de muchos milenios de complicación creciente, el proceso llevó a la emergencia de mamíferos muy complejos con decenas de miles de millones de neuronas, como los seres humanos.

De acuerdo con la perspectiva materialista convencional, la evolución es un proceso accidental que sucede debido a una combinación de dos factores principales: las mutaciones y la selección natural. Cuando las formas de vida se reproducen, los genes se copian en la descendencia. En ocasiones, un gen no se copia de forma correcta y se produce una mutación. En casi todos los casos, las mutaciones tienen efectos negativos, y las formas de vida que las padecen no se reproducen y, por lo tanto, se extinguen con rapidez. Pero muy de vez en cuando las mutaciones tienen un efecto positivo y proporcionan una ventaja en la supervivencia a las formas de vida que las sufren. Estas mutaciones positivas son «seleccionadas» y se establecen en el acervo génico. Esto es lo que crea las variaciones en las especies y, durante largos períodos de tiempo, dichas variaciones van convirtiéndose en diferencias importantes para, al final, constituir diferentes especies.

Esta teoría parece sencilla y lógica, pero en este capítulo veremos que tiene algunos aspectos problemáticos, sobre todo la idea de que el proceso ha sido del todo aleatorio y accidental.

EL FILÓSOFO HEREJE

En 2012, uno de los filósofos más destacados de Estados Unidos, Thomas Nagel, presentó sus argumentos en contra de la idea ortodoxa de la evolución en un libro osadamente titulado *La mente y el cosmos: por qué la concepción neo-darwinista materialista de la naturaleza es, casi con certeza, falsa*. En él, Nagel explicaba su escepticismo acerca del supuesto de que la vida comenzó por accidente defendiendo que era muy improbable que «las formas de vida que se autorreplican puedan haber llegado a la existencia espontáneamente».[6] También desestimaba la idea de que, una vez que la vida nació, su evolución hacia formas más complejas pudiera explicarse en términos de mutaciones y selección natural. Le resultaba poco plausible que «la vida como la conocemos sea el resultado de una secuencia de accidentes físicos conjugados con el mecanismo de la selección natural».[7]

Nagel sugería que el neodarwinismo (que es como se llama la visión materialista de la evolución) se ha convertido en una especie de sistema de creencias, poco más que «un esquema de explicación [que está] apoyado por algunos ejemplos».[8] También señalaba que, tal como he comentado en la introducción a este libro, muchos intelectuales se ven obligados a aceptar el materialismo porque lo ven, falsamente, como la única alternativa a la religión. Como resultado, han aprendido a ignorar lo implausible de muchos supuestos materialistas. Nagel proponía una alternativa al materialismo, una cosmovisión en la que «la mente no es solo una eventualidad, un accidente o un añadido, sino un aspecto básico de la naturaleza».[9] Dicho de otro modo, Nagel estaba defendiendo una visión del mundo postmaterialista y una forma de pamsiquismo, o puede que incluso de panespiritismo. También sugería que el mundo posee una tendencia natural a moverse hacia un valor y una complejidad mayores, y que por lo tanto los orígenes de la vida y la evolución no fueron accidentales, sino inevitables e intencionados.

Muchos de los colegas académicos de Nagel reaccionaron con consternación a sus opiniones y lo denigraron de forma pública. El conocido psicólogo cognitivo Steven Pinker, seguidor de la psicología evolutiva, tuiteó con desdén «¿Qué le ha dado a Thomas Nagel?» y habló del «razonamiento chapucero del que una vez fue un gran pensador».[10] El filósofo Simon Blackburn comentó con aspereza que «si hubiera un Vaticano filosófico, el libro sería un buen candidato a entrar en el *Índice*».[11] Otros críticos se lamentaron de que el libro de Nagel proporcionaría munición y alentaría a los fundamentalistas religiosos contrarios al darwinismo.

Estos comentarios muestran el fervor cuasirreligioso con el que los materialistas reaccionan a veces al cuestionamiento de sus principios, lo cual indica que, más que descubrimientos científicos objetivos, están defendiendo una ideología. Simon Blackburn incluso emplea una analogía religiosa que revela, de manera inconsciente, la naturaleza ideológica de su posición.

En este capítulo exploraremos los aspectos problemáticos que han hecho que pensadores como Nagel duden de la visión neodarwinista de la evolución.

¿BASTA CON LAS MUTACIONES Y LA SELECCIÓN NATURAL?

Hacia el final de su vida, Charles Darwin se arrepintió de haber puesto tanto énfasis en la selección natural dentro del marco de su teoría de la evolución. Aunque continuaba creyendo que la selección natural era el principal modo a través del que había surgido la variedad en la evolución, albergaba serias dudas de que fuera la única forma. No creía que la selección natural fuera suficiente para explicar la variedad de formas de vida de la Tierra y la aparente facilidad con la que surgieron.

Las dudas de Darwin en torno a la selección natural nunca se han resuelto del todo. Numerosos observadores han señalado que parece poco plausible que un proceso tan asombrosamente positivo y creativo pueda generarse estrictamente mediante un fenómeno negativo como es la selección natural. Se ha calculado que las mutaciones sólo se producen a un ritmo de alrededor de una por cada varios millones de células en cada generación. Sin embargo, dado que sólo un número minúsculo crea rasgos beneficiosos que proporcionan una ventaja de supervivencia, algunos científicos han sugerido que esta frecuencia es insuficiente para explicar la evolución de una diversidad de formas de vida tan ingente.[12]

Esto no se debe sólo a que las mutaciones ocurran tan poco a menudo, sino también a que para crear cambios significativos (entre ellos la generación de nuevas especies) deben darse largas series de mutaciones beneficiosas secuencialmente. Las mutaciones deben ser acumulativas, corresponderse perfectamente con mutaciones anteriores y producirse en el lugar y el momento oportunos. Así, con cada mutación «correspondida», las probabilidades en contra de su generación aleatoria aumentan muchísimo. En palabras del eminente zoólogo francés Pierre-Paul Grassé, las mutaciones sólo «se producen de modo incoherente en el tiempo; no se completan ni se adicionan a través de sucesivas generaciones siguiendo una misma dirección».[13]

Otro asunto problemático es explicar cómo es posible que la selección natural dé lugar a nuevas estructuras y características, y sobre todo a nuevas especies. La opinión generalizada es que las mutaciones aleatorias van creando poco a poco cada vez más variedad a lo largo de millones de años y al final estas diferencias constituyen especies nuevas y distintas. Pero podría no ser tan sencillo. Como también señaló Grassé, las mutaciones sólo provocan cambios triviales. Equivalen a un «error de pulsación cometido por un mecanógrafo al copiar un texto» con muy pocas «virtudes constructivas» o de innovación, así que no pueden crear órganos complejos o partes del cuerpo.[14] Hay barreras invisibles entre las especies que las mutaciones no pueden cruzar, lo cual significa que pueden causar variación, pero nunca verdadera evolución.

También está el problema de que las mutaciones favorables se perderían enseguida debido al cruce con miembros no mutados de una especie. El propio Darwin consideraba que éste era el mayor problema de su teoría, y los neodarwinistas nunca lo han resuelto de modo convincente. Es fácil pensar que, en el caso de los animales, estos «cruces» podrían evitarse, pues bastaría con que se apartaran los unos de los otros, pero en el reino vegetal no existe esa posibilidad.

Varios biólogos, como por ejemplo Stuart Kauffman y Robert Reid, han argumentado que la selección natural no es suficiente para explicar el surgimiento de la variación genética y las nuevas formas de vida y han propuesto el concepto alternativo de «evolución emergente».[15] Al igual que la propuesta de Thomas Nagel, este concepto sugiere que los sistemas biológicos tienen una tendencia innata a moverse hacia un valor y una complejidad mayores. (Enseguida examinaremos esta idea de la emergencia con mayor detalle.)

El concepto de «equilibrio puntuado» también proyecta la duda sobre el neodarwinismo. Las pruebas fósiles demuestran que la evolución avanza mediante paradas y arranques, con períodos de estasis que se prolongan durante millones de años y luego repentinos estallidos de cambio —que pueden durar apenas mil años— que dan origen a nuevas especies. Esto no encaja muy bien con la idea de las mutaciones aleatorias, ya que no cabe duda de que éstas se producirían de forma bastante regular. No habría motivo para que en algunos períodos se dieran más cambios que en otros.

UN PUNTO DE VISTA ALTERNATIVO ACERCA DE LOS ORÍGENES DE LA VIDA

Entonces ¿cuál es la alternativa? Como he sugerido en varias ocasiones a lo largo de este libro, rechazar la explicación materialista estándar no significa que tengamos que aceptar una interpretación religiosa. Por supuesto, no estoy dudando del hecho de que la evolución haya ocurrido y abogando por el creacionismo. Justo al comienzo de esta obra he señalado que mostrarme crítico con la ciencia materialista no quiere decir que esté en contra de la ciencia en sí. Esto también es válido para mi actitud hacia la evolución. Me parece magnífico y milagroso que todas las formas de vida que ocupan el planeta en este momento desciendan de formas de vida simples, unicelulares, que surgieron hace cuatro mil millones de años. La cuestión no es si la evolución ha ocurrido, sino cómo ha ocurrido. También quiero aclarar que no voy a sugerir que el panespiritismo pueda explicar por completo (ni siquiera de forma significativa) los orígenes de la vida o la evolución. Voy a proponer explicaciones provisionales, que todavía dejan mucho por dilucidar. Reconozco que mi disquisición es más descriptiva que explicativa.

En consecuencia, soy consciente de que las explicaciones que ofrezco en este capítulo son algunas de las más especulativas del libro.

Esto es especialmente cierto en el caso de la génesis de la vida. En realidad lo único que puede afirmarse desde una perspectiva panespiritista es que el origen de la vida estuvo conectado con la creciente complejidad de las formas físicas. La vida comenzó cuando, en un momento dado, las formas físicas se volvieron lo bastante complejas para recibir y transmitir la conciencia.

Como ya se ha comentado en el capítulo 2, existe una diferencia entre las estructuras físicas simples que están impregnadas del espíritu y las estructuras físicas más complejas que pueden recibir y transmitir la conciencia hacia su interior y, por lo tanto, convertirse en individualmente conscientes. En este sentido, todas las cosas físicas tienen conciencia dentro de ellas, pero sólo las más complejas son conscientes de verdad. Así pues, cuando —con la formación de las primeras células procariotas simples que estaban protegidas de su propio entorno y tenían actividad bioquímica autosuficiente— se alcanzó un cierto umbral de complejidad, la conciencia universal pudo expresarse en las estructuras individuales, de manera que lograron una percepción rudimentaria y vida interior.

Desde luego, esto no permite explicar los mecanismos mediante los que las células fueron (y son) capaces de recibir y canalizar la conciencia, ni tampoco cómo emergieron las células en un principio. Sin embargo, quizá un debate acerca de la evolución desde un punto de vista panespiritista nos ayude a arrojar algo de luz sobre estas cuestiones, al menos sobre la segunda.

UN PUNTO DE VISTA ALTERNATIVO ACERCA DE LA EVOLUCIÓN

Desde la perspectiva panespiritista, la evolución no es un proceso aleatorio y accidental, sino un proceso que cuenta con un impulso detrás de él, con una tendencia a avanzar hacia una complejidad y una conciencia crecientes. Como sugiere Thomas Nagel, la evolución constituye un proceso teleológico, es decir: se mueve en una dirección concreta, con un propósito determinado. Y esta naturaleza teleológica viene impulsada por la tendencia innata de la conciencia a expandirse e intensificarse. Una vez que la conciencia universal se canalizó hacia las estructuras materiales y les hizo cobrar vida, empujó a esas estructuras a volverse más complejas y organizadas para que pudieran soportar formas más avanzadas de actividad mental, mayores niveles de sintiencia y formas de conciencia más intensificadas y expansivas.

Puede que esta tendencia hacia a complejidad existiera, y se expresara, incluso antes de que emergieran las primeras formas de vida. Como fuerza dinámica que permea todas las cosas, la fuerza espiritual siempre, desde el mismo inicio del universo, ha impulsado a las formas de vida a volverse más organizadas, a convertirse en formas más complejas. Tal vez esta tendencia de la materia a avanzar hacia una complejidad mayor estuvo implicada en la formación del sistema solar y de la Tierra, y después en el origen de la vida. En otras palabras,quizá la misteriosa emergencia de las células autorreplicantes a partir de moléculas biológicas más simples no fuera un accidente, sino que la provocara esta tendencia hacia la complejidad. (Éste es, en el fondo, el mismo argumento que el de Thomas Nagel, según se ha descrito antes.)

Desde la perspectiva de la evolución biológica, el primer punto importante que se debe tener en cuenta es que la evolución tiene una dimensión interior. Los neodarwinistas suelen ver la evolución sólo en su expresión externa, física. Pero la evolución no conlleva únicamente el aumento de la complejidad física, sino también el de la conciencia. A medida que los seres vivos van volviéndose más complejos físicamente y se organizan de manera más intrincada, también desarrollan mayor introspección, un nivel superior de vida interior. Se hacen más sintientes, poseen una percepción más intensa.

En este sentido, además de ser una de las especies más complejas del planeta desde el punto de vista físico, es probable que los seres humanos seamos una de las especies más sintientes y con una conciencia más intensa. (Tengo la precaución de decir «una de las» porque algunas especies de ballenas y delfines poseen más neuronas que nosotros y podrían ser, como mínimo, igual de conscientes que nosotros.) Desde luego, da la impresión de que poseemos una conciencia más intrincada y compleja de la realidad que la mayoría de los demás animales.

Aquí resulta útil pensar en términos de cuatro tipos distintos de conciencia: la perceptiva, la intersubjetiva, la subjetiva y la conceptual. (*Intersubjetiva* tan sólo significa estar conectado con —y ser consciente de— los otros seres.) Todas las formas de vida aparentan tener cierto grado de conciencia perceptiva, en tanto que se percatan y reaccionan a los cambios en su entorno, como cuando una ameba se desplaza hacia las fuentes de alimento o hacia la luz. Muchos animales poseen también determinado nivel de conciencia intersubjetiva, a través de la cual están conectados con otros miembros de su grupo (un ejemplo es el «comportamiento de enjambre» de las colonias de hormigas, las termitas, las bandadas de pájaros y los bancos de peces). Algunos animales también parecen tener conciencia subjetiva (o autoconciencia). Por ejemplo, tal como hemos visto en el capítulo 3, varias especies, sobre todo de primates, pero también la urraca común y los elefantes, han demostrado la capacidad de reconocerse en un espejo y de tener conciencia de su propio cuerpo. Asimismo, algunas especies de primates han mostrado poseer conciencia conceptual, en el sentido de que se les pueden enseñar unos conocimientos rudimentarios de categorías y números.

En cualquier caso, parece razonable afirmar que los seres humanos poseen estas formas de conciencia en un grado muy intenso en comparación con la mayoría de las demás especies. La asombrosa complejidad del lenguaje humano, comparada con los lenguajes en apariencia rudimentarios de algunos animales, da fe la riqueza de nuestras conciencias conceptual y subjetiva, de nuestra capacidad de examinar en profundidad nuestro mundo interior subjetivo y nuestra intrincada comprensión del mundo en el que vivimos. Y mientras que la intersubjetividad de algunos animales no parece extenderse más allá de un grupo concreto (en el comportamiento de enjambre), la intersubjetividad humana es de amplio espectro e indiscriminada, se extiende incluso hasta otras especies (por ejemplo, cuando la identificación y la empatía con los animales lleva al vegetarianismo o al veganismo). La intersubjetividad humana también puede llegar a ser más profunda y conlleva un poderoso sentimiento de compasión.

Así pues, desde el comienzo de la vida hace tres mil ochocientos millones de años, la conciencia de los seres vivos no ha parado de intensificarse y expandirse en el caso de las cuatro categorías, en paralelo al aumento de su complejidad física. La complejidad física creciente ha servido de sustento para el desarrollo de una conciencia, una sintiencia y una autonomía también crecientes.

OTROS PUNTOS DE VISTA ACERCA DE LA EVOLUCIÓN ESPIRITUAL

Por supuesto, no soy la primera persona que propone una perspectiva espiritual de la evolución. Muchos filósofos han sugerido que la evolución es un proceso deliberado del desarrollo e intensificación de la conciencia, entre ellos Georg Hegel, Johann Gottlieb Fichte, Henri Bergson, Pierre Teilhard de Chardin, Sri Aurobindo, Ken Wilber y Michael Murphy. Teilhard de Chardin entendía la evolución como el proceso de la «espiritualización» de la materia, que avanza hacia un «Punto Omega» que es la culminación de todo el proceso evolutivo. En ese punto, la material se llena por completo de energía espiritual y todos los fenómenos, incluyendo los seres humanos, alcanzan la unidad. Teilhard de Chardin creía que la creciente interconexión de la especie humana formaba parte de este proceso evolutivo y que al final nuestra especie se uniría en un único grupo interpensante. (Teilhard de Chardin murió en 1955, así que es interesante reflexionar sobre qué le habrían parecido la era de internet y el aumento de la interconexión que la red ha generado. Sin duda, lo interpretaría como parte del avance de nuestra especie hacia la unidad.)

También existe un paralelismo entre la perspectiva panespiritista acerca de la evolución y el concepto de emergencia. Quienes apoyan la teoría de sistemas postulan que los sistemas y los organismos naturales tienen una tendencia innata a avanzar hacia un orden y una complejidad mayores, y que generan estructuras que son algo más que la suma de sus partes. Como ya hemos visto, algunos biólogos como Robert Reid y Stuart Kauffman han aplicado el concepto de emergencia a la evolución como una alternativa al modelo neodarwinista. Según este punto de vista, no son las mutaciones genéticas las que crean el orden y la complejidad, sino la autoorganización y las propiedades emergentes de los sistemas. Robert Reid dudaba que la selección natural desempeñara papel alguno en la evolución, mientras que Stuart Kauffman considera que esta tendencia espontánea hacia el orden actúa a la vez que la selección natural.

La única diferencia real entre esta teoría y la evolución espiritual es que la primera sugiere que la emergencia se da de manera espontánea, como si fuera una especie de propiedad inherente de los sistemas y de la vida en sí. Obviamente, esto no explica de dónde procede esa propiedad inherente, ni siquiera qué es. Pero la teoría de la evolución espiritual proporciona una explicación algo más amplia: esta tendencia hacia la complejidad surge de la propia conciencia, que general una complejidad mayor como sostén de su intensificación.

MUTACIONES ADAPTATIVAS: ¿MUTACIONES NO ALEATORIAS?

Esta tendencia innata hacia la complejidad ayuda a explicar un extraño aspecto de la evolución: su creatividad.

El paleontólogo Simon Conway Morris ha escrito acerca de «La asombrosa capacidad de la evolución para orientarse hacia la solución apropiada».[16] Un ejemplo de esto es la en ocasiones rapidísima adaptación de las formas de vida a los cambios en su entorno, algo que resultaría imposible por medio de las mutaciones genéticas aleatorias. El término técnico que se emplea para denominar esto es *mutación adaptativa*. En estos casos, a veces las mutaciones se producen como respuesta específica a desafíos o presiones ambientales tales como variaciones en la temperatura, en los nutrientes o en el tamaño de la población. Por ejemplo, ciertas investigaciones han descubierto que, si una cepa de bacterias no es capaz de procesar la lactosa y se la sitúa en un medio rico en lactosa, el veinte por ciento de sus células mutará muy deprisa hacia formas Lac+ y será capaz de procesar la lactosa. Las mutaciones pasan a formar parte del código genético de las bacterias y, por lo tanto, son heredadas por las generaciones siguientes.[17] En las mutaciones adaptativas, es casi como si las mutaciones no fueran aleatorias en absoluto, sino como si de alguna manera las estuvieran «dirigiendo» para que reaccionen a la situación de la forma adecuada en el preciso momento en que se necesita.

Una de las explicaciones que se han propuesto para la mutación adaptativa proviene del campo relativamente nuevo de la «biología cuántica», que ya hemos mencionado en el capítulo anterior (y que examinaremos con mayor detalle en el capítulo 11). La biología cuántica pretende explicar fenómenos biológicos misteriosos según principios de la física cuántica como la superposición o el entrelazamiento. Aplicada al ejemplo que acabamos de exponer, una explicación cuántica sería que el genoma de las bacterias existe en un estado de «superposición». Es decir, que no existe en ningún estado concreto, sino en una miríada de estados posibles, algunos de los cuales han mutado y otros no. Pero cuando se dan ciertas circunstancias, el genoma «cae» en el estado mutado adecuado.[18]

Sin embargo, la mutación adaptativa podría ser una simple expresión de la misma creatividad que permite que las formas de vida avancen hacia una complejidad y una conciencia mayores. Esta creatividad proporciona a las formas de vida la flexibilidad de reaccionar a los desafíos. Existe una cualidad dinámica que las capacita para desarrollarse de la manera apropiada.

Esto también sugiere que una perspectiva espiritual de la evolución no tiene que prescindir de las mutaciones genéticas como factor importante. Las mutaciones genéticas pueden seguir siendo la forma principal y más clara en que se producen los cambios. La única diferencia es que, de acuerdo con este punto de vista, las mutaciones favorables no ocurren (o al menos no ocurren siempre) de manera aleatoria. También puede generarlas el ímpetu de la evolución, como medio para crear un cambio. Desde esta perspectiva, las mutaciones se producen como parte del desarrollo del proceso de evolución y generan cambios inevitables que conducen hacia formas más complejas y conscientes.

COOPERACIÓN Y COMPETICIÓN

Otro aspecto deficiente de la consideración convencional de la evolución es el énfasis que se pone en la competición. La evolución suele concebirse como una especie de guerra, una «supervivencia del más apto» en la que unas «máquinas genéticas» luchan sin piedad las unas contra las otras por el acceso a los recursos, de manera que la relación que se establece entre ellas es de rivalidad y amenaza. Es probable que esto derive de la enorme importancia que los neodarwinistas atribuyen a la selección natural como principal mecanismo «de filtrado» en la evolución. En un sentido hipotético, la selección natural funcionaría mejor en un entorno de competición extrema. Así pues, los neodarwinistas han elegido de forma inconsciente concebir la evolución en estos términos, ya que así la selección natural parece más factible como explicación del cambio evolutivo.

No obstante, Darwin no comprendía la evolución exactamente de la misma manera. (Ya se ha señalado con anterioridad que fue T.H. Huxley quien acuñó la expresión «la supervivencia del más apto».) Darwin era del todo consciente de los aspectos cooperativos de la evolución y ofreció muchos ejemplos de ellos en *El origen de las especies*. (Es probable que esto se debiera a que no creía que la selección natural fuera el único factor de la evolución, y por lo tanto no consideraba necesario enfatizarla tanto.) En efecto, Darwin empleó la expresión «lucha por la existencia», pero declaró que la empleaba «en un sentido amplio y metafórico que incluye la dependencia de un ser respecto de otro».[19] En otras palabras, se trataba de una lucha colectiva, no individual, que dependía de lo que él llamaba una «red de relaciones complejas» entre diferentes organismos, con un muy alto grado de interacción y cooperación, más que de competición solitaria.

Aun así, en el fervor materialista de las últimas décadas del siglo XIX, científicos e intelectuales como T.H. Huxley y Herbert Spencer enfatizaron los aspectos competitivos e individualistas de la teoría de Darwin. La teoría se distorsionó hasta convertirse en la popular imagen de la evolución como una lucha violenta y crónica por unos recursos limitados. Esta distorsión de la teoría se aplicó incluso a los asuntos humanos bajo la forma del «darwinismo social», que interpretaba la sociedad humana como una lucha individual por la riqueza y el estatus y que contribuyó a formar la filosofía del capitalismo occidental moderno. Y desde entonces, científicos como Richard Dawkins han continuado exagerando los aspectos competitivos de la teoría darwiniana e ignorando sus aspectos cooperativos.

Un disidente temprano de las teorías del darwinismo social fue Piotr Kropotkin, que a finales del siglo XIX vivía exiliado en Londres, tras haber sido encarcelado en Rusia por su activismo político. Como anarcocomunista, a Kropotkin le horrorizaba que los intelectuales ingleses estuvieran aplicando la teoría de Darwin para justificar los excesos del capitalismo. Reconocía que «[hay] en la Naturaleza una suma enorme de guerra entre las diferentes especies», pero añadía: «Hay asimismo, y tal vez mucho mayor, una suma de apoyo mutuo, de ayuda recíproca y de mutua defensa [...]. La sociabilidad es asimismo tan ley de la Naturaleza como la lucha entre semejantes».[20] En su libro de 1902 *Apoyo mutuo*, Kropotkin ofreció muchos ejemplos de cooperación entre animales; se centró sobre todo en el comportamiento cooperativo de enjambre de los insectos y otras especies, como por ejemplo cuando los escarabajos colaboran para enterrar los cadáveres de animales más grandes (ratones o pájaros, por citar dos casos) y en los desplazamientos de los cangrejos de tierra hasta el mar para depositar sus huevas.

Esa cooperación y altruismo entre miembros del mismo grupo podría explicarse con facilidad mediante el concepto de «selección de parentesco». Esta expresión se refiere al hecho de que, al ayudar a otros miembros de su grupo, los insectos o los animales están contribuyendo de manera indirecta a la supervivencia de sus propios genes, ya que esos otros miembros del grupo están relacionados con ellos muy estrechamente a nivel genético. Sin embargo, la cooperación y el altruismo también pueden cruzar las barreras entre especies. En biología esto se denomina mutualismo o simbiosis. Un ejemplo de esto es el del gusano de tubo, que carece de sistema digestivo pero consigue sobrevivir gracias a la ayuda de las bacterias que digieren la comida en su lugar. A cambio, el gusano de tubo les proporciona ácido sulfhídrico y metano. Un segundo ejemplo sería el del pez payaso, que vive en una relación simbiótica con las anémonas marinas, pues se ayudan mutuamente de diversas formas: por ejemplo, la materia fecal de los peces payaso proporciona nutrientes a la anémona marina, mientras que las células urticantes de la anémona ayudan a proteger al pez payaso frente a los depredadores. También hay muchos líquenes, corales y plantas que «permiten» que ciertas bacterias u hongos vivan en su interior y, a cambio, reciben nutrientes esenciales.

La cooperación se produce incluso a nivel genético. Una de las nociones que el Proyecto del Genoma Humano (que ya he mencionado en el capítulo 2 y que volveremos a comentar en el último capítulo de este libro) ayudó a disipar fue la de la imagen de los genes como entidades individuales y separadas con papeles específicos que luchan las unas contra las otras por la supervivencia como gladiadores en un circo. El proyecto demostró que la realidad era mucho más compleja que eso y que la mayoría de los genes cooperan y desempeñan múltiples tareas. Un solo gen puede codificar diferentes proteínas y, además, puede representar también otros papeles. (Como ya se ha señalado, otro mito que se desmintió fue la creencia popular de que hay «genes para» ciertos rasgos y características.) En realidad, la supervivencia de todos los genes depende de la cooperación. El genoma no es como una piscina llena de competidores individuales que tratan de vencerse los unos a los otros. Se parece más bien a una piscina donde entrena un equipo de waterpolo o de natación sincronizada, cuyos miembros trabajan juntos y coordinan todas sus actividades por el bien común.

Algunos biólogos, como Lynn Margulis y James Lovelock, han defendido que, en la evolución, la cooperación es más importante que la competición y que, de hecho, es su verdadera fuerza impulsora. Los seres humanos no sobreviven luchando los unos contra los otros, sino mediante la interacción y la dependencia mutua. Si la frase «la supervivencia del más apto» tiene algún significado es el de la supervivencia de los que interactúan con mayor eficacia. En palabras de Margulis (y su coautor Dorion Sagan): «La vida no ocupó la Tierra tras un combate, sino extendiendo una red de colaboración por su superficie. Las formas de vida se multiplicaron y se hicieron cada vez más complejas integrándose con otras, en vez de hacerlas desaparecer».[21] Esto también es válido para uno de los pasos más importantes de toda la evolución de la vida en este planeta, cuando las células procariotas (las entidades unicelulares más simples, sin núcleo) se unieron para formar eucariotas (organismos unicelulares o pluricelulares que sí tienen núcleo). Esto no sucedió por medio de la competición, sino de la cooperación y la coordinación.

Esta perspectiva tiene poco sentido desde la perspectiva del modelo neodarwinista, y ésa es la razón por la que la importancia de la cooperación suele minimizarse. Pero, de acuerdo con el modelo panespiritista, la cooperación tiene todo el sentido del mundo. Uno de los supuestos fundamentales del neodarwinismo —y del materialismo en general— es que los seres vivos son entidades separadas y diferenciadas cuya única preocupación es la supervivencia y la replicación de sus genes. Sin embargo, ésta es una falsedad perniciosa. En realidad no existe separación, ni siquiera individualidad alguna. Todos los seres vivos están interconectados. Todos somos expresión de la misma fuerza espiritual, al margen de lo distintos que seamos físicamente. Del mismo modo en que el agua puede adoptar muchas formas distintas (lluvia, lagos, charcas, arroyos, ríos, mares) pero en esencia es siempre la misma, la conciencia se expresa de muchas formas diferentes pero en esencia es siempre la misma. La misma energía espiritual aparece como el ser esencial de todas las criaturas vivas. Por lo tanto, no es en absoluto de extrañar que los seres vivos no existan en un estado de guerra indiscriminada entre ellos, sino que más bien exhiban un alto grado de cooperación y altruismo.

PSICOLOGÍA EVOLUTIVA

Una de las aplicaciones más desafortunadas del concepto de la evolución como una lucha individual por la supervivencia —o una competición por los recursos limitados— es el campo de la psicología evolutiva. Esta disciplina intenta aplicar el neodarwinismo al comportamiento humano. Su idea básica es muy sencilla: si una característica o rasgo humano ha sobrevivido hasta hoy, debe de haber supuesto alguna ventaja evolutiva para nuestros ancestros. Es evidente que los rasgos están vinculados a ciertos genes, y esos genes sólo podrían haber sido «seleccionados» si ayudaron a nuestros ancestros a sobrevivir de alguna manera o si conferían una ventaja reproductiva.

Tomemos como ejemplo la cuestión de por qué muchas personas (al parecer, en especial los hombres) tienen un fuerte deseo de alcanzar riqueza, poder y estatus. Según los psicólogos evolutivos, esto se debe a que, en tiempos prehistóricos, la riqueza y el poder habrían incrementado las probabilidades de supervivencia de la persona. Al mismo tiempo, en especial en el caso de los hombres, la riqueza y el poder habrían aumentado sus posibilidades reproductivas. Las mujeres se habrían sentido atraídas por los hombres ricos y poderosos porque ofrecían una mayor seguridad. (Esto, dicho sea de paso, también podría explicar en parte por qué las sociedades suelen estar dominadas por hombres: porque éstos tienen un mayor deseo de poder y riqueza que las mujeres.)

El aparente egoísmo de los seres humamos también puede explicarse desde este punto de vista. Dado que la vida era durísima en los tiempos prehistóricos, las personas más despiadadas y menos compasivas tenían mayores probabilidades de quedarse con la comida y a los recursos, y por lo tanto tenían más probabilidades de sobrevivir. Lo más normal es que la compasión y la solidaridad hubieran disminuido las probabilidades de supervivencia del individuo. Lo que resulta aún más controvertido es que algunos psicólogos evolutivos han intentado explicar la violación como una adaptación evolutiva. Según esta lógica, dado que las violaciones son comunes en la mayoría de las sociedades, debe de haber alguna razón evolutiva para que existan. Así las cosas, la teoría que se ha presentado es que la violación es un intento desesperado de replicar sus genes por parte de los hombres de bajo estatus, que no pueden atraer a parejas sexuales voluntarias.[22] (En el próximo capítulo también estudiaremos las explicaciones de la psicología evolutiva para otros hechos despreciables como el racismo y la guerra.)

Estas explicaciones, y el campo de la psicología evolutiva en su totalidad, tienen tantísimos problemas que es imposible abordarlos todos aquí.[23] Pero uno de los aspectos cuestionables de la teoría es el supuesto de que todo rasgo humano actual debió de tener algún valor adaptativo para nuestros ancestros (o bien ser un subproducto de otros rasgos adaptativos). Hay muchos rasgos humanos prevalentes en los que resulta difícil percibir algún tipo de valor para la supervivencia. Por ejemplo, la depresión; de acuerdo con la lógica de la psicología evolutiva, teniendo en cuenta lo común que es la depresión, este rasgo debió de tener algún valor adaptativo. De ahí que algunos psicólogos evolutivos hayan insinuado que la depresión fue una adaptación que evolucionó cuando nuestros ancestros empezaron a enfrentarse a problemas complejos y desarrollaron la capacidad de rumiar sobre ellos.[24] Sin embargo, en realidad éste no es más que un argumento *post hoc* basado en un supuesto preexistente. Sólo tiene sentido si se da por hecho que debe haber una razón evolutiva para la depresión. Si no se acepta esa premisa, la explicación resulta bastante extraña por diversos motivos, entre ellos: la falta de pruebas de que hubiera depresión entre los grupos de cazadores-recolectores; la probable ausencia de necesidad para ese tipo de rumia prolongada en la vida prehistórica, y los claros efectos contrarios a la vida de la depresión, que sin duda deben de sobrepasar cualquier posible beneficio. La depresión severa puede llevar al suicidio, el menos deseable de los posibles resultados evolutivos. La evolución no habría seleccionado ningún rasgo que fomente los impulsos autodestructivos.

Algunos psicólogos evolutivos también han empleado este tipo de argumento para explicar la evolución de la conciencia. Dado que al parecer somos conscientes, es de suponer que la conciencia haya tenido algún valor adaptativo. Una teoría es que la conciencia ha tenido valor para la supervivencia porque nos convence de que somos individuos especiales, únicos, y por lo tanto aumenta nuestra determinación por sobrevivir. Pero ¿por qué debería resultar ventajoso ese sentimiento de ser «especial» cuando muchos otros seres vivos sobreviven bastante bien sin tenerlo (al menos en apariencia)? Otra teoría es que la conciencia nos proporcionó la capacidad de entender a otras personas, de dilucidar lo que debían de estar pensando o planeando. Nos volvimos capaces de «prevenir» o de «adelantarnos» a ellos, y esto nos ayudó en la competición por la supervivencia.[25]

Sin embargo, la conciencia podría interpretarse igual de fácilmente como una desventaja en términos de supervivencia. Por ejemplo, podría argüirse que nos hace vulnerables a sufrir ansiedad, frustración y autodesprecio. Nuestra conciencia de nosotros mismos y de nuestra vida (y de nuestra muerte potencial) significa que los seres humanos cometen más suicidios que los miembros de cualquier otra especie. Además, tal como ha señalado el filósofo alemán Thomas Metzinger, la conciencia podría entenderse, en una escala más amplia, como maladaptativa, ya que, como seres humanos, parece que somos incapaces de vivir en armonía con la Tierra y corremos el riesgo de destruir el soporte vital de nuestro planeta y, por consiguiente, de acabar con nosotros mismos.[26]

El esfuerzo por explicar rasgos humanos en términos de su beneficio evolutivo no es más que una especie de dogma que lleva a justificaciones absurdas y ofensivas de comportamientos tales como la violación o la dominación masculina. No se diferencia mucho del modo en que las personas religiosas intentan explicar todo aspecto de la vida humana haciendo referencia a Dios, incluidos los aspectos problemáticos como la existencia del dolor y el sufrimiento. En realidad, la adaptación evolutiva es uno más de entre toda una multitud de factores (y lo más seguro es que ni siquiera sea uno de los más importantes) que influyen en el comportamiento humano, entre los que se cuentan los factores sociales o ambientales, los psicológicos, los existenciales, los espirituales y los accidentales.

Los psicólogos evolutivos suelen elegir ciertos aspectos de lo que ellos consideran que es la «naturaleza humana» y a crear historias «a propósito» para explicar su desarrollo, siempre basadas en los supuestos beneficios que estos rasgos habrían tenido en la historia humana temprana. Una falacia de esto es que la «naturaleza humana» es vaga en extremo y puede interpretarse de diversas maneras. ¿Quién dice que los seres humanos son innatamente egoístas? ¿Y que los hombres experimentan un gran deseo de riqueza y poder? ¿Y que por lo general las mujeres se sienten atraídas por hombres ricos y poderosos? Esto no es más que una interpretación de la naturaleza humana elegida con gran cuidado, constituida a partir de los elementos que se adhieren a la perspectiva neodarwinista de la vida como lucha y competición. Como veremos en el próximo capítulo, al igual que otras especies, los seres humanos suelen mostrarse más colaborativos que egoístas y competitivos. Tenemos las mismas probabilidades de ser benevolentes que de ser despiadados. Hay muchas personas racistas, pero también hay muchas personas que sienten empatía y se comportan de manera inclusiva con otros grupos étnicos. Puede que algunas mujeres se sientan atraídas hacia los hombres ricos y poderosos, pero muchas otras se sienten atraídas por los hombres cariñosos y sensibles, con independencia de su estatus social.

No obstante, puede que el problema más serio de la psicología evolutiva sea que está basada en una imagen del pasado de la especie humana falsa del todo. Está basada en el supuesto neodarwinista de que la historia humana (y la prehistoria), al igual que la evolución en su totalidad, ha sido una lucha brutal por la supervivencia. Se considera que el período temprano durante el que se desarrollaron los rasgos humanos fue una época en la cual la vida humana era «peligrosa, salvaje y breve», en la que únicamente se seleccionaban los rasgos que proporcionaban a las personas una ventaja de supervivencia, mientras que los demás se quedaban por el camino. En el próximo capítulo veremos que esto es una caricatura tosca.

En vista de estos problemas, parece extraño que la psicología evolutiva se haya convertido en una teoría tan popular. Pero es probable que esto responda a que, como el materialismo en general, también posee un gran potencial explicativo. Ofrece una justificación muy sencilla de todos los aspectos del comportamiento humano. Otro motivo de su renombre es que encaja muy bien con los valores competitivos e individualistas de las sociedades occidentales modernas. Igual que la noción general de la vida como una «supervivencia del más apto», la psicología evolutiva nació de esos valores. La visión de la vida humana temprana como una lucha por el éxito genético en la que los individuos y los grupos compiten por el acceso a los recursos limitados es una buena metáfora de las sociedades capitalistas competitivas. Y dado que éste es el tipo de sociedad con el que estamos familiarizados, la teoría puede tener sentido para nosotros.

Sin embargo, una cultura más igualitaria bien podría haber dado con un modelo del comportamiento humano más colaborativo e igualitario y, tal como veremos en el próximo capítulo, no cabe duda de que se han encontrado pruebas que justifican esta interpretación.

UN PUNTO DE VISTA ALTERNATIVO ACERCA DE LA EVOLUCIÓN

Entonces, a modo de resumen: la perspectiva espiritual sobre la evolución sugiere que la propia conciencia posee el impulso de expresarse de manera más intensa dentro de las formas de vida y de generar formas de vida más complejas que soporten una conciencia de mayor intensidad.

A veces comparo la evolución con el desarrollo de un ser humano desde que es un embrión hasta que alcanza la edad adulta. El desarrollo progresa de manera natural e inevitable desde el estado más simple (cuando dos células se encuentran y fusionan) hacia niveles de complejidad creciente en los que las células se separan, se organizan y comienzan a formar las diferentes partes del cuerpo. El proceso avanza siguiendo unas líneas predeterminadas, se ciñe a una especie de esquema o molde que es específico de nuestra especie. Creo que el proceso de la evolución es similar a éste, aunque se da en un marco temporal enormemente ampliado, pues se extiende a lo largo de cientos de millones de años. Quizá la única diferencia sea que es posible que la dirección de la evolución no esté tan fijada como la del desarrollo de un individuo; tal vez exista una simple tendencia a moverse hacia una complejidad y una conciencia mayores que es bastante direccional sin llegar a estar predeterminada por completo.

Por eso, en mi opinión, creer que el proceso de la evolución es accidental es tan ilógico como interpretar el desarrollo humano desde el embrión hasta la edad adulta como un proceso aleatorio. El proceso del desarrollo ontogenético (o individual) presenta un paralelismo muy estrecho con el avance de la evolución a lo largo de los últimos cuatro mil millones de años, en los que ha pasado desde las estructuras celulares simples a una complejidad y especialización crecientes; y este paralelismo comporta la probabilidad de que ambos tipos de desarrollo no sean aleatorios, sino direccionales.

Uno de los aspectos interesantes de este punto de vista sobre la evolución es que conecta con el desarrollo espiritual. En mi libro *El Salto* sugerí que, cuando las personas tienen «experiencias de despertar» o experimentan un estado de despertar prolongado, están atisbando un estadio superior de la evolución. Son experiencias en las que se tiene una conciencia más intensa y expansiva, y en este sentido representan una continuación de la expansión de la conciencia que se está llevando a cabo desde los inicios de la vida, hace unos cuatro mil millones de años. El desarrollo espiritual es un proceso de autoevolución y está relacionado con el proceso evolutivo en su totalidad. Muchas personas sienten el impulso de desarrollarse a nivel espiritual, es decir, de expandir e intensificar su conciencia, y ese impulso es, en esencia, el mismo que ha guiado a las formas de vida desde las más simples procariotas unicelulares hasta las criaturas con miles de millones de neuronas como los delfines, las ballenas y los seres humanos. La conciencia está trabajando a través de nosotros, nos está empujando hacia una forma de percepción más intensa (y quizá, como creía Pierre Teilhard de Chardin, esto tenga que ver con la creciente interconectividad intraespecie creada por el comercio, el transporte y las comunicaciones modernos, sobre todo por internet). Un día, lo que en la actualidad conocemos como un estado de conciencia «superior» se convertirá en lo normal (para otros seres vivos, si no para los humanos). Entonces, lo que ahora mismo experimentamos como la conciencia «normal» nos parecerá tan limitado como nos lo parece hoy en día la conciencia que exhiben formas de vida más simples, por ejemplo los insectos.

10

¿POR QUÉ LOS GENES EGOÍSTAS SE COMPORTAN DE MANERA TAN GENEROSA? EL ENIGMA DEL ALTRUISMO

El 22 de mayo de 2017, mi ciudad natal, Manchester, sufrió un atentado terrorista. Un hombre de veintidós años que esperaba en el vestíbulo al final de un concierto de Ariana Grande hizo estallar una bomba que llevaba sujeta al pecho. Mató a veintidós personas (incluyéndolo a él) e hirió a más de quinientas. La mayor parte de las víctimas eran niños o padres que esperaban para recoger a sus hijos. Sin embargo, en medio de la brutalidad sin sentido del atentado, surgieron muchas historias de heroísmo y generosidad.

Un médico fuera de servicio, que ya se alejaba del lugar del concierto tras recoger a su hija, volvió corriendo al vestíbulo para ayudar a las víctimas. Una mujer que vio a grandes grupos de adolescentes confusos y asustados que escapaban del estadio guió a una cincuentena de ellos hasta un hotel cercano para ponerlos a salvo. Desde allí difundió su teléfono móvil en las redes sociales para que los padres pudieran ir a recoger a sus hijos. Los taxistas de toda la ciudad apagaron los taxímetros y llevaron a los que habían asistido al concierto y a otros ciudadanos a sus casas. Taxistas de hasta casi cincuenta kilómetros a la redonda se trasladaron a la ciudad para ofrecer transporte gratis. Un sin techo llamado Stephen Jones estaba durmiendo al raso cerca del estadio y entró a toda prisa para ayudar. Encontró a numerosos niños cubiertos de sangre, gritando y llorando. Un amigo y él les arrancaron clavos de los brazos a los niños (en un caso, incluso de la cara) y ayudaron a una mujer que sangraba mucho sujetándole las piernas en el aire. «Ir a ayudar a la gente fue instintivo», dijo el hombre.[1] (Aunque, para ilustrar el lado negativo de la naturaleza humana, otro hombre sin techo fue encarcelado por robarles sus pertenencias a víctimas heridas en el atentado.) Dan Smith, un sanitario que estuvo presente en la escena, comentó: «Había una cantidad increíble de gente haciendo lo que podía para ayudar [...]. Todo el mundo trabajó unido de una forma que yo nunca había visto [...]. Lo que más recordaré es la humanidad que se demostró. La gente se miraba a los ojos, se preguntaban mutuamente si estaban bien, se ponían la mano en el hombro los unos a los otros, se cuidaban».[2]

Estos actos de altruismo caracterizan casi siempre las situaciones de emergencia. También en el Reino Unido, en 2016, un ciclista quedó atrapado bajo la rueda de un autobús de dos pisos. A su alrededor se congregó una multitud de un centenar de personas y, en un asombroso acto de altruismo coordinado, levantaron el autobús para que pudieran liberar al hombre. Según los sanitarios que atendieron al ciclista, aquello fue un «milagro» que le salvó la vida. Otro ejemplo tuvo lugar en Glasgow, donde en noviembre de 2013 un helicóptero cayó sobre un pub y mató a diez personas. Justo después del accidente, los vecinos y transeúntes se precipitaron hacia la escena y, junto con algunos de los clientes del pub, formaron una cadena humana para sacar a las víctimas heridas e inconscientes de la zona de peligro, centímetro a centímetro, y dejarlas en manos de los servicios de emergencia.

Un último ejemplo: en 2007, un trabajador de la construcción llamado Weley Autrey se encontraba en un andén del metro de Nueva York cuando un joven que estaba a su lado sufrió un ataque epiléptico y cayó a las vías. Al oír que se acercaba un tren, Autrey sintió el impulso de bajar de un salto para intentar salvar al joven, pero entonces se dio cuenta de que el convoy iba demasiado rápido, así que al final se colocó encima del cuerpo del joven y lo empujó hacia una zanja de drenaje que había entre los raíles. El conductor del metro los vio, pero ya era demasiado tarde para detenerse: cinco vagones del tren pasaron por encima de ellos. Milagrosamente, los dos salieron ilesos. Cuando un periodista de *The New York Times* le preguntó por qué lo había hecho, Autrey respondió: «Sencillamente vi a alguien que necesitaba ayuda. Hice lo que sentí que estaba bien».[3]

LA CRUDA «VERDAD»

Estos ejemplos demuestran que, aunque los seres humanos a veces somos egoístas y competitivos, también podemos ser extremadamente amables y generosos. Sin embargo, la cosmovisión materialista suele minimizar los aspectos benevolentes de nuestra naturaleza, e incluso desestimarlos. El sistema económico capitalista —derivado de la cosmovisión materialista— nos anima a competir los unos contra los otros para obtener éxito y riqueza, y a ver a nuestros congéneres como rivales. Y, como hemos señalado en el capítulo anterior, las teorías del neodarwinismo y de la psicología evolutiva describen a los seres humanos como despiadadas máquinas genéticas a las que sólo les preocupa la supervivencia y la reproducción.

Uno de los libros más influyentes de la segunda mitad del siglo XX fue *El gen egoísta*, de Richard Dawkins, que, al igual que el campo de la psicología evolutiva en general, se hizo famoso porque parecía ofrecer confirmación y justificación científicas del feroz individualismo de las sociedades occidentales. En un fragmento del libro, Dawkins expresa la «cruda verdad» sobre la vida según el neodarwinismo:

> Para una máquina de supervivencia, otra máquina de supervivencia (que no sea su propio hijo u otro pariente cercano) constituye parte de su entorno, al igual que una roca o un río o un bocado de alimento. Se trata de algo que obstruye el camino y que puede ser utilizado. Difiere de una roca o un río en un aspecto importante: tiene tendencia a devolver el golpe. Ello se debe a que también es una máquina que guarda sus genes inmortales en fideicomiso para el futuro y, al igual que la primera máquina de supervivencia, no se detendrá ante nada para preservarlos. La selección natural favorece a los genes que controlan a sus máquinas de supervivencia de tal manera que hacen el mejor uso posible de su entorno. Ello incluye el hacer mejor uso de otras máquinas de supervivencia, ya sean de la misma especie o de especies diferentes.[4]

Este pasaje resulta sorprendente por su brutalidad. Describe a los seres humanos como depredadores psicopáticos, de forma similar a como los presentan las ideologías de extrema derecha, por ejemplo el nazismo. Lo más probable es que Dawkins dijera que él sólo estaba «contando las cosas como son», y en cierto sentido es cierto: se limita a llevar la perspectiva materialista a su conclusión lógica. Si no somos más que «portadores» de miles de genes cuyo único objetivo es sobrevivir y replicarse, entonces no cabe duda de que (como todos los seres vivos) somos orgullosos y despiadados. (Para ser justos con Dawkins, él no hace apología de la psicopatía o el fascismo; cree que deberíamos aceptar el hecho de que somos fundamentalmente egoístas y crueles, pero intentamos controlar y limitar esos impulsos.)

El problema es que, como demuestran los ejemplos previos, hay bastantes ocasiones en las que los seres humanos no nos comportamos en absoluto como depredadores sin piedad, en las que, de hecho, actuamos justo de la manera contraria y sacrificamos nuestro bienestar (potencialmente incluso nuestra vida) por el de los demás. Si sólo nos interesara nuestra propia supervivencia, este comportamiento no tendría sentido.

Ésta es la cuestión básica que vamos a discutir en este capítulo: si los seres vivos están formados por genes egoístas, ¿por qué a menudo se comportan de forma tan generosa? Evidentemente, el materialismo y el neodarwinismo tienen varias explicaciones para intentar justificar el altruismo, y vamos a examinarlas. Veremos que se trata de hipótesis muy problemáticas y en gran medida basadas en supuestos erróneos y datos cuestionables.

ALTRUISMO PREHISTÓRICO

Como hemos visto en el último capítulo, la idea de que los seres humanos son egoístas por naturaleza se basa en la noción de que la vida es, en el fondo, una lucha por la supervivencia. De acuerdo con el discurso convencional, el egoísmo y la crueldad han prosperado porque siempre hemos tenido que competir por los recursos limitados. El altruismo no nos habría beneficiado en absoluto; habría significado renunciar al acceso a los recursos que necesitamos para nuestra supervivencia. Sin embargo, el egoísmo habría aumentado nuestras probabilidades de sobrevivir y, por lo tanto, la evolución lo habría «seleccionado» como rasgo y se habría transmitido a las generaciones futuras.

Esto resulta válido tanto para los individuos como para los grupos. Como individuos dentro de un grupo, los hombres buscaban la riqueza y el poder de forma brutal para poder asegurarse la supervivencia y resultar más atractivos al sexo opuesto y, como resultado, propagar sus genes lo más ampliamente posible. A nivel de grupo, las tribus (por lo general compuestas por individuos con una estrecha relación genética) competían entre ellas por los recursos. Las demás tribus eran una amenaza potencial contra nuestra supervivencia porque podían agotar los recursos que nosotros necesitábamos y, por consiguiente, era inevitable que fuéramos hostiles hacia ellas.

Algunos psicólogos evolutivos interpretan esto como el origen del racismo y las guerras. De forma irremediable, un grupo se mostraría hostil hacia los demás y les impediría el acceso a los recursos con el objetivo de aumentar su propio acceso y mejorar sus probabilidades de supervivencia. En palabras del antropólogo Pascal Boyer, el racismo es «consecuencia lógica de eficaces estrategias económicas» y nos permitía «mantener a los miembros de los otros grupos en una posición inferior, con beneficios claramente inferiores».[5] Y en lo que se refiere a la guerra, el conflicto surgió de manera inevitable entre los diferentes grupos que competían por el acceso a los mismos recursos, tales como la comida y el agua.

Pero esto es una tosca caricatura de la vida humana prehistórica. Por aquel entonces, la vida no era una lucha. Las pruebas arqueológicas y antropológicas han demostrado que nuestros ancestros llevaban una buena dieta, tenían mucho tiempo libre y estaban a salvo de la mayoría de las enfermedades que afligen a los humanos modernos (muchas de las cuales nos transmitieron más adelante los animales que domesticamos —como por ejemplo las vacas, las ovejas y los caballos— siguiendo el cambio hacia un estilo de vida centrado en la agricultura.[6] Y la vida también era sencilla en tanto que nuestros ancestros no debían competir contra otros grupos por los recursos. En la era prehistórica, el mundo estaba muy poco poblado, lo cual quería decir que en realidad había recursos en abundancia para los grupos de cazadores-recolectores. Según algunos cálculos, hace alrededor de quince mil años, la población de toda Europa era de menos de treinta mil habitantes, y la población del mundo entero no sobrepasaba el medio millón.[7] La densidad de población era, en consecuencia, muy baja, así que no existía el tipo de presión por la supervivencia que habría favorecido rasgos como la competición y el egoísmo. En términos evolutivos, no había razón para que esos rasgos fueran seleccionados como adaptaciones.

También es muy poco probable que los grupos llegaran a crecer tanto que agotaran los recursos de una zona concreta, ya que cambiaban de ubicación con regularidad —por lo general, cada pocos meses— y experimentaban muy poco crecimiento demográfico. Antes de la llegada de la agricultura, el ritmo de crecimiento de la población era extremadamente lento (muy por debajo del 0,001 por ciento al año, según un cálculo).[8] Algunas de las posibles causas de esto son los períodos más largos de amamantamiento (hasta la edad de cinco o seis años, lo cual se traducía en períodos de infertilidad más largos) y el uso de anticonceptivos vegetales. (Sin duda, tener un número menor de hijos es más adecuado para el estilo de vida nómada de los cazadores-recolectores, ya que cuando son muchos resultan más difíciles de trasladar a los nuevos emplazamientos.)

La falta de pruebas de la disputa de guerras en la época prehistórica también demuestra la inexactitud de la idea sobre la prehistoria que esgrime la psicología evolutiva. Presento muchos datos al respecto en *La Caída* —publicado en inglés en 2005—, pero desde entonces han aparecido muchos más testimonios de ese estado de «paz prehistórica». Por ejemplo, en 2013 los antropólogos Jonathan Haas y Matthew Piscitelli estudiaron las descripciones de 2.900 esqueletos humanos prehistóricos que aparecían en la literatura científica. Aparte de un único yacimiento en Sudán, donde se había cometido la masacre de dos docenas de personas, sólo encontraron cuatro esqueletos que mostraran signos de violencia, y aun así dichos signos eran más compatibles con el asesinato que con la guerra.[9] Esta escasez de violencia está en completa oposición a los períodos posteriores, en los que las señales de guerra resultan obvias en las marcas de los esqueletos, las armas, las obras artísticas, los yacimientos defensivos y la arquitectura. En el mismo año, otro antropólogo, Brian Ferguson, llevó a cabo un detallado estudio de los hallazgos arqueológicos del Neolítico en Europa y Oriente Próximo y apenas encontró indicios de guerra.[10]

Incluso los cazadores-recolectores modernos —al menos los que todavía llevan el mismo estilo de vida que nuestros ancestros prehistóricos— son por lo general poco belicosos.[11] En 2014, un estudio de veintiún grupos de cazadores-recolectores actuales llevado a cabo por los antropólogos Douglas Fry y Patrik Söderberg detectó una sorprendente ausencia de pruebas de conflictos intergrupales durante los últimos cien años. Había una sola sociedad (un grupo aborigen australiano conocido como los tiwi) que tenía una historia de asesinatos grupales.[12]

Es probable que en los tiempos prehistóricos hubiera también muy poca competición dentro de los grupos individuales. Los informes antropológicos sobre los grupos de cazadores-recolectores que llevan el mismo estilo de vida de «retorno inmediato» que nuestros antepasados —lo cual significa que consumían el alimento de forma casi instantánea, sin almacenar excedentes— siempre han mostrado que son extremadamente igualitarios y democráticos. La mayoría de estos grupos no tienen líderes ni jerarquías, y toman las decisiones por consenso. No acaparan bienes ni acumulan posesiones, y tienen unas costumbres muy desarrolladas en lo que a compartir se refiere. Esta igualdad de estatus atañe también a las mujeres. Una investigación reciente sobre grupos de cazadores-recolectores contemporáneos ha demostrado que los hombres y las mujeres tienden a tener un estatus y una influencia similares, cosa que hace pensar que la desigualdad de género fue un desarrollo social relativamente reciente.[13]

En otras palabras, la idea de la vida como una competición por los recursos limitados y como una lucha general por la supervivencia no tiene sentido en términos del estilo de vida nómada de los cazadores-recolectores que nuestra especie ha seguido durante la mayor parte del tiempo que lleva en este planeta. Por tanto, la idea de que los seres humanos son egoístas y competitivos por naturaleza se asienta sobre un discurso falso y en consecuencia es una falacia en sí misma.

En realidad, la vida se convirtió en una lucha en tiempos relativamente recientes, una vez que nuestros ancestros se asentaron y empezaron a dedicarse a la agricultura. Fue entonces cuando los recursos se volvieron más escasos (en parte debido al incremento de la densidad de población). Y fue también entonces cuando nos vimos obligados a trabajar con mucha más dureza para conseguir alimentos, cuando nos volvimos más vulnerables a las enfermedades y cuando nuestra dieta se deterioró. Éstas son las razones por las que muchos antropólogos y arqueólogos consideran que la agricultura es —en palabras de Jared Diamond— «el peor error en la historia de la especie humana».[14]

En cualquier caso, a juzgar por cómo vivían nuestros ancestros en realidad, el altruismo y la cooperación deberían ser mucho más innatos para nosotros que la competición y la violencia. Y yo considero que así es. El hecho de que en situaciones de crisis la gente responda por instinto y sin ninguna deliberación consciente de forma altruista es ejemplo de ello.

EXPLICACIONES DEL ALTRUISMO

Es cierto que, desde un enfoque genético, ayudar a las personas cercanas a nosotros no tiene por qué ser contraproducente: nuestros parientes o primos lejanos comparten muchos de nuestros genes, así que ayudarlos podría contribuir a que éstos sobrevivan. Tal como lo explica Richard Dawkins, «el altruismo al nivel del organismo individual puede ser una vía por la cual los genes subyacentes maximizan su interés egoísta».[15] Así que lo que podría parecer autosacrificio en realidad tal vez pretenda perpetuar nuestros genes.

Pero ¿qué ocurre cuando ayudamos a gente que no tiene relación alguna con nosotros? ¿O cuando ayudamos a los animales?

Los materialistas han propuesto varias explicaciones distintas para justificarlo. En opinión de algunos psicólogos, el altruismo «puro» ni siquiera existe. Cuando ayudamos a personas extrañas (o a los animales) siempre debe haber algún beneficio para nosotros, aunque no seamos conscientes de ello. El altruismo hace que nos sintamos bien con nosotros mismos; hace que la gente nos respete más; o podría, en el caso de las personas religiosas, aumentar nuestras oportunidades de entrar en el cielo. O puede que el altruismo sea una estrategia de inversión: hacemos buenos actos para los demás con la esperanza de que ellos nos devuelvan el favor algún día, cuando lo necesitemos. (Esto se conoce como «altruismo recíproco».) De acuerdo con los psicólogos evolutivos, el altruismo podría incluso ser una forma de demostrar nuestros recursos, de dejar claro lo ricos o capaces que somos con el objetivo de volvernos más atractivos para el sexo opuesto, lo cual incrementa nuestras posibilidades reproductivas.

Por último, los psicólogos evolutivos también han sugerido que el altruismo podría ser una especie de error, un rasgo «sobrante» de cuando los seres humanos vivían en pequeños grupos con personas con las que estaban relacionadas estrechamente a nivel genético. Por supuesto que teníamos el instinto de ayudar a los otros miembros de nuestro grupo, porque nuestra supervivencia dependía de la seguridad del grupo como conjunto, y porque, de forma más indirecta, eso contribuiría a la supervivencia de nuestros genes. De modo que, aunque ya no vivimos en pequeñas tribus formadas por la familia extensa, instintivamente nos comportamos como si todavía fuera así y ayudamos a los que nos rodean como si estuviéramos emparentados con ellos.

Lo que todas estas explicaciones tienen en común es que en realidad son intentos de desestimar el altruismo o de inventar excusas para su existencia. Es casi como si dijéramos: «Por favor, disculpen mi bondad, pero en realidad sólo intentaba quedar bien a ojos de los demás». O tal vez: «Perdona que te ayude, pero es un rasgo que he heredado de mis antepasados de hace miles de años y parece que no soy capaz de librarme de él». Es evidente que a veces estas razones son válidas. Muchos actos de bondad podrían estar motivados sobre todo, o al menos en parte, por el interés propio. Sin embargo, está claro que el altruismo «puro» también existe: un deseo sencillo y directo de aliviar el sufrimiento de otros seres humanos, u otros seres vivos, que se basa en nuestra capacidad de empatizar con ellos. Un acto de puro altruismo puede hacer que después alguien se sienta mejor consigo mismo, y quizá aumente el respeto de los demás hacia esa persona y las probabilidades de que más tarde la ayuden a ella; pero es posible que en el preciso momento en que lleva a cabo el acto su única motivación sea un deseo impulsivo y desinteresado de aliviar el sufrimiento.

LA EMPATÍA COMO LA RAÍZ DEL ALTRUISMO

El otro día estaba a punto de darme una ducha cuando vi una araña cerca del desagüe de nuestra bañera. Salí de la ducha, cogí un trozo de papel, procuré con mucho cuidado que la araña se subiera a él y luego la aparté del peligro.

¿Por qué hice algo así? ¿Tal vez con la esperanza de que la araña hiciera lo mismo por mí en el futuro? ¿O de que la araña les contara a sus compañeras que soy un magnífico ser humano? O, más en serio, ¿puede que fuera el resultado de un condicionamiento moral, del respeto por las criaturas vivas y el impulso de «hacer el bien» que me inculcaron mis padres? (Aunque, ahora que lo pienso, la verdad es que mis padres no me enseñaron esas cosas...)

Me lo estoy tomando un poco a risa, pero el asunto del altruismo hacia los miembros de otras especies es importante, ya que no puede explicarse en términos genéticos ni de «altruismo recíproco». Si dono dinero a una asociación animalista, me detengo en la carretera para recoger un pájaro herido y me desvío dieciséis kilómetros de mi ruta para llevarlo al veterinario más cercano, ¿de verdad lo estoy haciendo para quedar bien ante los demás o para sentirme orgulloso de mí mismo? Una vez más, sí, podría darse ese caso, pero también es posible que sean actos de altruismo puro, reacciones al sufrimiento de otro ser vivo que surgen de la empatía. Es posible que empatizara con la araña simplemente porque era otro ser vivo, una criatura que tenía tanto derecho como yo a seguir viviendo.

Desde la perspectiva panespiritista, la empatía es la raíz de todo altruismo puro. En ocasiones se describe la empatía como nuestra capacidad de ver las cosas desde la perspectiva de otra persona o de «meternos en su piel». Pero, en su sentido más profundo, la empatía es la capacidad de «sentir» —no sólo de imaginar— lo que los demás están experimentando. Es la capacidad de entrar de verdad en el «espacio mental» de otra persona (o ser) y notar sus sentimientos y emociones.

De este modo, la empatía es la fuente de la compasión y el altruismo. La empatía crea una conexión que nos permite sentir compasión. Somos capaces de experimentar el sufrimiento de otros, y eso da lugar a un impulso por aliviarlo, lo que a su vez da lugar a actos altruistas. Como podemos «sentir con» otras personas, estamos motivados para ayudarlas cuando lo necesitan.[16]

CONEXIÓN POR MEDIO DEL ALTRUISMO

Los actos altruistas son beneficiosos no sólo para aquellos que los reciben, sino también para quienes los llevan a cabo. La generosidad está muy relacionada con el bienestar. Los estudios con personas que realizan voluntariados han demostrado que éstas poseen una mejor salud mental y psicológica y que son más longevas. Se ha demostrado que los beneficios del voluntariado son mayores que los de comenzar a hacer ejercicio o asistir a servicios religiosos, incluso mayores que los de dejar de fumar. Un estudio llegó a la conclusión de que, cuando a una persona se le entregaba una cantidad de dinero, lograba mayor bienestar cuando se lo gastaba en los demás o lo regalaba que cuando se lo gastaba en sí misma.[17]

Todos los años, en el marco del curso de psicología positiva que imparto en mi universidad, damos una clase sobre la empatía y el altruismo. Cuando terminamos, animo a los alumnos a salir y llevar a cabo todos los actos de bondad que puedan a lo largo de la semana siguiente y, después, reflexionar acerca de qué sentimientos les provocan esas acciones. Algunos de los actos de bondad más típicos que realizan son pararse a hablar con personas sin techo o comprarles comida, ofrecerse a ayudar con las tareas del hogar a vecinos ancianos (o sencillamente a pasar tiempo con ellos), llevar a amigos en coche cuando lo necesitan o incluso actos tan sencillos como sujetarles la puerta a otras personas. Casi sin excepción, todos afirman que esos actos altruistas les producen una intensa sensación de bienestar y los llevan a pensar de forma positiva sobre ellos mismos, sobre los demás y sobre la vida en general.

¿Por qué nos proporciona el altruismo una sensación de bienestar tan fuerte? Creo que se trata de algo más que un simple «sentirse bien» con uno mismo o presumir ante los demás. Esta sensación de bienestar procede de la potente sensación de conexión empática que va asociada al altruismo. Una sensación de conexión genera el impulso de ser altruista, y cuando llevamos a cabo un acto de bondad, la sensación de conexión se intensifica y da lugar a la superación del egocentrismo y la separación.

A veces esta sensación de conexión se experimenta de forma muy directa durante un acto altruista. Algunos de mis alumnos lo comentan. Una de ellas describió la intensa sensación de conexión que había experimentado con una persona sin techo con las siguientes palabras: «Sentí un verdadero vínculo con él, como si de verdad pudiera ver cómo era la vida para ese hombre, y sentí respeto por él. Mucha gente cosifica a los sin techo y piensa que todos tienen problemas de adicciones o psiquiátricos, pero a mí me hizo darme cuenta de que son tan humanos, sensibles y merecedores de cosas buenas como todos los demás». Otra alumna habló de una sensación de conexión espiritual que iba más allá de la persona anciana a la que estaba ayudando: «No fue una mera sensación de vínculo con ella, aunque no cabe duda de que también se trataba de eso. Fue como conectarme con algo más grande, de lo que todo el mundo forma parte».

ELEVACIÓN

Es interesante que los efectos del acto altruista, entre ellos la sensación de conexión empática y de bienestar que provoca, puedan ampliarse más allá de la persona que lo realiza y la que lo recibe. Un conocido mío vivía en Paquistán, donde trabajaba a favor de los derechos de los animales. Un día, iba caminando por su ciudad cuando vio a una multitud reunida en torno al puesto de un vendedor de pájaros. Un hombre había comprado varios minás comunes (un pájaro popular en las casas de los paquistaníes gracias a su capacidad para imitar sonidos) y los estaba liberando. Uno por uno, fue sacándolos de la jaula y dejó que se marcharan volando. En total, había comprado treinta y dos pájaros sólo para soltarlos.

Mi amigo se quedó asombrado ante este acto de altruismo, en parte porque, como él mismo dijo, «esos actos caritativos no eran muy habituales en mi parte del mundo, donde la gente en general no es muy bondadosa con los animales». Pero también lo sorprendió su propia reacción ante aquel acto. Lo invadió una profunda sensación de paz. Una extraña tranquilidad ocupó todo lo que lo rodeaba y se sintió libre de preocupaciones y angustias. Esa sensación de paz y alegría permaneció con él durante varios días y, en sus propias palabras, «creo que aún sigue ahí en cierto grado».

Diría que muchas personas han tenido una experiencia similar, aunque quizá no tan intensa. Es ese sentimiento fantástico, cálido y elevado, que experimentamos cuando presenciamos un acto de bondad. Incluso los actos altruistas más sencillos pueden proporcionar una pizca de este sentimiento: un transeúnte que le regala la comida que se llevaba al trabajo a un sin techo; un extraño que se ofrece a ayudar a un invidente a cruzar la calle; o un usuario del metro que le cede el asiento a una persona mayor.

En este sentido, presenciar actos altruistas puede ser una fuente de lo que Abraham Maslow denominó «experiencias cumbre»: esos momentos de sobrecogimiento, asombro y sensación de «justicia» que nos hacen sentir un tremendo agradecimiento por estar vivos. El psicólogo Jonathan Haidt se refiere a esta experiencia como «elevación», y la describe como «un sentimiento cálido en el pecho, una sensación de expansión en [el] corazón, un mayor deseo de ayudar y una mayor sensación de conexión con los demás». También es, según sus propias palabras, «una manifestación de la naturaleza humana "superior" o "mejor"».[18]

De hecho, ésta podría ser una de las razones por las que se produce la experiencia de elevación: porque renueva la fe en la naturaleza humana, nos hace darnos cuenta de la bondad pura de la que somos capaces los seres humanos, aunque a veces cueste verlo en medio del caos y el conflicto de la vida diaria. No obstante, como el propio Haidt sugiere, la sensación de conexión empática también constituye un aspecto muy importante de la elevación. En esos momentos, entramos a formar parte de un sistema de ser compartido y sentimos nuestra unidad esencial. Los actos altruistas suelen tener efecto en tres direcciones: generan una sensación de conexión (y por lo tanto un intenso sentimiento de bienestar) en el destinatario, en la persona que lo lleva a cabo y en cualquiera que lo presencie.

EL ORIGEN DEL ALTRUISMO

Desde el punto de vista panespiritista, por tanto, el altruismo es fácil de explicar: no es más que el resultado de la empatía. Nuestra capacidad de empatizar muestra que, en esencia, todos los seres humanos —y, de hecho, todos los seres vivos— estamos interconectados. Somos expresiones de la misma conciencia. Compartimos la esencia. Somos olas del mismo mar, influjos de la misma energía espiritual que lo permea todo.

Es esta unidad fundamental la que hace posible que nos identifiquemos con otras personas, que sintamos su sufrimiento y respondamos a él con actos altruistas. Podemos sentir su sufrimiento porque, en cierto sentido, nosotros somos ellos.

Y, gracias a esta identidad común, sentimos el impulso de aliviar el sufrimiento de otra gente —y de proteger y fomentar su bienestar— tal como lo haríamos con el nuestro. Finalmente, como en los ejemplos de la sección previa, es esta unidad fundamental lo que en realidad experimentamos cuando llevamos a cabo (o presenciamos o recibimos) actos altruistas.

Esta relación entre el altruismo y nuestra unidad fundamental ya la expresó de manera muy hermosa Schopenhauer, que dijo: «En realidad, mi verdadero ser interior existe en todas las criaturas vivientes, de forma tan cierta e inmediatamente conocida como mi propia consciencia de mí mismo [...]. Ésta es la base de la compasión sobre la que descansa toda virtud verdadera, es decir, desinteresada, y cuya expresión se encuentra en todo acto de bondad».[19] O en palabras del místico sefardí Moisés Ben Jacob Cordovero: «En todas las personas hay algo de su prójimo. Por lo tanto, quienquiera que peque se daña no sólo a sí mismo, sino también a esa parte de sí que pertenece a otro».[20] Así, según Cordovero, es importante amar a los demás porque «el otro es realmente uno mismo».

En otras palabras, no hay necesidad de inventarse excusas para el altruismo. Más bien deberíamos celebrarlo como una superación de la separación aparente. Más que ser antinatural, el altruismo es una expresión de nuestra naturaleza más fundamental: la de la unidad.

11

CUESTIONES CUÁNTICAS: MISTERIOS DEL MICROCOSMOS

El mundo físico macrocósmico que percibimos en nuestra vida cotidiana parece tener sentido. Da la sensación de obedecer leyes naturales fundamentales. Los objetos se mueven por el espacio y el tiempo según las leyes del movimiento descritas por Newton. Desde esta perspectiva, el mundo aparenta ser una especie de máquina cuyo funcionamiento puede comprenderse. Y antes los científicos daban por hecho que el mundo microcósmico de los átomos seguía las mismas leyes que el mundo macrocósmico y, por lo tanto, podía entenderse de la misma forma. Parece una hipótesis lógica, porque, a fin de cuentas, cuanto más de cerca observas una máquina, más detalles mecánicos descubres. Hasta cierto punto, esto da la impresión de ser cierto. Por ejemplo, el comportamiento de las moléculas resulta bastante mecánico y comprensible.

Pero, más allá de ese nivel, parece que el caos se adueña de todo. Si sobrepasamos el nivel de las moléculas, las cosas no se vuelven más mecánicas, sino más ilógicas y misteriosas.

Se trata del mundo de la física cuántica, que investiga el comportamiento de las partículas atómicas y subatómicas. Lo extraño de este mundo es que es muy distinto del mundo macrocósmico. Las leyes que tan bien parecen funcionar en el mundo cotidiano se contradicen de plano en el mundo cuántico. La imagen del mundo que obtenemos a partir de la física newtoniana clásica —que además es la base de la cosmovisión materialista— tiene tan poco en común con lo que es la realidad de las cosas según la física cuántica que podrían estar describiendo dos universos diferentes.

En este sentido, la física cuántica siempre ha mantenido una relación incómoda con el resto de la ciencia moderna. En cierto modo, siempre ha sido un «enemigo en casa», al menos en lo que al materialismo se refiere. Décadas antes de que lo hicieran algunos campos «anómalos» de la ciencia moderna, como la neuroplasticidad y el efecto placebo, la física cuántica socavó los principios básicos del materialismo.

Ya hemos mencionado la física cuántica en varias ocasiones a lo largo de este libro, sobre todo en el capítulo 8, con relación a los fenómenos psíquicos. En esas páginas hemos examinado el concepto de «tiempo» y descubierto que en el mundo subatómico el tiempo no tiene por qué ser lineal, lo cual permite la posibilidad de la precognición. También hemos visto que el concepto de «entrelazamiento» permite la telepatía. En este capítulo vamos a examinar este campo con mayor detenimiento y a estudiar en mayor profundidad su problemática relación con el materialismo.

Sin embargo, una advertencia antes de comenzar: puede que parte del material que vamos a examinar resulte complicado de entender; tal vez se parezca más a la ciencia ficción que a la realidad tal como la conocemos. Pero no te preocupes: tal como se cree que dijo Richard Feynman, un físico del siglo XX, «Si crees que entiendes la mecánica cuántica, no entiendes la mecánica cuántica». Y no te inquietes si parte del material te parece además impactante. En palabras de uno de los fundadores de este campo, el físico danés Niels Bohr: «Si alguien no se siente golpeado por la teoría cuántica, se debe a que no la ha entendido».[1]

¿EXISTE LA MATERIA?

La física cuántica proyecta la duda sobre el supuesto más fundamental del materialismo, es decir: sobre la existencia misma de la materia. Al menos sugiere que la materia no existe de la forma en que la entendemos de manera habitual, como algo sólido y definido, que siempre está en un lugar específico y gobernado por leyes de causalidad. A un nivel microcósmico, la materia sólida parece disolverse. En lugar de ser una entidad dura y sólida como una minúscula bola de billar, una partícula de materia es un remolino de energía que se manifiesta como una partícula en ese momento concreto. El físico contemporáneo Paul Davies y el divulgador científico John Gribbin han escrito que, con la llegada de la física cuántica, «la máquina determinista de Newton fue reemplazada por una indefinida y paradójica conjunción de ondas y partículas, gobernadas más por las leyes del azar que por las rígidas reglas de la causalidad. [...] La materia sólida se esfuma para ser reemplazada por sobrenaturales excitaciones y vibraciones de un invisible campo de energía».[2] Uno de los creadores de la teoría cuántica, Max Planck, afirmó algo parecido: «Como un hombre que ha dedicado toda su vida a la ciencia más lúcida, el estudio de la materia, puedo decirles lo siguiente, como resultado de mis investigaciones referentes a los átomos: no existe la materia como tal».[3]

Como sugieren Paul Davies y John Gribbin, en el ámbito microcósmico a veces no existe distinción entre las ondas y las partículas, es decir, que puede que las entidades parezcan ser tanto una partícula como una onda al mismo tiempo. Da la sensación de haber algo más fundamental que las partículas y las ondas que puede manifestarse como cualquiera de ellas. Esta dualidad partícula/onda la demostró uno de los experimentos más famosos (y más repetidos) de la física cuántica, el experimento de la «doble rendija», en el que la luz pasa a través de dos rendijas en una lámina y «aterriza» en una pantalla que hay detrás. La luz aterriza en la pantalla en forma de partículas, pero lo extraño es que las partículas también crean un «patrón de interferencias» que sólo puede resultar del hecho de que sean ondas. El patrón, una «franja» con diferentes rayas, surge donde las ondas se superpondrían. (Distintas variaciones del experimento han llegado a la conclusión de que cada partícula de luz pasa únicamente por una rendija, mientras que una onda pasaría a través de ambas. Y lo que es aún más peculiar, también se ha demostrado que si el experimentador detecta por qué rendija concreta pasan las partículas, entonces el patrón de interferencia de onda no aparece.) Así pues, en el experimento la luz tiene propiedades tanto de onda como de materia. Se llevó a cabo por primera vez en 1927, pero se ha repetido numerosas veces a lo largo de los últimos años con muchos otros tipos de partícula, entre ellas entidades mucho mayores como moléculas formadas por más de ochocientos átomos.[4]

EL PAPEL DEL OBSERVADOR

Desde una perspectiva materialista de sentido común, parece que estamos «aquí dentro» mirando a un mundo que está «ahí fuera» y que sólo podemos influir en el mundo exterior mediante el contacto físico o la fuerza. En la física newtoniana clásica, la conciencia no tiene cabida. El mundo funciona sin ella, como una máquina. Existiría exactamente igual si nosotros no estuviéramos aquí para ser conscientes de él.

Esto explica por qué la física newtoniana está tan estrechamente asociada con la perspectiva de la cosmovisión materialista: confirma nuestra impresión de que el mundo existe con independencia de nosotros y de que la conciencia no es más que un subproducto accidental del funcionamiento cerebral.

Sin embargo, en la física cuántica esta brecha se desvanece. No es posible separar al observador de lo que está observando. Nuestra propia conciencia participa del mundo. Por ejemplo, parece que el hecho de que una entidad se manifieste como partícula o como onda depende de nuestras expectativas y de cómo está diseñado el experimento. Si un físico cuántico prepara un experimento para observar partículas, observará partículas; si el experimento está diseñado para observar ondas, entonces aparecerán ondas. En este sentido, nada es una partícula o una onda hasta que es observado o hasta que se lleva a cabo un experimento. En el mundo cuántico, el observador siempre interactúa cambiando el comportamiento de las partículas por medio de sus actos de observación y medida. Como ya se ha señalado (en el capítulo 8), Pascual Jordan, uno de los fundadores de la física cuántica, afirmó: «Las observaciones no sólo alteran lo que ha de ser medido, sino que lo producen».[5] Otro hallazgo importante en este terreno —que también parece apoyar el concepto de precognición— procede del experimento de «elección retardada» del físico John Wheeler, que demostró que el hecho de que un fotón se comporte como una onda o una partícula depende de una decisión de medida que se toma a posteriori.[6]

El concepto cuántico del «colapso de la función de onda» sugiere que una partícula nunca está en un lugar específico hasta que se la mide u observa. Hasta que la miras de verdad, una partícula ni siquiera tiene una existencia definida. Como muchos otros aspectos de la física cuántica, esto parece desafiar la racionalidad. Es como si una partícula estuviera en todas partes y en ningún sitio, en una amplia variedad de lugares posibles. Pero el acto de observar una partícula la hace real y la ubica en un lugar específico. Esto «hace caer» la función de onda y saca a la partícula de la posibilidad y la lleva a la realidad. Otro aspecto de esta indeterminación es lo que Werner Heisenberg llamó el «principio de incertidumbre», que muestra que nunca puedes saber la posición y la cantidad de movimiento de una partícula al mismo tiempo. Cuanto más específicamente trates de medir su cantidad de movimiento, con menor exactitud podrás medir su posición.

John Wheeler enfatizó la importancia del observador a la hora de crear lo que percibimos como «realidad». Escribió: «Nada es más importante respecto a los principios cuánticos que esto, que destruyen el concepto del mundo como "algo que está ahí fuera", con el observador separado y a salvo de él. De alguna extraña manera, el universo es un universo participativo».[7]

ENTRELAZAMIENTO Y NO LOCALIDAD

Los conceptos de «entrelazamiento» y «no localidad» ilustran aún con mayor claridad la naturaleza participativa del mundo tal como la revela la física cuántica. Una vez que las partículas interactúan entre sí, o cuando emergen de la misma fuente, se comportan como si estuvieran conectadas, pues rotarán a la vez y se equilibrarán la una a la otra las fluctuaciones aleatorias. Da igual la distancia que las separe: se mueven en armonía.

Éste fue un descubrimiento importante en los inicios de la física cuántica, y desde entonces se ha demostrado de manera repetida por medio de diferentes experimentos. Por ejemplo, en 2015 varios investigadores del Instituto Nacional de Estándares y Tecnología (NIST, por las siglas en inglés de National Institute of Standards and Technology) de Estados Unidos crearon pares de fotones idénticos y los enviaron a dos detectores de partículas distintos, a casi doscientos metros de distancia el uno del otro. (Los detectores estaban a unos ciento treinta metros de la fuente original de las partículas.) Descubrieron que el comportamiento de ambas partículas estaba muy correlacionado, y que las correlaciones parecían ser ilimitadas y no estar relacionadas con ningún factor local. Los investigadores calcularon que las probabilidades en contra de que las correlaciones fueran fruto del azar o de factores locales eran de alrededor de una entre ciento setenta millones.[8]

En 2017, un equipo de científicos chinos demostró, de forma bastante impresionante, que las partículas entrelazadas mantenían su vínculo estando a mil cuatrocientos kilómetros de distancia. Sirviéndose de un «satélite cuántico» que flotaba muy por encima de la Tierra, los investigadores también descubrieron que era posible «teleportar» fotones a través de esa distancia. Desde la década de 1990, los físicos saben que el vínculo entre partículas entrelazadas puede utilizarse para transmitir información cuántica de un lugar a otro. La información asociada con un fotón puede transmitirse a otro fotón con el que está entrelazado, de modo que el segundo fotón asume con eficacia la identidad del primero. Los experimentos anteriores «sólo» habían sido capaces de teleportar fotones a una distancia de cien kilómetros, pero los investigadores chinos fueron capaces de aumentar esa distancia enormemente porque durante la mayor parte de su viaje hasta el satélite los fotones viajaron a través de un vacío.[9]

Nadie tiene claro cómo es posible que, al parecer, las partículas puedan comunicarse a grandes distancias, y ésta es sólo una de las cosas que, desde la perspectiva de la física clásica, no tienen ningún sentido. Según lo ha expresado el físico Nick Herbert, «una conexión no local une una localización con la otra sin atravesar el espacio, sin deterioro y sin retraso».[10] Según Herbert, las conexiones tienen tres características importantes: se producen sin mediación (ya que no pasa ninguna señal entre ellas), no se reducen (en el sentido de que la fuerza de la conexión no se atenúa con la distancia) y son inmediatas (ocurren de forma instantánea). Así, parecen transcender tanto el espacio como el tiempo.

Algo importante que debe tenerse en cuenta es que durante el big bang —y poco después de que se produjera— todas las partículas del universo estaban muy cerca unas de otras y debieron de interactuar entre ellas. En consecuencia, todas las partículas, y todas las entidades de mayor tamaño compuestas por partículas, siempre han estado hermanadas. Esto significa que, en teoría, todas están interconectadas a lo largo de la distancia y el tiempo, lo cual sugiere que todo el universo está entrelazado. En el universo todo es no local.

En otras palabras, no existe separación entre ninguna partícula, del mismo modo en que no existe separación entre el observador y el observado. El físico contemporáneo Carlo Rovelli lo expresa así: «Todos los aspectos variables de un objeto existen sólo en relación a otros objetos. La naturaleza sólo dibuja el mundo en las interacciones. En el mundo descrito por la mecánica cuántica no hay realidad salvo en las relaciones entre los sistemas físicos».[11] O, de acuerdo con el físico británico David Bohm: «Por último, el universo entero [...] se debe comprender como una sola totalidad no dividida, en la cual no tiene un *status* fundamental su análisis en partes que existan de forma separada e independiente».[12]

LOS EFECTOS CUÁNTICOS EN EL MUNDO MACROCÓSMICO

Algunos de los descubrimientos que hemos explicado hasta el momento parecen más ciencia ficción que realidad científica (¡no me sorprendería que te acordaras de *Star Trek* al leer sobre la «teleportación cuántica»!). En la física cuántica, términos como *paranormal* y *normal* dejan de tener significado real. Cuesta entender por qué algunos materialistas creen que fenómenos «paranormales» como la telepatía y la precognición son imposibles cuando el mundo está lleno de fenómenos científicamente coherentes pero inexplicables que contravienen de forma directa los principios de la física newtoniana. Si el entrelazamiento, el «efecto túnel» y la «teleportación cuántica» son reales, ¿por qué no debería serlo la telepatía?

Algunos estudiosos se enfrentan a las anomalías de la física cuántica fingiendo que no tienen relevancia alguna para el mundo macrocósmico. Al fin y al cabo, vivimos bastante tranquilos en el mundo macrocósmico de la física clásica, que se rige por principios de sentido común y resulta sencillo de entender. Entonces, ¿por qué deberíamos preocuparnos por lo que sucede a nivel microcósmico? Se trata de un nivel distinto de la realidad, separado e independiente del que nosotros habitamos.

Esta actitud es hipócrita en tanto en cuanto el enfoque habitual de la ciencia es explicar los fenómenos a gran escala en términos de fenómenos menores. Ése es el enfoque reduccionista estándar. Por ejemplo, el materialismo a menudo intenta explicar el comportamiento humano recurriendo a los genes, y la experiencia humana (o la conciencia humana), recurriendo a la actividad neuronal. Pero para muchos materialistas el empeño reduccionista se detiene en el nivel de las moléculas. No hay pretensión alguna de continuar bajando hacia el nivel de los átomos e incluso más allá, hasta los neutrones, los electrones y los quarks.

En realidad, es sencillo entender por qué el reduccionismo se detiene en ese nivel: porque se recurre al empeño reduccionista para sustentar una cosmovisión materialista y, al nivel del átomo, los principios de esa visión del mundo comienzan a desmoronarse. Pero, desde luego, parece poco honesto establecer un «punto de corte macrocósmico» y hacer caso omiso de todo lo que se encuentra por debajo de él.

Esta actitud es, además, ilógica. No existe brecha alguna entre el mundo macrocósmico clásico y el mundo microcósmico cuántico. No son dos territorios separados. El mundo microcósmico constituye y conforma el mundo macrocósmico, del mismo modo que los puntos de distintos tonos de negro componen una fotografía. Lo que sucede (o parece suceder) en el mundo cuántico es lo que sucede también en el mundo macrocósmico en el que vivimos. El mundo cuántico debe ser tenido en cuenta.

Por si esto fuera poco, como ya hemos visto someramente (en los capítulos 8 y 9), la biología cuántica ha demostrado con claridad que en el mundo macrocósmico se producen efectos cuánticos. Tal como escribió en 2011 Vlatko Vedral, un físico de Oxford, «hasta la década anterior, los experimentalistas no habían confirmado que el comportamiento cuántico persistiera a escala macrocósmica. Hoy, en cambio, lo hacen de manera rutinaria. Estos efectos son más generalizados de lo que cualquiera había sospechado [...]. No podemos limitarnos a tacharlos [los efectos cuánticos] de meros detalles que sólo son relevantes en las escalas más pequeñas».[13]

La biología cuántica intenta desentrañar algunos procesos biológicos muy enigmáticos mediante efectos cuánticos tales como el entrelazamiento y el efecto túnel. Ya hemos comentado las mutaciones adaptativas en estos términos en el capítulo 9, y aquí resumiré otros tres procesos que pueden explicarse recurriendo a los efectos cuánticos. El primero es la fotosíntesis, que siempre ha desconcertado a los biólogos porque la energía del sol encuentra siempre indefectiblemente, la ruta más directa hacia el «centro de reacción» de la célula de una hoja a través de una masa de moléculas. Algunos experimentos han mostrado que los paquetes de energía procedentes del sol no lo hacen de manera aleatoria. No se comportan como si fueran partículas e intentan encontrar una única ruta hasta el centro de reacción. Se comportan como ondas en la física cuántica, se extienden por el espacio superponiéndose para probar todas las rutas posibles al mismo tiempo y elegir la más directa.[14]

De manera similar, es bien sabido que en algunas enzimas los protones se transfieren a diferentes moléculas mediante el proceso del efecto túnel. Los protones atraviesan las barreras sólidas de la molécula, más o menos igual que un fantasma que atraviesa una pared. De alguna forma, se teleportan de una posición a otra sin cruzar físicamente el espacio. Esto aumenta muchísimo la velocidad de las reacciones químicas (alrededor de un billón de veces, según algunos cálculos) y es esencial para la vida.[15]

Como tercer y último ejemplo, hablaré de la teoría de que los efectos cuánticos pueden contribuir a explicar el enigma de cómo se orientan algunas aves migratorias. Por ejemplo, todos los inviernos, miles de petirrojos vuelan 3.220 kilómetros desde Escandinavia hasta el Mediterráneo, y se sabe que lo hacen sin servirse de puntos de referencia, corrientes oceánicas o la posición del sol y las estrellas. Se orientan detectando las variaciones en el campo magnético de la Tierra. A primera vista, parece algo imposible, porque el campo magnético de la Tierra es muy débil, unas cien veces menos potente que el típico imán de frigorífico. Pero hay pruebas de que los petirrojos tienen una «brújula química interior» que funciona por medio del proceso cuántico del entrelazamiento. Se piensa que en el ojo del pájaro hay una proteína que contiene electrones que están entrelazados con partículas del campo magnético de la Tierra, lo cual le permite orientarse con respecto a él.[16]

Todo esto evidencia que resulta imposible separar el mundo cuántico del mundo macrocósmico cotidiano. La rareza cuántica no sucede sólo dentro de las partículas minúsculas; se está dando en estos momentos a nuestro alrededor. Los efectos cuánticos están por todas partes, y no cabe duda de que la biología cuántica desvelará muchos más procesos en los que desempeñen un papel importante. Ya no podemos limitarnos a obtener nuestra cosmovisión de los principios de la física newtoniana clásica y decidir que la física cuántica carece de relevancia para nosotros.

Probablemente esta estrategia de «apartar» el mundo cuántico sea la principal razón por la que los descubrimientos de la física cuántica no han tenido mucho impacto en la cosmovisión materialista de nuestra cultura a pesar de que hace décadas que se conocen y de que están establecidos con gran solidez. ¿Cómo es posible que el materialismo se haya vuelto tan dominante cuando la física cuántica siempre ha demostrado que sus supuestos básicos son erróneos? Los materialistas deben de haber sabido siempre, aunque sea a nivel inconsciente, que los hallazgos de la física cuántica amenazan el materialismo, así que han decidido ignorarlos (o quizá convencerse de que algún día se desarrollará una especie de teoría grandiosa que de repente le conferirá un sentido racional a la rareza cuántica). Los materialistas continúan mirando el mundo como si la física cuántica no hubiera aparecido jamás, todavía se aferran a una visión de la realidad estrictamente newtoniana basada en el sentido común.

Sin embargo, ya no es posible seguir así. Debemos permitir que los descubrimientos de la física cuántica influyan en nuestra cosmovisión.

LA FÍSICA CUÁNTICA Y EL PANESPIRITISMO

Desde la interpretación panespiritista, hay dos formas de ver la física cuántica. Una es lo que podría considerarse una perspectiva negativa y cautelosa, y la otra es una perspectiva más especulativa y positiva.

La perspectiva negativa y cautelosa es, sin más, que la física cuántica demuestra que el materialismo es inadecuado como explicación del mundo. Como ya hemos visto, la física cuántica contraviene varios de los principios básicos del materialismo. Entre ellos se cuentan el supuesto de que la materia es el elemento primario del universo; el de que la conciencia es un subproducto de la materia; el de que el mundo existe «ahí fuera», separado e independiente de nuestra conciencia; y el de que el mundo está formado por partículas sólidas que están separadas unas de otras y que sólo pueden interactuar tocándose o moviéndose físicamente unas a otras.

Al mismo tiempo que proyectaba dudas sobre el materialismo, la física cuántica ha revelado que el mundo es un lugar mucho más misterioso y complejo de lo que podríamos haber imaginado. Deja claro que no podemos, retomando las palabras de William James, ajustar las «cuentas entre nosotros y la realidad»[17] y dar por hecho que comprendemos bien cómo funciona el mundo. El mundo tal como lo percibimos parece tener poco en común con cómo es en realidad. (Esto indica otra razón por la que se ha producido la tendencia a ignorar las implicaciones de la física cuántica: amenazan nuestra sensación de certidumbre, nuestra impresión de que poseemos un conocimiento del mundo bastante bueno y el sentimiento de control sobre el mundo que conlleva dicha certidumbre.)

Esto es lo mínimo que nos dice la física cuántica. Pero si te apetece adentrarte en el terreno especulativo, es posible ir más allá e insinuar que en realidad la física cuántica apoya la existencia de una fuerza espiritual omnipresente e, incluso, que revela ciertos aspectos de esa fuerza. Desde luego, ésta es la conclusión a la que han llegado muchos físicos cuánticos. Como ya se ha mencionado (en el capítulo 2), muchos de los creadores de la física cuántica —como por ejemplo Max Planck, Werner Heisenberg y Nils Bohr— fueron de hecho místicos que creían que la conciencia (o espíritu) es la realidad primaria del universo y la esencia de todas las cosas, de manera que todo está interconectado. En palabras de Max Planck: «Contemplo la conciencia como algo fundamental. Considero que la materia es un derivado de la conciencia».[18] O según lo expresó David Bohm: «Existe una conciencia rudimentaria que está presente incluso al nivel de la física de partículas».[19]

No cabe duda de que estos físicos adoptaron una perspectiva «panespiritista» en parte porque sus hallazgos les hicieron darse cuenta de que las explicaciones materialistas de la realidad resultaban insuficientes, lo cual los animó a investigar y adoptar puntos de vista alternativos sobre la realidad. (Por ejemplo, algunos de los primeros físicos cuánticos, como Werner Heisenberg, fueron ávidos lectores de textos místicos y espirituales.) Pero al mismo tiempo es evidente que hay aspectos de la física cuántica que sugieren tal punto de vista. Los conceptos de «entrelazamiento» y «no localidad» señalan una conectividad subyacente que podría venir proporcionada por la manifestación de una conciencia fundamental omnipresente. El importante papel que la conciencia humana desempeña en la física cuántica también señala en esa dirección, pues insinúa que de alguna manera compartimos la naturaleza de todo lo que observamos y que participamos y *cocreamos* el mundo que percibimos. Da la impresión de que todo esto son pistas de la unidad fundamental del universo y de nuestra unidad fundamental con él. Al mismo tiempo, el hecho de que la materia parezca emerger de algo más fundamental que ella misma —y de que tanto ondas como partículas sean expresiones de algo más fundamental— apunta hacia una fuerza subyacente de algún tipo. ¿Qué podría ser esta fuerza? ¿Es demasiado atrevido proponer que podría tratarse de la fuerza fundamental de la conciencia o de una fuerza espiritual fundamental?

La verdad es que yo me inclino hacia la prudencia en este caso. Dado que la física cuántica nos dice muy poco acerca de la naturaleza de esta realidad subyacente, creo que afirmar que se trata de la misma fuerza espiritual omnipresente a la que me he referido a lo largo de este libro constituiría un acto de fe. Como ya hemos visto, la física cuántica es tan ilógica y cuesta tanto comprenderla que extraer conclusiones firmes de ella resulta imprudente.

Sin embargo, numerosos físicos cuánticos —que, a fin de cuentas, seguramente comprendían este campo mejor que ninguna otra persona— no dudaron ni lo más mínimo en pensar en una mente o conciencia subyacente y fundamental. El físico británico James Jeans escribió que el universo «comienza a parecerse más a un gran pensamiento que a una inmensa máquina», que existe «"en la mente de algún Espíritu Eterno"».[20] Pero quizá la expresión más clara de esta cosmovisión la dio Max Planck, que escribió:

> Toda la materia se origina y existe únicamente en virtud de una fuerza que provoca que la partícula de un átomo vibre y mantenga unido este diminuto sistema solar del átomo [...]. Debemos suponer la existencia de un Espíritu consciente e inteligente detrás de esta fuerza. Este Espíritu es la matriz de toda la materia.[21]

Una vez más, el tono espiritual de estas afirmaciones nos pilla por sorpresa, pues estamos muy acostumbrados a pensar en la espiritualidad y la ciencia como una dualidad. Quizá el aspecto más significativo de la física cuántica —y el motivo por el que es tan relevante con relación a la tesis de este libro— es que demuestra que no se puede separar la ciencia de la espiritualidad. Que no pueden existir la una sin la otra. Que son una y la misma.

12

EL UNIVERSO ESPIRITUAL: SUPERAR EL MATERIALISMO

La época de finales del siglo XVI y principios del XVII fue peligrosa para los librepensadores y los científicos. Uno de los que pagaron el precio de cuestionar el paradigma metafísico de su cultura fue el italiano Giordano Bruno. Fue un verdadero hombre del Renacimiento, un gigante intelectual que fue al mismo tiempo filósofo, poeta, matemático y cosmólogo. (También fue fraile dominico durante once años.) Bruno aceptó la teoría de Copérnico de que el sol era el centro del sistema solar, defendió la perspectiva panespiritista de que toda la naturaleza estaba imbuida del espíritu y además creía en la reencarnación. Desde el punto de vista de la jerarquía de la Iglesia, Bruno contravenía muchos de sus principios fundamentales y, por lo tanto, minaba su autoridad. En 1593 lo juzgaron por herejía, lo acusaron de negar varias doctrinas católicas esenciales, lo declararon impenitente y en el año 1600 lo quemaron en la hoguera.

Galileo fue otro librepensador que sufrió a manos de la Iglesia. Las investigaciones astronómicas de Galileo lo convencieron de que la Tierra no era el centro del universo y de que nuestro planeta giraba alrededor del sol. Sin embargo, la Iglesia católica consideraba herético el heliocentrismo. En consecuencia, Galileo pasó la última parte de su vida bajo arresto domiciliario y se prohibieron sus libros.

Es probable que la principal razón por la que las autoridades eclesiásticas se mostraban tan hostiles hacia los científicos y los librepensadores fuera que sabían, aunque sólo fuera a nivel inconsciente, que su paradigma metafísico se enfrentaba a una amenaza grave. Sus brutales castigos eran un intento de contener el cambio cultural, como un líder corrupto que se embarca en una masacre cuando el poder comienza a escapársele de las manos. Pero estaban disputando una batalla inútil, claro está. El cambio se había iniciado y era inevitable que su cosmovisión simplista, basada en la Biblia, terminara desbancada.

Y creo que existen paralelismos entre esta situación cultural y la actual.

En el último capítulo de este libro, además de enfatizar algunos de los argumentos más importantes que hemos esgrimido y de resumir mi tesis global, voy a sugerir que en este momento se está produciendo un cambio cultural y que el paradigma metafísico del materialismo se está desvaneciendo. Es primordial, para el futuro de nuestra especie y el del planeta en general, que este cambio se realice por completo y que una cosmovisión espiritual transcienda el paradigma materialista.

EL MATERIALISMO BAJO AMENAZA

Igual que la Iglesia en el siglo XVII, el materialismo está amenazado. Sus principios y supuestos ya no son viables y está emergiendo un nuevo paradigma para reemplazarlo. Por su parte, el materialismo está respondiendo de manera agresiva a este desafío, tal como hizo la Iglesia. Evidentemente, los materialistas son mucho menos violentos que la Iglesia y no llegan a los extremos de encarcelar o matar a sus enemigos. Pero algunos materialistas sí están reaccionando con una cerrazón y una hostilidad similares.

Los paradigmas metafísicos reaccionan a las amenazas existenciales de tres maneras principales: volviéndose más rígidamente dogmáticos; castigando a los «herejes», e ignorando (o justificando o suprimiendo) las pruebas inoportunas. Así es como las religiones fundamentalistas continúan manteniéndose en pie en plena cultura secular del siglo XXI. Los fundamentalistas cristianos e islámicos —o de cualquier secta o culto religioso, a decir verdad— tienen unas creencias y dogmas rígidos y específicos en extremo que todos sus adeptos deben aceptar por completo. Los fundamentalistas inculcan el miedo relegando al ostracismo y castigando a cualquiera que se aparte de esas creencias e intentan restringir el acceso a cualquier prueba que contravenga dichas creencias. Y, por desgracia, algunos adeptos del sistema de creencias del materialismo reaccionan de una forma similar a los desafíos a su cosmovisión. Los librepensadores que cuestionan cualquiera de los dogmas del materialismo son acusados de ser pseudocientíficos. Sobre todo en el caso de que los librepensadores acepten la existencia de los fenómenos psíquicos e incluso los investiguen, es posible que les cueste obtener fondos para sus investigaciones, publicar sus trabajos en revistas, presentarlos en congresos u obtener un puesto en la universidad. También es posible que ridiculicen a estos librepensadores, que manipulen sus páginas web y eliminen sus vídeos de internet (tal como le sucedió a Rupert Sheldrake en 2013, cuando le borraron una charla TED a petición de varios prominentes escépticos estadounidenses). Y, como hemos visto en el capítulo 8, algunos materialistas fundamentalistas pueden incluso llegar a ocultar o manipular pruebas que apoyan la existencia de los fenómenos psíquicos.

Es importante recordar que aquí entran en juego poderosos factores psicológicos. Quizá algunos materialistas ni siquiera se den cuenta de que se están dejando llevar por la cerrazón y los prejuicios. Su comportamiento está anclado en una poderosa necesidad psicológica de certeza y control. Según se ha explicado en el capítulo 1 (y se ha mencionado de nuevo en el capítulo anterior), el materialismo, como sistema de creencias, ofrece un marco explicativo coherente que le confiere sentido a la vida. Parece proporcionar respuestas convincentes a muchas de las «grandes preguntas» de la existencia humana y, como resultado, le proporciona a la gente una sensación de orientación y certeza que alivia la duda y la confusión.

Ya lo hemos dicho: en cierto sentido, comprender es querer «estar por encima». Sentir que comprendemos cómo funciona el mundo nos aporta una ilusión de autoridad. En lugar de sentirnos subordinados a las fuerzas misteriosas y caóticas de la naturaleza, sentimos que estamos por encima del mundo, en una posición de poder. Como hemos señalado en el capítulo anterior con relación a la física cuántica, admitir que existen fenómenos que no podemos entender o explicar del todo y que el mundo es más extraño de lo que podemos concebir debilita dicha sensación de poder y control.

Esta cuestión del poder es válida para todos los sistemas de creencias, pero en el caso del materialismo la actitud de dominación hacia el resto del mundo natural aumenta el sentimiento de control. Dado que nos experimentamos como aparte de la naturaleza, y dado que experimentamos la naturaleza como fundamentalmente inanimada y mecánica, a nivel subconsciente nos sentimos con derecho a dominarla y explotarla. (Ya se ha dicho en el capítulo 1 —y en mi exposición sobre las raíces psicológicas del materialismo— que es muy posible que en todo esto influya un elemento colonialista que presenta la naturaleza como un territorio inexplorado que tenemos la obligación de reconocer y conquistar, de forma muy similar a como nuestros ancestros europeos reconocieron y conquistaron «nuevos» continentes.)

Todo esto significa que, una vez que una persona siente que su sistema de creencias está amenazado, por lo general reacciona con gran hostilidad. Aceptar que los principios de tu cosmovisión son falsos (y que tienes mucho menos poder y control sobre el mundo de lo que creías) constituye un paso peligroso hacia lo desconocido.

Ésta es la situación en la que se encuentra el materialismo en estos momentos. Está cada vez más débil, se ha iniciado el proceso de su sustitución. Y algunos de sus adeptos están reaccionando exactamente como predecirían tanto la historia como la psicología.

EL FRACASO DEL MATERIALISMO

El materialismo es una cosmovisión extrapolada desde algunos de los principios de la ciencia, así que resulta irónico que la principal vía de debilitamiento de este sistema de creencias sean algunos de los hallazgos de la ciencia moderna. Tal como se ha demostrado en el capítulo anterior, en cierto sentido esto siempre ha tenido validez en el caso de la física cuántica y, ahora que por medio del campo de la biología cuántica estamos empezando a comprender la enorme importancia del papel que los efectos cuánticos desempeñan en el mundo macrocósmico, es todavía más cierto.

Sin embargo, en un sentido general, desde el apogeo del materialismo en la segunda mitad del siglo XX, las probabilidades de que este sistema pueda constituir una explicación adecuada del mundo han disminuido. El Proyecto Genoma Humano (el mapeo del genoma humano) mermó la seguridad de los materialistas genéticos. Como ya se ha aclarado en el capítulo 4, los seres humanos tienen muchos menos genes de los esperados y comparten gran parte de ellos con otras formas de vida. También se descubrió que el papel de los genes era menos importante de lo que se pensaba, lo cual sugiere que algunos rasgos hereditarios apenas están relacionados con ellos. En un principio se predijo que el proyecto provocaría una revolución en la atención sanitaria, pues demostraría que las enfermedades comunes estaban causadas por la herencia de genes defectuosos. Tal como afirmó Francis Collins, el director del proyecto, en sus inicios: «De aquí a entre cinco y siete años, deberíamos identificar los factores de susceptibilidad genética para prácticamente todas las enfermedades comunes».[1] Pero se descubrió que los genes defectuosos no representan un papel importante a la hora de predisponernos a la enfermedad. (Ya hemos comentado en el capítulo 9 que el proyecto también contribuyó a desechar la idea simplista de que hay «genes para» rasgos y características humanos específicos.)

De hecho, todo este libro ha dejado claro que la confianza en el potencial explicativo del materialismo se está desvaneciendo. La falta de avances en los intentos por explicar la conciencia en términos neurológicos ha mermado la seguridad de los materialistas neurológicos. En el capítulo 3 se ha demostrado que, cuanto más estudiamos el funcionamiento del cerebro, menos probable parece que haya un vínculo causal directo entre la conciencia y la actividad cerebral. Y tal como revelamos en los capítulos 4 y 5, un amplio abanico de fenómenos tales como la neuroplasticidad y el efecto placebo han proyectado una gran cantidad de dudas sobre el supuesto simplista de que la mente no es más que una proyección del cerebro. En consecuencia, es muy improbable que el Proyecto Conectoma, diseñado para trazar un mapa del cerebro humano, ofrezca muchas explicaciones respecto a nuestro comportamiento (aunque, por descontado, es posible que nos brinde otros beneficios).

Además, los resúmenes acerca de las investigaciones recientes sobre las experiencias cercanas a la muerte, los fenómenos psíquicos y las experiencias de despertar (o experiencias espirituales) que contienen los capítulos 6-8 evidencian que hay muchas formas de experiencia humana que no pueden ni explicarse por medio de las ideas materialistas ni justificarse diciendo que son alucinaciones o delirios. En el capítulo 9 se ha probado que conceptos recientes, por ejemplo «mutación adaptativa», han provocado dudas respecto al punto de vista neodarwiniano sobre la evolución al contribuir al argumento de que la evolución no ha sido un proceso aleatorio. Como hemos visto en el capítulo 10, algunas investigaciones antropológicas y arqueológicas recientes debilitan las afirmaciones de la psicología evolutiva y desautorizan aún más el neodarwinismo al probar que no es válido como explicación del comportamiento humano.

A la vez que el materialismo fracasa, las perspectivas postmaterialistas están empezando a florecer. Es obvio que estos dos procesos no son independientes: el fracaso del materialismo ha hecho que las perspectivas alternativas parezcan más válidas y ha animado a los teóricos a adoptarlas. Por ejemplo, la incapacidad de explicar la conciencia en términos neurológicos ha desembocado en un interés renovado por el pampsiquismo y el idealismo, pues ambos proponen que la conciencia es una cualidad fundamental del universo. El viaje del neurocientífico Christof Koch (véase el capítulo 2) es el prototipo de esto. Koch comenzó siendo materialista, estaba convencido de que la conciencia podía explicarse gracias a sus «correlaciones neurales», pero al final llegó a creer que se trataba de una esperanza vana y se adhirió al pampsiquismo.

De forma similar, parece haber un consenso cada vez mayor respecto a que el enfoque materialista respecto a la salud física y mental —que entiende el cuerpo como una máquina e interpreta los trastornos mentales como problemas neurológicos que pueden «arreglarse» con medicamentos— contiene errores graves. Un creciente número de profesionales médicos están desviándose hacia enfoques más holísticos y prestan mayor atención a la importancia de los factores medioambientales y psicológicos y a la influencia que la mente puede ejercer sobre la salud del cuerpo. Más en concreto, hay una conciencia cada vez mayor de la falta de eficacia de medicamentos psicotrópicos como los antidepresivos y un desplazamiento hacia terapias más holísticas, como, pongamos por caso, la cognitivo conductual, el *mindfulness* y la ecoterapia (el empleo del contacto con la naturaleza como forma de terapia para aliviar los problemas psicológicos).

En un sentido más amplio, la creciente popularidad de las prácticas y caminos espirituales sugiere un movimiento cultural hacia el postmaterialismo. El desarrollo espiritual comienza con un sensación de que «la vida es algo más» de lo que nos dice la cosmovisión materialista, con la intuición de que los humanos —y todos los seres vivos— somos algo más que simples máquinas biológicas cuya conciencia es una especie de alucinación y de que los fenómenos naturales son algo más que meros objetos con los que compartimos el mundo. La espiritualidad constituye un intento por romper el trance cultural del materialismo y por transcender la visión limitada y engañosa a la que está asociado.

LOS LÍMITES DE LA CONCIENCIA

Espero que este libro haya dejado claro que la perspectiva espiritual (o panespiritista) ofrece una explicación coherente y viable del mundo. Una vez que admitimos la existencia de una fuerza espiritual omnipresente, una gran cantidad de fenómenos problemáticos —por ejemplo, la conciencia, la influencia de la mente en el cuerpo, las experiencias cercanas a la muerte, los fenómenos psíquicos e incluso la rareza de la física cuántica— se vuelven más comprensibles. Resulta imposible conferirles sentido a estos fenómenos salvo basándonos en una visión espiritual del universo. Intentar explicarlos sin el concepto de una fuerza espiritual es como intentar explicar el calor y la luz sin el sol.

Al mismo tiempo, no debemos olvidar que nuestra conciencia tiene límites y que hay algunas cosas que puede que ni siquiera la perspectiva panespiritista llegue a explicar jamás. Hay muchas «grandes preguntas» que parecen escapar a nuestra capacidad de respuesta. Es probable que nunca seamos capaces de entender por qué los fotones también pueden ser ondas. Tal vez nunca sepamos si el universo tiene fin o se prolonga sin límites. Quizá nunca comprendamos la energía oscura o la materia oscura. Puede que tampoco consigamos contestar jamás la «gran pregunta» de la biología evolutiva: ¿cómo se desarrolla una única célula fertilizada hasta formar una forma de vida multicelular compleja? (Tras su éxito «descifrando el código genético» en la década de 1930, algunos de los biólogos moleculares más importantes del mundo centraron su atención en este problema, convencidos de que sólo tardarían una o dos décadas en encontrar una respuesta básica. Y todavía siguen buscándola.) En muchos campos, parece que cuanto más intentamos desvelar los secretos de la naturaleza, más misterios encontramos. Cuanto más nos adentramos en el corazón de las cosas, más acertijos y enigmas descubrimos y más nos alejamos de cualquier tipo de certidumbre.

Aquí es importante recordar el ejemplo que he empleado en el capítulo 8, el de la oveja y su conciencia limitada. Nosotros también somos animales, es evidente. Puede que nuestra conciencia sea más intensa que la de la mayoría de las criaturas, pero eso no significa que nuestra conciencia alcance un grado absoluto. Eso sería equivalente a sugerir que somos el punto final de todo el proceso evolutivo, lo cual es sin duda ridículo. Puesto que nuestra conciencia es limitada, debe de haber fenómenos que escapen a nuestra conciencia y a nuestra comprensión.

Esto nos lleva de vuelta a la cuestión de la evolución. Con el tiempo, si damos por hecho que la evolución continúa, se desarrollarán seres vivos con una conciencia más intensa que la nuestra, y ellos tendrán conocimiento y comprenderán más fenómenos que nosotros. Tendrán una conciencia de la realidad más intensa que nosotros de la misma forma que nosotros tenemos una conciencia más intensa que una oveja, y su conocimiento y comprensión del mundo serán, en consecuencia, más amplios.

Ésta es, por cierto, una de las maneras en que los caminos y las prácticas espirituales podrían ayudarnos. Considerando que tienen el efecto de expandir nuestra conciencia, en teoría podrían permitirnos percibir fenómenos que en este momento permanecen ocultos a nosotros. Ésta sería una interpretación distinta de la expresión *ciencia espiritual* y un enfoque diferente para aumentar nuestro conocimiento. El enfoque occidental generalizado, tanto de la ciencia como de la filosofía, es tomar el mundo que conocemos como «algo dado» y examinarlo y explorarlo con el máximo detalle posible. Pero el enfoque espiritual —y típico de Oriente— no consiste en intentar ver con mayor detalle, sino en tratar de expandir e intensificar nuestra percepción para dotarla de una amplitud y una sutileza mayores. Así que, en principio, podríamos seguir este enfoque para intentar aumentar nuestro conocimiento y comprensión, aunque es poco probable que nuestro conocimiento llegue a ser absoluto en algún momento.

LOS DOGMAS DEL PANESPIRITISMO

Si el materialismo sólo ofrece una visión de la realidad limitada y distorsionada, ¿qué nos dice el panespiritismo acerca del mundo y del universo en que vivimos y acerca de nuestra naturaleza como seres humanos?

En el capítulo 1 ofrezco el listado de «Los diez dogmas del materialismo», y voy a concluir esta obra enumerando de manera similar varios aspectos de la cosmovisión panespiritista. Esta visión espiritual del mundo es un paradigma metafísico del mismo modo que lo es el materialismo, pero lo importante es que se trata de un paradigma mucho más válido, sustentado por muchas más pruebas y con la capacidad de incluir (y explicar) una gran variedad de fenómenos que no encajan en el modelo materialista. Esta inclusividad es uno de los aspectos más importantes del panespiritismo. El modelo materialista sólo puede funcionar excluyendo deliberadamente los fenómenos psíquicos, las experiencias cercanas a la muerte, las experiencias espirituales, la autocuración mediante la influencia de la mente, el altruismo puro y muchos otros fenómenos. Es la única manera de que una cosmovisión tan estrecha y rígida pueda autopreservarse: ignorar todo lo que no es capaz de explicar. Es como si un pequeño Estado totalitario tratara de autopreservarse prohibiendo los viajes o cualquier forma de contacto con otros países y con la pretensión de que el resto del mundo en realidad no existe. Pero la cosmovisión panespiritista no tiene necesidad de excluir nada, lo cual es un claro síntoma de su validez.

Seguiré más o menos la misma estructura que en la lista del capítulo 1 e incluiré elementos de algunos de los dogmas materialistas originales para ilustrar cómo los refuta el panespiritismo.

- La vida no se generó por medio de las interacciones accidentales de ciertas sustancias químicas, sino como resultado de la tendencia innata del universo —impulsado por la propia conciencia— a avanzar hacia una complejidad mayor. En un momento dado, cuando las entidades materiales (bajo la forma de las primeras células simples) alcanzaron cierto grado de complejidad, se volvieron capaces de recibir y transmitir la conciencia universal. Fue entonces cuando empezó la vida.
- La evolución no es un proceso accidental. Una vez que surgieron las formas de vida, la evolución se vio impulsada por la tendencia innata de la conciencia a generar mayor complejidad. Las formas de vida más complejas permitieron que la conciencia universal se expresara con mayor intensidad y se manifestara como conciencia individual.
- En lugar de ser meras máquinas biológicas, los seres humanos somos, tanto a nivel mental como físico, expresiones del espíritu o conciencia. Podría decirse que nuestro cuerpo físico es una expresión externa de la conciencia universal, mientras que nuestra mente (o ser) es una expresión interna. Lo que solemos llamar «espíritu» es la conciencia universal cuando se expresa dentro de nosotros. Por lo tanto, aunque en sentidos algo distintos, tanto el cuerpo como la mente son «espirituales».
- Como sugiere el punto anterior, el cerebro no genera nuestra conciencia personal —nuestra vida subjetiva o interior—. Es una cualidad fundamental universal que nuestros cerebros «reciben» y canalizan hacia nuestro ser individual.

- Los fenómenos mentales no pueden reducirse a una mera actividad neuronal. Puede que existan correlaciones entre la actividad mental y la neurológica, pero desde luego no hay un vínculo causal unidireccional. Los cambios neurológicos pueden afectar a la experiencia mental, pero la experiencia mental también puede provocar cambios neurológicos.
- De manera similar, la mente ejerce una poderosa influencia sobre el cuerpo. Puede dar lugar a curaciones y enfermedades, e incluso cambiar la estructura del cuerpo. Esto se debe a que, a pesar de que tanto la mente como el cuerpo son expresiones de la conciencia, la mente es una manifestación más sutil e intensa de ésta.
- Dado que el cerebro no es el origen de la conciencia, y dado que somos algo más que mera sustancia física, deberíamos estar abiertos a la posibilidad de que exista algún tipo de vida después de la muerte. La conciencia no se terminará cuando nuestro cerebro y nuestro cuerpo mueran. De hecho, las pruebas (por ejemplo, las de experiencias cercanas a la muerte y las de comunicaciones post mórtem) sugieren que hay un más allá en el que continuamos teniendo una sensación de identidad individual.
- Los seres humanos no somos individuos aislados que nos desplazamos por el espacio separados unos de otros. Compartimos nuestra esencia y, por lo tanto, estamos profundamente interconectados. Expresamos esa conexión (y cobramos conciencia de ella) por medio de la empatía, la compasión y el altruismo.
- El mundo no existe «ahí fuera», separado de los seres humanos. Nuestra conciencia está conectada

estrechamente con él. Compartimos la esencia con todas las cosas, y por lo tanto somos uno con todas las cosas.

- Nuestro estado normal de conciencia es limitado y engañoso, y no nos ofrece una percepción precisa del mundo «tal como es». En los estados de conciencia superiores —o experiencias de despertar— alcanzamos una conciencia más expansiva e intensa y obtenemos una percepción de la realidad más completa y verdadera.
- Los fenómenos paranormales como la telepatía y la precognición no contravienen las leyes de la naturaleza. Desde la perspectiva del postmaterialismo, no sólo son posibles, sino también naturales. Por ejemplo, dado que compartimos la conciencia esencial con el resto de los seres humanos, no es de extrañar que a veces los unos podamos percibir los pensamientos e intenciones de los otros (como ocurre en la telepatía).

Como demuestran estas afirmaciones, la cosmovisión espiritual es tan diferente de la materialista que cuesta creer que sean distintas interpretaciones de un mismo mundo. Podrían compararse a dos cuadros del mismo paisaje pintados por dos artistas que poseen una técnica tan distinta y reciben impresiones tan dispares que jamás podría imaginarse que compartían el mismo modelo.

La cosmovisión materialista es desoladora y estéril; nos dice que fundamentalmente la vida carece de propósito y de sentido, que sólo estamos aquí durante unas cuantas décadas y en realidad poco importa lo que hagamos. No resulta sorprendente que tantas personas reaccionen a esto pensando únicamente en «pasárselo lo mejor posible», en exprimir al máximo el mundo sin preocuparse por las consecuencias, y también distrayéndose con formas de entretenimiento como la televisión o aturdiéndose con alcohol y otras drogas. Parece inevitable que la gente intente buscar refugio de la desolación del materialismo viviendo de forma materialista, regalándose toda la diversión y todos los productos de consumo que puedan permitirse o intentando aumentar su riqueza, su estatus y su poder.

Por el contrario, la cosmovisión espiritual nos dice que el universo no es un vacío desolador. Nos dice que la naturaleza del universo es la felicidad. Esto se debe a que la naturaleza fundamental de la conciencia en sí es la felicidad. Hemos visto numerosas pruebas de ello a lo largo de estas páginas, por ejemplo: en las experiencias cercanas a la muerte y en las experiencias de despertar de alta intensidad, cuando la conciencia individual se torna más intensa y sutil y parece fundirse de forma más potente con la conciencia universal para generar una profunda sensación de paz y euforia. (La enseñanza hindú de que la naturaleza de *brahman* es *satchitananda*, o «ser-conciencia-felicidad» lo expresa de modo sucinto.) Esta felicidad también está dentro de nosotros, porque somos expresiones individuales de la conciencia. Tal como han señalado incontables maestros espirituales, no hay necesidad de buscar la felicidad fuera de nosotros —en los bienes materiales o los placeres y el poder—, porque el bienestar es nuestra naturaleza verdadera.

La cosmovisión espiritual también nos enseña que la naturaleza humana no es en esencia malévola, sino benigna. El egoísmo y la crueldad no son naturales, sino anómalos. Sólo se producen cuando perdemos nuestra sensación de conexión; cuando una sensación aberrante de ego-separación obstaculiza nuestra unidad fundamental. En definitiva, existimos más en cooperación que en competición, y somos más altruistas que egoístas. Somos esencialmente uno. Todos somos, en sentido literal, el otro.

Por último, la cosmovisión espiritual nos dice que nuestra vida tiene propósito y sentido. Como ya se ha afirmado, el objetivo de nuestra vida es el mismo que el de la propia evolución: hacer más profunda nuestra sensación de conexión con los demás por medio de la empatía y el altruismo, revelar cuanto más mejor de nuestro potencial interior y expandir e intensificar nuestra conciencia. El propósito de nuestra vida es, podría decirse, la autoevolución.

UNA TRANSFORMACIÓN DE LA CONCIENCIA

En la actualidad, la cuestión de la autoevolución es muy importante. Es imperativo que experimentemos la mayor cantidad posible de autoevolución, y no sólo por nuestro propio bien, sino también por el bien de toda la humanidad.

Dado que el paradigma metafísico del materialismo ha tenido —y continúa teniendo— tantos efectos desastrosos, es esencial que nuestra cultura en su totalidad adopte una cosmovisión espiritual postmaterialista lo antes posible. En última instancia, tal como muchos líderes indios nativos americanos les señalaron a los europeos que fueron a expoliar su continente, el materialismo lleva a la destrucción medioambiental. Como forma de entender la vida, está irremediablemente desarmonizado con la naturaleza. Fomenta el saqueo imprudente de los recursos de la Tierra, la búsqueda desesperada e incesante de la satisfacción por medio de los bienes de consumo y las aventuras hedonistas, e incluso la explotación y la opresión de otros seres humanos. Como tal, el materialismo es absolutamente insostenible. A no ser que lo superemos, es muy probable que experimentemos una crisis cultural catastrófica y una grave devastación ecológica (puede que incluso la extinción de nuestra especie).

Ir más allá del materialismo significa atreverse a cuestionar el conocimiento recibido de nuestra cultura y a examinar los supuestos que hemos absorbido de ella. Significa hacer acopio de la valentía suficiente para arriesgarse a ser ridiculizado y relegado al ostracismo por los fundamentalistas que están disputando una batalla inútil por conservar una cosmovisión obsoleta. Pero, quizá por encima de todo esto, superar el materialismo significa experimentar el mundo de una forma diferente.

En el capítulo 1 he recalcado que, en el fondo, el materialismo surge de nuestra percepción del mundo. Surge de la percepción del mundo como un lugar inanimado y de los fenómenos naturales como objetos inertes. Surge de nuestra experiencia de nosotros mismos como una entidad que vive dentro de nuestro propio espacio mental, separada del mundo y de los demás seres humanos y seres vivos. Es por lo tanto esencial que, para transcender el materialismo, transcendamos este modo de percepción. Ir más allá del materialismo significa volverse capaz de percibir la viveza y la sacralidad del mundo. Significa transcender nuestra sensación de separación para que podamos experimentar nuestra conexión con la naturaleza y los otros seres vivos.

Ya he comentado que las prácticas y los caminos espirituales pueden ayudarnos mediante la expansión de nuestra conciencia y, por tanto, el aumento de nuestro conocimiento potencial del mundo. Pero en realidad pueden proporcionarnos un beneficio aún mayor al ayudarnos a transcender la conciencia limitada que da lugar a la cosmovisión materialista. Éste es el propósito principal de las prácticas y los caminos espirituales: «deshacer» las estructuras psicológicas que crean nuestra visión automática del mundo y nuestro sentido de separación. La espiritualidad nos despierta, nos abre a la viveza y la sacralidad de la naturaleza y nos reconecta con el mundo.

Cuando experimentamos el mundo de esta manera, superamos de verdad el materialismo.

Ésta es la cuestión más importante de nuestra época. No necesitamos explorar el mundo exterior con mayor detalle; tenemos que volvernos hacia el interior y explorar nuestro propio ser. Las nuevas tecnologías que contribuyen a una mayor manipulación del mundo ya no son tan importantes: es más urgente que hagamos uso de las «tecnologías espirituales» para que contribuyan a expandir nuestra conciencia y, como resultado de ello, a obtener una nueva visión del mundo.

Como todos los seres humanos estamos interconectados, cuanto más evolucionemos como individuos, más contribuiremos a la evolución de nuestra especie. Cuando transcendamos de manera individual la visión «de sueño» que ha dado origen al materialismo, estaremos contribuyendo a que nuestra especie en su totalidad haga lo propio. Y, con el tiempo, esta visión limitada se desvanecerá, como un espejismo, y recordaremos a nivel colectivo quiénes somos en realidad. Ya no nos percibiremos como máquinas biológicas sin alma, sino como radiantes manifestaciones del espíritu y con un propósito. Ya no percibiremos el mundo como una máquina física sin alma, sino como una radiante y significativa manifestación del espíritu. Sentiremos nuestra unidad con el mundo y lo trataremos con el cuidado y el respeto que merece.

La espiritualidad no sólo puede explicar el mundo: puede contribuir a salvarlo.

AGRADECIMIENTOS

Muchas gracias a Penny Sartori, Paul Marshall, Michael Duggan, Paul Kieniewicz y Joseph Bray por sus comentarios sobre capítulos concretos de este libro. Gracias también a los autores del fundamental texto *Irreducible Mind*, que me ha servido de inspiración desde la primera vez que lo leí. (En ocasiones, cuando algún amigo o colega me preguntaba de qué trataba mi nuevo libro, contestaba: «Estoy intentando escribir una versión popular de *Irreducible Mind*». En algunos capítulos, en especial en el quinto, también he usado directamente parte de las investigaciones citadas en esa obra.) Gracias a mis amigos David Lawton y Paul Marshall (de nuevo) por ofrecerme consejo filosófico y apoyo durante varios almuerzos. Por último, me gustaría expresar mi agradecimiento a Tjasa Seljak, que me ayudó a preparar las notas y la bibliografía.

NOTAS

Introducción

1. Lo cierto es que prefiero el término *transmaterialismo*, porque recalca que esta perspectiva va más allá del materialismo en lugar de simplemente seguirlo en el tiempo. Pero el término *postmaterialismo* ya está acuñado. De hecho, un nutrido grupo de científicos, entre los que se cuentan el neurocientífico Mario Beauregard y la psicóloga Lisa Miller, ha iniciado un movimiento de «ciencia postmaterialista».

1. LOS ORÍGENES DEL MATERIALISMO: CUANDO LA CIENCIA SE CONVIERTE EN UN SISTEMA DE CREENCIAS

1. Referencia del original inglés: Newton, 2018. [Cuando la hay, la referencia de la traducción española se añade a continuación de la inglesa en la bibliografía final, incluyendo el número de página salvo en las ocasiones en que nos ha sido imposible acceder a un ejemplar. Cuando no se ha publicado traducción española, la de las citas es siempre mía. *(N. de la t.)*]
2. Huxley, 1874, p. 577.
3. Maudsley, 1879, p. 667.
4. Fromm, 1974, p. 311.
5. Bacon, 2018.
6. Nietzsche, 1967, p. 23.
7. Dawkins, 1998, p. 6.

8. Ibíd.
9. Compton y Hoffman, 2012.
10. Frankl, 2006.
11. Véase mi artículo «Two Ways of Seeing the World» (Taylor, 2016a).
12. En Crowley, 1994, p. 35.

2. LA ALTERNATIVA ESPIRITUAL

1. En Skrbina, 2017, p. 26.
2. En Otto, 1960, p. 60.
3. Bruno, 1998, p. 44.
4. Chalmers, 1995, p. 83.
5. Means y Wolf, 1995.
6. En Griffiths, 1976, p. 21.
7. Munro, 1962.
8. Levy-Bruhl, 1965, p. 17.
9. Ingold, 2000, p. 67.
10. Mascaró, 1990, p. 75.
11. En Brockelman, 1999, p. 27.
12. En McLuhan, 1971, p. 36.
13. Ibíd., p. 61.
14. En Smith, 2009, pp. 158-160.
15. Mascaró, 1990, p. 117.
16. Gottlieb, 2004, p. 39.
17. Versluis, 1994, p. 34.
18. En McLuhan, 1971, p. 45.
19. Suzuki, 2000, p. 34.
20. Griffiths, 1976, p. 25.
21. Wordsworth, 1994, p. 648.
22. Whitman, 1980, p. 220.
23. Lawrence, 1994, p. 587.
24. Schrödinger, 1983, pp. 31-32.

3. EL MISTERIO DE LA CONCIENCIA

1. Crick, 1994, p. 3.
2. Crick y Koch, 1990, p. 263.
3. Reiss y Marino, 2001.
4. Ramachandran y Hirstein, 1997.
5. Tononi, 2018, p. 2.
6. Otra posibilidad, propuesta por los físicos Roger Penrose y Stuart Hameroff, es que la conciencia esté relacionada con procesos cuánticos cerebrales en los que intervienen microtúbulos (minúsculas estructuras proteínicas en el interior de las neuronas). Según este punto de vista, los microtúbulos hacen las veces de «ordenadores cuánticos» que posibilitan un colapso de la función de onda, causan coherencia cuántica y dan lugar a la conciencia. No obstante, algunos críticos han argumentado que esto sólo parece aclarar un misterio sirviéndose de otro, es decir: el misterio de la conciencia según el misterio de la física cuántica.
7. McGinn, 1993, p. 60.
8. Koch, 2014, p. 28.
9. Forman, 1998, p. 185.

4. LA PRIMACÍA DE LA MENTE: ENIGMAS DE LA MENTE Y EL CEREBRO

1. Robinson, 1995, p. 306.
2. Mural et al., 2002.
3. Hall, 2010.
4. Tononi, 2018, p. 4.
5. Kastrup, 2013.
6. En Weir, 2012, p. 30.
7. Pandya et al., 2012, p. 640.
8. Healy, 2015.
9. Ibíd.
10. Kirsch y Sapirstein, 1998.
11. Puras, 2017.

12. Burton et al., 2002.
13. Feuillet et al., 2007.
14. Thomson, 2014.
15. Smith y Sugar, 1975.
16. Kelly et al., 2007.

5. CÓMO LA MENTE PUEDE CAMBIAR EL CEREBRO Y EL CUERPO: MÁS ENIGMAS DE LA MENTE Y EL CEREBRO

1. Huxley, 1874.
2. Maguire et al., 2000.
3. Draganski et al., 2006.
4. Hölzel et al., 2011.
5. Mason et al., 2017.
6. Levine et al., 1978.
7. Kelly et al., 2007.
8. Kallmes et al., 2009.
9. Sihvonen et al., 2013.
10. Wartolowska et al., 2014.
11. Esdaile, 1846, p. xxiv.
12. Abdeshahi et al., 2013.
13. Levine et al., 1978; Kelly et al., 2007.
14. Kelly et al., 2007.
15. Ibíd.
16. Ibíd.
17. Ibíd.
18. Reeves et al., 2007.
19. Edwards et al., 2010.
20. Kelly et al., 2007.
21. Fried et al., 1951.
22. Schopbach et al., 1952.
23. Phillips y Smith, 1990.

6. EL ENIGMA DE LAS EXPERIENCIAS CERCANAS A LA MUERTE

1. En Fontana, 2005, p. 387.
2. En Fenwick, 1995, p. 95.
3. En Lorimer, 1990, p. 86.
4. Parnia et al., 2014.
5. Van Lommel et al., 2001.
6. Greyson, 2003.
7. Knoblauch et al., 2001.
8. Kelly et al., 2007.
9. Taylor, 2011, p. 170.
10. Grey, 1985, p. 97.
11. Ibíd.
12. En Keim, 2013.
13. Kelly et al., 2007, p. 416.
14. Sacks, 2012.
15. Sartori, 2014, p. 112.
16. Rivas et al., 2016, p. 11.
17. Ibíd., p. 21.
18. Ibíd., p. 22.
19. Sartori, 2014.
20. Sabom, 1982.
21. Kelly et al., 2007.
22. Sartori, 2014.
23. Irwin y Watt, 2007, p. 172.
24. Sartori, 2014, p. 179.
25. Van Lommel, 2010, p. xvii.
26. Un estudio a triple ciego es un experimento aleatorizado en el que el tratamiento o la intervención son desconocidos para el participante en la investigación, el investigador y la persona que evalúa los resultados del experimento.
27. Baruš̌s y Mossbridge, 2016, p. 22.
28. Rock et al., 2014.

29. Carter, 2012.
30. Sartori, 2014, pp. 85-86.
31. Osis y Haraldsson, 2012.
32. Greeley, 1987; Lindstrom, 1995.
33. Stevenson, 1993.
34. Kelly et al., 2007, p. 598.

7. LAS EXPERIENCIAS DE DESPERTAR: UN ENIGMA

1. Stange y Taylor, 2008.
2. Taylor y Egeto-Szabo, 2017, p. 61.
3. Ibíd., p. 54.
4. Taylor, 2011, p. 10.
5. Taylor, 2010, p. 10.
6. Taylor, 2012.
7. Taylor y Egeto-Szabo, 2017, p. 54.
8. Ibíd.
9. Forman, 1998.
10. Prabhavananda y Manchester, 1957, p. 51.
11. Taylor y Egeto-Szabo, 2017, p. 56.
12. Ibíd., p. 49.
13. Maslow, 1994.
14. Persinger, 1983; Ramachandran y Blakesse, 1998.
15. Newberg y D'Aquili, 2000.
16. Kelly et al., 2007.
17. Aaen-Stockdale, 2012; Devinsky y Lai, 2008.
18. Aaen-Stockdale, 2012.
19. Karnath et al., 2001; Kelly et al., 2007.
20. Mascaró, 1990, p. 53.
21. Ibíd., p. 61.
22. En Happold, 1986, p. 279.

8. NO AJUSTAR LAS CUENTAS: EL ENIGMA DE LOS FENÓMENOS PSÍQUICOS

1. American Psychiatric Association, 2013.
2. Lange et al., 2000.
3. Sheldrake, 2003.
4. Taylor, 2007.
5. Judd y Gawronski, 2011, p. 406.
6. En Carr, 2011, p. 2.
7. Ibíd.
8. Ibíd.
9. Bem et al., 2014.
10. Rhine, 1997.
11. Honorton y Ferrari, 1989.
12. Mossbridge et al., 2012.
13. Radin, 2006.
14. Dalton, 1997.
15. Bem y Honorton, 1994.
16. Morris et al., 1993.
17. Sheldrake y Smart, 2000.
18. Radin, 2006.
19. Baptista y Derakhshani, 2014.
20. Ritchie et al., 2012.
21. Prinz et al., 2011.
22. Begley y Ellis, 2012.
23. Whitehead, 1948, p. 129.
24. Hofstadter, 2011.
25. Penrose, 1999, p. 574.
26. Davies, 1977, p. 221.
27. En Hoffman, 1972, p. 258.
28. Sheehan, 2006, p. vii.
29. Jordan, 1957, p. 16.

30. Cramer, 2016.
31. En Jammer, 1974, p. 151.
32. Brookes, 2017.
33. De Beauregard, 1975, p. 101.
34. En Shieber, 2004, p. 88.
35. Ehrenwald, 1978, p. 138.
36. Penman, 2008.
37. Utts, 1996, p. 3.
38. Hyman, 1996, p. 43.
39. Delgado-Romero y Howard, 2005, p. 298.
40. Sheldrake, 1999; Sheldrake y Smart, 2000.
41. Wiseman et al., 1998; Sheldrake y Smart, 2000.
42. Wilber, 1982.

9. COMPLEJIDAD Y CONCIENCIA: ENIGMAS DE LA EVOLUCIÓN

1. Cepelewicz, 2017.
2. Wills y Carter, 2017.
3. Carter y Willis, 2018.
4. Guseva et al., 2017.
5. Fernández-García et al., 2017.
6. Nagel, 2012, p. 6.
7. Ibíd.
8. Ibíd.
9. Ibíd, p. 16.
10. En Zammito, 2013, p. 84.
11. Ibíd., p. 86.
12. Capra, 1996.
13. Grassé, 1977, p. 97.
14. Ibíd., p. 96.
15. Véase Kauffman, 1995; Reid, 2007.
16. Conway Morris, 2006, p. 327.

17. Foster, 2000.

18. Al-Khalili y McFadden, 2014.

19. Darwin, 1859, p. 62.

20. Kropotkin, 2018.

21. Margulis y Sagan, 1997, p. 29.

22. Thornhill y Palmer, 2001.

23. Para una discusión más detallada, véase mi artículo «How Valid is Evolutionary Psychology?» (Taylor, 2014).

24. Andrews y Thomson, 2009.

25. Humphrey, 1983; 2011.

26. Humphrey y Metzinger, 2017.

10. ¿POR QUÉ LOS GENES EGOÍSTAS SE COMPORTAN DE MANERA TAN GENEROSA? EL ENIGMA DEL ALTRUISMO

1. Samuels, 2017.
2. Wilkinson, 2017.
3. Buckley, 2017.
4. Dawkins, 1976, p. 66.
5. Boyer, 2001, p. 299.
6. Taylor, 2018.
7. Haas y Piscitelli, 2013.
8. Hassan, 1980.
9. Haas y Piscitelli, 2013.
10. Ferguson, 2013.
11. Por supuesto, algunos grupos tribales contemporáneos sí son belicosos, pero normalmente estos grupos no llevan la misma forma de vida sencilla y de «retorno inmediato» que nuestros antepasados prehistóricos. Algunos grupos tribales históricos, por ejemplo los indios de las llanuras, también se volvieron más agresivos como respuesta a las transgresiones de los colonizadores europeos. En épocas más recientes, hay muchas tribus amazónicas, tales como los jíbaros o los yanomami, que son extremadamente agresivas, lo cual también puede deberse a los siglos de ataques e intrusiones por parte de los colonizadores. Otra posibilidad,

apoyada por las pruebas arqueológicas, es que las tribus amazónicas desciendan de una civilización que desapareció durante el siglo XVII. Véase mi libro *La Caída* para obtener más detalles.

12. Fry y Söderberg, 2014.
13. Dyble et al., 2015.
14. Diamond, 1987, p. 64.
15. Dawkins, 1998, p. 212.
16. El psicólogo estadounidense Daniel Baston ha identificado esta conexión y ha desarrollado una hipótesis «empatía-altruismo» para explicar los actos de puro altruismo.
17. Compton y Hoffman, 2012.
18. Haidt, 2002, p. 864.
19. Schopenhauer, 1966, p. 379.
20. En Lowney, 2006, p. 258.

11. CUESTIONES CUÁNTICAS: MISTERIOS DEL MICROCOSMOS

1. En Wheatley, 1999, p. 23.
2. Davies y Gribbin, 2007, p. 14.
3. Planck, 1944.
4. Eibenberger et al., 2013.
5. En Jammer, 1974, p. 151.
6. Wheeler, 1983.
7. En Mehra, 1973, p. 244.
8. Shalm et al., 2015.
9. Liao et al., 2017; Ren et al., 2017.
10. Herbert, 1987, p. 214.
11. Rovelli, 2015, p. 115.
12. Bohm, 1983, p. 174.
13. Vedral, 2011, p. 39.
14. Al-Khalili y McFadden, 2014.
15. Ibíd.
16. Ibíd.

17. James, 1928, p. 388.
18. Planck, 1931.
19. En Skrbina, 2017, p. 262.
20. Jeans, 1937, p. 137.
21. Planck, 1944.

12. EL UNIVERSO ESPIRITUAL: SUPERAR EL MATERIALISMO

1. Collins, 2000.

BIBLIOGRAFÍA

AAEN-STOCKDALE, C., «Neuroscience for the Soul», en *The Psychologist*, 25(7), pp. 520-523, 2012.

ABDESHAHI, S.K., et al., «Effect of Hypnosis on Induction of Local Anaesthesia, Pain Perception, Control of Haemorrhage and Anxiety During Extraction of Third Molars: A Case-control Study», en the *Journal of Cranio-Maxillo-Facial Surgery*, 41, pp. 310-315, 2013.

AL-KHALILI, J.S., y J.J. MCFADDEN, *Life on the Edge: The Coming of Age of Quantum Biology*, Bantam Press, Londres, 2014.

American Psychiatric Association, *Diagnostic and Statistical Manual of Mental Disorders* (5.ª ed.), American Psychiatric Publishing, Washington, 2013 [*Manual diagnóstico y estadístico de las enfermedades mentales, DSM-5*, Editorial Médica Panamericana, Madrid, 2018].

ANDREWS, P.W., y J.A. THOMSON JR., «The Bright Side of Being Blue: Depression as an Adaptation for Analyzing Complex Problems», en *Psychological Review*, 116(3), pp. 620-654, 2009.

BACON, F., *Novum Organum*, 2018 (consultado el 6/2/18 en http://www.constitution.org/bacon/nov_org.htm) [*Novum Organum*, trad. de Cristóbal Litrán, pról. de Teixeira Bastos, Orbis, Barcelona, 1984, p. 130].

BALL, Philip, «Physics of Life: The Dawn of Quantum Biology», en *Nature*, 474, pp. 272-274, 2011.

Baptista, J., y M. Derakhshani, «Beyond the Coin Toss: Examining Wiseman's Criticisms of Parapsychology», en *Journal of Parapsychology*, 78(1), pp. 56-79, 2014.

Barušs, I., y J. Mossbridge, *Transcendent Mind: Rethinking the Science of Consciousness*, American Psychological Association, Washington, 2016.

Begley, C.G., y L.M. Ellis, «Drug Development: Raise Standards for Preclinical Cancer Research», en *Nature*, 483, pp. 531-533, 2012.

Bem, D., «Feeling the Future: Experimental Evidence for Anomalous Retroactive Influences on Cognition and Affect», en *Journal of Personality and Social Psychology*, 100, pp. 407-425, 2011.

—, y C. Honorton, «Does Psi Exist? Replicable Evidence for an Anomalous Process of Information Transfer», en *Psychological Bulletin*, 115, pp. 4-18, 1994.

—, P.E. Tressoldi, T. Rabeyron y M. Duggan, «Feeling the Future: A Meta-Analysis of 90 Experiments on the Anomalous Anticipation of Random Future Events», 2014 (disponible online).

Blackmore, S.J., *In Search of the Light: The Adventures of a Parapsychologist*, Prometheus, Amherst, NY, 1996.

Bohm, D.J., *Wholeness and the Implicate Order*, Ark Paperbacks, Londres, 1983 [*La totalidad y el orden implicado*, trad. de Joseph M. Apfelbäume, Editorial Kairós, Barcelona, 2008, p. 243].

Boyer, P., *Religion Explained*, Vintage, Londres, 2001 [*Y el hombre creó a los dioses. Origen y evolución del pensamiento religioso*, trad. de Katia Rheault Cárdenas, Taurus, Barcelona, 2007, edición digital].

Brockelman, P., *Cosmology and Creation: The Spiritual Significance of Contemporary Cosmology*, Oxford University Press, Nueva York, 1999.

Brookes, J.C., «Quantum Effects in Biology: Golden Rule in Enzymes, Olfaction, Photosynthesis and Magnetodetection», en *Proceedings of the Royal Society*, 473, 31 de mayo de 2017 (disponible en https://doi:10.1098/rspa.2016.0822).

Bruno, G., *Cause, Principle and Unity: and Essays on Magic*, Cambridge University Press, Cambridge, 1998 [*De la causa, principio y uno,* trad., pról. y notas de Ángel Vasallo, Losada, Buenos Aires, 1941, pp. 73-74].

Buckley, C, «Man Is Rescued by Stranger on Subway Tracks», en *New York Times*, 2017 (consultado el 17/7/17 en http://www.nytimes.com/2007/01/03/nyregion/03life.html).

Burton, H., et al., «Adaptive Changes in Early and Late Blind: A fMRI Study of Braille Reading», en *Journal of Neurophysiology*, 87, pp. 589-607, 2002.

Buss, D.M., y T.K. Shackelford, «Human Aggression in Evolutionary Psychological Perspective», en *Clinical Psychology Review*, 17(6), pp. 605-619, 1997.

Capra, F., *The Web of Life*, Anchor Books, Nueva York, 1996 [*La trama de la vida*, trad. de David Sempau, Anagrama, Barcelona, 2012].

Carr, B., «Heresies and Paradigm Shifts», en *The Network Review*, primavera de 2011, pp. 2-4, 2011.

Carter, C., «Persistent Denial: A Century of Denying the Evidence», en S. Krippner y H. Friedman (eds.), *Debating Psychic Experience*, Praeger, Santa Barbara, pp. 77-110, 2010.

Carter, C., *Science and the Afterlife Experience: Evidence for the Immortality of Consciousness*, Inner Traditions, Nueva York, 2012.

Carter, C.W., y P.R. Wills, «Interdependence, Reflexivity, Fidelity, Impedance Matching, and the Evolution of Genetic Coding», en *Molecular Biology and Evolution*, 35(2), pp. 269-286, 2018 (disponible en https://doi. org/10.1093/molbev/msx265).

Cepelewicz, J., «Life's First Molecule Was Protein, Not RNA, New Model Suggests», en *Quanta Magazine*, 12 de noviembre de 2017 (disponible en https:// d2r55xnwy6nx47.cloudfront.net/uploads/2017/11/lifes-first-molecule-was-protein-not-rna-new-model-suggests-20171102.pdf).

Chalmers, D.J., «The Puzzle of Conscious Experience», en *Scientific American*, 273(6), pp. 80-86, 1995.

Collins, F., transcripción de una entrevista con F. Collins, director del Proyecto del Genoma Humano en los National Institutes of Health, *Religion Ethics Newsweekly*, 2000 (disponible en http://www.pbs.org/wnet/religionandethics/2000/06/16/transcript-bob-abernethys-interview-with-dr-francis-co-

llins-director-of-the-human-genome-project-at-the-national-institutes-of-health/15204/).
COMPTON, W.C., y E. HOFFMAN, *Positive Psychology: The Science of Happiness and Flourishing* (2.ª ed.), Wadsworth, Belmont, 2012.
CONWAY MORRIS, S., *Life's Solution: Inevitable Humans in a Lonely Universe*, Cambridge University Press, Cambridge, 2006.
CORDOVERO, M., *The Palm Tree of Deborah*, trad. de L. Jacobs, Sepher-Hermon Press, Nueva York, 1976 [*La palmera de Débora*, trad. de Núria García i Amat, Índigo, Barcelona, 1998].
CRAMER, J. G., *The Quantum Handshake: Entanglement, Nonlocality and Transactions*, Springer, Heidelberg, 2016.
CRICK, F., *The Astonishing Hypothesis*, Simon & Schuster, Nueva York, 1994 [*La búsqueda científica del alma. Una revolucionaria hipótesis para el siglo XXI*, trad. de Francisco Páex de la Cadena, Debate, Barcelona, 2005, p. 3].
—, y C. KOCH, «Towards a Neurobiological Theory of Consciousness», en *Seminars in the Neurosciences*, 2, pp. 263-275, 1990.
CROWLEY, V., *Phoenix from the Flame: Pagan Spirituality in the Western World*, Thorsons, Londres, 1994.
DALTON, K., «Exploring the Links: Creativity and Psi in the Ganzfeld», en *Proceedings of Presented Papers*, Parapsychological Association, 40.ª Convención Anual, pp. 119-134, 1997.
DAVIES, P., y J. GRIBBIN, *The Matter Myth: Dramatic Discoveries That Challenge our Understanding of Physical Reality*, Simon & Schuster, Nueva York, 2007 [*Los mitos de la materia*, trad. de Miguel Cerviño, pról. de Juan Pérez Mercader, McGraw Hill, Barcelona, 1995, p. 6].
DARWIN, C., *On the Origin of Species by Natural Selection, Or the Preservation of Favored Races in the Struggle for Life*, Murray, Londres, 1859[*El origen de las especies por medio de la selección natural*, trad. de A. de Zulueta, Calpe, Madrid, 1921, tomo I, p. 61].
DAVIES, P., *Space and Time in the Modern Universe*, Cambridge University Press, Cambridge, 1977 [*El espacio y el tiempo en el universo contemporáneo*, trad. de Roberto Heller, Fondo de Cultura Económica, México, 1986, p. 394].
DAWKINS, R., *The Selfish Gene*, Oxford University Press, Oxford, 1976 [*El gen egoísta. Las bases biológicas de nuestra conducta*, trad.

de Juana Robles Suárez y José Tola Alonso, Salvat, Barcelona, 1993, p. 87].

DAWKINS, R., *Unweaving the Rainbow: Science, Delusion and the Appetite for Wonder*, Houghton Mifflin Harcourt, Boston, 1998 [*Destejiendo el arco iris. Ciencia, ilusión y el deseo de asombro*, trad. de Joandomènec Ros, Tusquets, Barcelona, 2000, p. 22 y p. 229].

DE BEAUREGARD, C.O., «Quantum Paradoxes and Aristotle's Two-fold Information Concept», en Oteri, L. (ed.), *Quantum Physics and Parapsychology*, Parapsychology Foundation, Nueva York, pp. 91-102, 1975.

DE WAAL, F., *Primates and Philosophers: How Morality Evolved*, Princeton University Press, Princeton, 2009 [*Primates y filósofos. La evolución de la moral del simio al hombre*, trad. de Vanesa Casanova Fernández, Paidós, Barcelona, 2007].

DELGADO-ROMERO, E.A., y G.S. HOWARD, «Finding and Correcting Flawed Research Literatures», en *The Humanistic Psychologist*, 33, pp. 293-303, 2005.

DENNETT, D.C., *Consciousness Explained*, Little, Brown and Co., Boston, 1991 [*La conciencia explicada. Una teoría interdisciplinar*, trad. de Sergio Balari Ravera, Paidós, Barcelona, 1995].

DEVINSKY, O., y G. LAI, «Spirituality and Religion in Epilepsy», en *Epilepsy Behaviour*, 12(4), pp. 636-643, 2008 (disponible en https://doi:10.1016/j.yebeh.2007.11.011., epub, 2 de enero de 2008).

DIAMOND, J., «The Worst Mistake in the History of the Human Race», en *Discover*, pp. 64-66, 1987.

DRAGANSKI, B., et. al., «Temporal and spatial dynamics of brain structure changes during extensive learning», en *The Journal of Neuroscience*, 26(23), pp. 6314-6317, 2006.

DYBLE, M., et al., «Sex Equality Can Explain the Unique Social Structure of Hunter-Gatherer Bands», en *Science*, 15 de mayo de 2015, pp. 796-798, 2015.

EDWARDS, T.M., et al., «The Treatment of Patients With Medically Unexplained Symptoms in Primary Care: A Review of the Literature», en *Mental Health in Family Medicine*, 7(4), pp. 209-221, 2010.

Ehrenwald, J., «Einstein Skeptical of Psi? Postscript to a Correspondence», en *Journal of Parapsychology*, 42, pp. 137-142, 1978.

Eibenberger, S., et al., «Matter-wave Interference With Particles Selected From a Molecular Library With Masses Exceeding 10 000 Amu», en *Physical Chemistry Chemical Physics*, 15, pp. 14696-14700, 2013.

Esdaile, J., *Mesmerism in India and its Practical Applications in Surgery and Medicine*, Longmans, Green and Longmans, Londres, 1846.

Facco, E., et al., «Effects of Hypnotic Focused Analgesia on Dental Pain Threshold», en *International Journal of Clinical and Experimental Hypnosis*, 59(4), pp. 454-68, 2011.

Fenwick, P., y E. Fenwick, *The Truth in the Light*, Hodder Headline, Londres, 1995.

Ferguson, R.B., «The Prehistory of War and Peace in Europe and the Near East», en D.P. Fry (ed.), *War, Peace, and Human Nature: The Convergence of Evolutionary and Cultural Views*, Oxford University Press, Oxford, pp. 191-240, 2013.

Fernández-García, C., A. Coggins y M. Powner, «A Chemist's Perspective on the Role of Phosphorus at the Origins of Life», en *Life*, 7(3), p. 31, 2017.

Feuillet, L., H. Dufour y J. Pelletier, «Brain of a White-collar Worker», en *The Lancet*, 370, p. 262, 2007 (disponible en https://DOI:10.1016/S0140- 6736(07)61127-1).

Fontana, D., *Is There an Afterlife?*, O Books, Winchester, 2005.

Forman, Robert, «What Does Mysticism Have to Teach Us About Consciousness?», en *Journal of Consciousness Studies*, 5(2), pp. 185-201, 1998.

Foster, P.L., «Adaptive Mutation: Implications for Evolution», en *Bioessays*, 22, pp. 1067-1074, 2000 (disponible en https://doi:10.1002/1521-1878(200012)22:12<1067::AID-BIES4>3.0.CO;2-Q).

Frankl, V.E., *Man's Search for Meaning*, Beacon Press, Boston, 2006 [*El hombre en busca de sentido*, pref. de José Benigno Freire, trad. del Comité de Traducción al Español, Herder Editorial, Barcelona, 2015].

FRIED, P.H., A.E. RAKOFF, R.R. SCHOPBACH y A.J. KAPLAN, «Pseudocyesis: A Psychosomatic Study in Gynaecology», en *Journal of American Medical Association*, 14(2), pp. 129-134, 1951.

FROMM, E., *The Anatomy of Human Destructiveness*, Jonathan Cape, Londres, 1974 [*Anatomía de la destructividad humana*, ed. de Eugenia Huerta, Siglo XXI editores, Coyoacán, 2004, pp. 234-235].

FRY, D.P., y P. SÖDERBERG, «Myths About Hunter-Gatherers Redux: Nomadic Forager War and Peace», en *Journal of Aggression, Conflict and Peace Research*, 6(4), pp. 255-266, 2014.

GOTTLIEB, R.S., *This Sacred Earth: Religion, Nature, Environment* (2.ª ed.), Routledge, Londres, 2004.

GRASSÉ, P.P., *Evolution of Living Organisms*, Academic Press, Nueva York, 1977 [*Evolución de lo viviente*, trad. de Ernesto Fernández y Arantza Plazaola, Hermann Blume, Madrid, 1984, pp. 97 y 144-145].

GREELEY, A.M., «Hallucinations Among the Widowed», en *Sociology and Social Research*, 71(4), pp. 258-265, 1987.

GREY, M., *Return From Death*, Arkana, Londres, 1985.

GREYSON, B,. «Incidence and Correlates of Near-Death Experiences in a Cardiac Care Unit», en *General Hospital Psychiatry*, 25(4), pp. 269-276, 2003.

GRIFFITHS, B., *Return to the Centre*, Collins, Londres, 1976.

GUSEVA, E., R. ZUCKERMANN y K. DILL, «Foldamer hypothesis for the growth and sequence differentiation of prebiotic polymers», en *Proceedings of the National Academy of Sciences*, 114(36), pp. 7460-7468, 2017 (disponible en https://doi.org/10.1073/pnas.1620179114).

HAAS, J., y M. PISCITELLI, «The Prehistory of Warfare: Misled by Ethnography», en D.P. FRY (ed.), *War, Peace, and Human Nature*, pp. 168-190, Oxford University Press, Nueva York, 2013.

HAIDT, J., «The Moral Emotions», en R.J. DAVIDSON, K. SCHERER y H.H. GOLDSMITH (eds.), *Handbook of Affective Sciences*, Oxford University Press, Oxford, pp. 852-870, 2002.

HALL, S.S., «Revolution Postponed», en *Scientific American*, 303, pp. 60-67, 2010.

Happold, F.C., *Mysticism: A Study and Anthology*, Pelican, Londres, 1986.

Hassan, F.A., «Prehistoric Settlements Along the Main Nile», en M.A.J. Williams y H. Faure (eds.), *The Sahara and the Nile: Quaternary Environments and Prehistoric Occupation in Northern Africa*, pp. 421-450, Balkema, Rotterdam, 1980.

Healy, D., «Serotonin and Depression: The Marketing of a Myth», en *British Medical Journal*, 350, 2015 (disponible en https://doi.org/10.1136/bmj. h1771).

Heisenberg, W., *The Physicists' Conception of Nature*, Hutchinson, Londres, 1958 [*La imagen de la naturaleza en la física actual*, trad. de Gabriel Ferraté, Seix Barral, Barcelona, 1957].

—, *Physics and Beyond*, Allen & Unwin, Londres, 1971 [*Diálogos sobre la física atómica*, trad. de Wolfgang Strobl y Luis Pelayo, La editorial católica, Madrid, 1975].

Herbert, N., *Quantum Reality: Beyond the New Physics*, Anchor Books, Garden City, 1987.

Hoffmann, B., *Albert Einstein: Creator and Rebel*, New American Library, Nueva York, 1972 [*Einstein*, trad. de Jesús Fernández Zulaica, Salvat, Barcelona, 1993, p. 199].

Hofstadter, D., «A Cutoff for Craziness», en *The New York Times*, 2011 (disponible en http://www.nytimes.com/roomfordebate/2011/01/06/the-esp-study-when-science-goespsychic/a-cutoff-for-craziness. Acceso del 25/1/18).

Honorton, C., y D.C. Ferrari, «"Future Telling": A Meta-Analysis of Forced-Choice Precognition Experiments, 1935-1987», en *Journal of Parapsychology*, 53, pp. 281-308, 1989.

Hobbes, T., *Leviathan*, Continuum International Publishing Group, Londres, 2006 [*Leviatán*, ed. de C. Moya y A. Escohotado, Editora Nacional, Madrid, 1983].

Hölzel, B.K., J. Carmody, M. Vangel, C. Congleton, S.M. Yerramsetti, T. Gard, T y S.W. Lazar, «Mindfulness Practice Leads to Increases in Regional Brain Gray Matter Density», en *Psychiatry Research: Neuroimaging*, 191(1), pp.36-43, 2011 (disponible en http://www.sciencedirect.com/science/article/pii/S092549271000288X-cr0005).

HUMPHREY, N., *Consciousness Regained: Chapters in the Development of Mind*, Oxford University Press, Oxford, 1983 [*La reconquista de la conciencia: desarrollo de la mente humana*, trad. de Juan José Utrilla, Fondo de Cultura Económica, México, 1987].

—, *Soul Dust: The Magic of Consciousness*, Princeton University Press, Princeton, 2011.

—, y T. Metzinger, «A Self Worth Having», 2017 (consultado el 3/1/17 en https://www.edge.org/conversation/nicholas_humphrey-a-self-worth-having).

HUXLEY, T.H., «On the Hypothesis That Animals are Automata and its History», en *Fortnightly Review*, n.º 16, pp. 555-580, 1874 [«¿Son autómatas los animales? Historia de esta hipótesis», en *Revista Europea*, 1(3), pp. 54-61, 8 de noviembre de 1874].

HYMAN, R., «Evaluation of a Program on Anomalous Mental Phenomena», en *Journal of Scientific Exploration*, 10(1), pp. 31-58, 1996.

INGOLD, T., *The Perception of the Environment*, Routledge, Londres, 2000.

IRWIN, H.J., y C.A. WATT, *An Introduction to Parapsychology* (5.ª ed.), McFarland & Company Inc., Londres, 2007.

JAMES, W., *The Varieties of Religious Experience: A Study of Human Nature*, Longmans, Green and Co., Nueva York, 1902/1928 [*Las variedades de la experiencia religiosa. Estudio de la naturaleza humana*, trad. de Catherine Seelig, Lectorum, México, 2006, p. 133].

JAMMER, M., *The Philosophy of Quantum Mechanics*, Wiley, Nueva York, 1974.

JEANS, J., *The Mysterious Universe*, Macmillan, Nueva York, 1937 [*El misterioso universo*, trad. de Enrique Gastardi, Poblet, Madrid, 1933, p. 198].

—, *Physics and Philosophy*, Cambridge University Press, Cambridge, 1942/2009.

JEFFERSON, W., *The World of Chief Seattle: How Can One Sell the Air?*, Native Voices Books, Summertown, 2001.

JORDAN, P., «New Trends in Physics», en *Proceedings of Four Conferences of Parapsychology Studies*, Parapsychology Foundation, Nueva York, 1957.

Judd, C.M., y B. Gawronski, «Editorial Comment», en *Journal of Personality and Social Psychology*, 100(3), p. 406, 2011 (disponible en https://doi:10.1037/0022789).

Kallmes, D.F., et al., «A Randomized Trial of Vertebroplasty for Osteoporotic Spinal Fractures», en *The New England Journal of Medicine*, 361(6), pp. 569-579, 2009.

Kaptchuk, T.J., et al., «Placebos Without Deception: A Randomized Controlled Trial in Irritable Bowel Syndrome», en *PLoS One*, 5(12), p. 1559, 2010 (disponible en https://doi:10.1371/journal.pone.0015591).

Karnath, H., S. Ferber y M. Himmelbach, «Spatial Awareness is a Function of the Temporal Not the Posterior Parietal Lobe», en *Nature*, 411, pp. 950-953, 21 de junio de 2001 (disponible en https://doi:10.1038/35082075).

Kastrup, B., *Why Materialism is Baloney: How True Skeptics Know There is no Death and Fathom Answers to Life, the Universe, and Everything*, Iff Books, Winchester, 2014.

Kauffman, S., *At Home in the Universe: The Search for Laws of Self-Organization and Complexity*, Oxford University Press, Oxford, 1995.

Keim, B., «Consciousness After Death: Strange Tales From the Frontiers of Resuscitation Medicine», en *Wired*, 2013 (consultado el 13/8/2017 en https://www.wired.com/2013/04/consciousness-after-death/)

Kelly, E.F., et al., *Irreducible Mind: Toward a Psychology for the 21st Century*, Rowman & Littlefield, Lanham, 2007.

Kirsch, I., y G. Sapirstein, «Listening to Prozac But Hearing Placebo: A Meta-Analysis of Antidepressant Medication», en *Prevention and Treatment*, 1(2), 1998.

Koch, C., «Is Consciousness Universal?», en *Scientific American Mind*, 25, pp. 26-29, 2014.

Knoblauch, H., I. Schmied y B. Schnettler, «Different Kinds of Near-Death Experience: A Report on a Survey of Near-Death Experiences en Germany», en *Journal of Near-Death Studies*, 20, pp. 15-29, 2001.

Kropotkin, P.A., *Mutual Aid: A Factor of Evolution*, CreateSpace Independent Publishing, 2018 (consultado el 18/11/17 en http://www.public-library.uk/pdfs/7/883.pdf) [*El apoyo mutuo: un factor de la evolución*, trad. de José Prat, F. Sempere y Compañía, Valencia. S. A., tomo I, p. 22].

LANGE, R., H.J. IRWIN y J. HOURAN, «Top-Down Purification of Tobacyk's Revised Paranormal Belief Scale», en *Personality and Individual Differences*, 29, pp. 131-156, 2000.

LAWRENCE, D.H., *Complete Poems*, Penguin, Londres, 1994 [*Poemas*, selección, versión y pról. de Mario Satz, Argonauta, Barcelona / Buenos Aires, 1980, p. 54].

LEVINE, J.D., N.C. GORDON y H.L. FIELDS, «The Mechanisms of Placebo Analgesia», en *The Lancet*, 312(8091), pp. 654-657, 1978 (disponible en http://www.sciencedirect.com/science/article/pii/ S0140673678927629).

LEVY-BRUHL, L., *The Soul of the Primitive*, Allen & Unwin, Londres, 1965 [*El alma primitiva*, trad. de Eugenio Trías, Ediciones Península, Barcelona, 1985, p. 9].

LIAO, S., et al., «Satellite-to-Ground Quantum Key Distribution», en *Nature*, 549, pp. 43-47, 7 de septiembre de 2017 (disponible en https://doi:10.1038/nature23655).

LINDSTROM, T.C., «Experiencing the Presence of the Dead: Discrepancies in "The Sensing Experience" and Their Psychological Concomitants», en *Omega*, 31, pp. 11-21, 1995.

LORIMER. D., *Whole in One*, Arkana, Londres, 1990.

LOWNEY, C., *A Vanished World: Muslims, Christians, and Jews in Medieval Spain*, Oxford University Press, Nueva York, 2006 [*Un mundo desaparecido*, trad. de Julio A. Sierra, El Ateneo, Buenos Aires, 2007].

LUCRECIO, *The Nature of Things*, trad. de A.E. Stallings, Penguin, Londres, 2007 [*De la naturaleza de las cosas*, introd. de Agustín García Calvo, trad. de Abate Marchena, notas de Domingo Plácido, Orbis, Barcelona, 1985].

MAGUIRE, E.A., et al., «Navigation-Related Structural Change in the Hippocampi of Taxi Drivers» en *Proceedings of National Academy of Science*, 97(8), pp. 4398-4403, 2000.

MASCARÓ, J. (ed. y trad.), *The Upanishads*, Penguin, Londres, 1990 [*Upanishads*, ed. de José Manuel Abeleira, introd. y versión de Juan Mascaró, Penguin Clásicos, Barcelona, 2017, pp. 145, 230 y 89; la cita del *Bhagavad Gita* se ha extraído de la ed. de José Manuel Abeleira, introd. y versión de Juan Mascaró, Penguin Clásicos, Barcelona, 2015, p. 227].

MASLOW, A., *Religions, Values and Peak Experiences*, Arkana, Nueva York, 1994 [*Religiones, valores y experiencias cumbre*, trad. de Fernando Mora Zahonero y David González Raga, La Llave, Barcelona, 2013, pp. 120-121].

MASON, L., E. PETERS, S.C. WILLIAMS y V. KUMARI, «Brain Connectivity Changes Occurring Following Cognitive Behavioural Therapy for Psychosis Predict Long-term Recovery», en *Translational Psychiatry*, 7(1), enero de 2017 (disponible en https://doi:10.1038/tp.2016.263, https://www.nature.com/articles/tp2016263).

MARGULIS, L., y D. SAGAN, *Microcosmos: Four Billion Years of Microbial Evolution*, University of California Press, Londres, 1997 [*Microcosmos: cuatro mil millones de años de evolución desde nuestros ancestros microbianos*, pres. de Lewis Thomas, epíl. de Ricard Guerrero, trad. de Mercè Piqueras, Tusquets, Barcelona, 1995, pp. 48-49].

MAUDSLEY, H, «Materialism and its Lessons», en *Popular Science Monthly*, 15, pp. 667-683, 1879.

MAYER, E.L., *Extraordinary Knowing: Science, Skepticism and the Inexplicable Powers of the Human Mind*, Bantam Dell, Nueva York, 2007 [*Conocimiento extraordinario. Ciencia, escepticismo y los poderes inexplicables de la mente humana*, trad. de David González Raga, La Liebre de Marzo, Barcelona, 2010].

MCGINN, C., «Consciousness and Cosmology: Hyperdualism Ventilated», en M. DAVIES y G.W. HUMPHREYS (eds.), *Consciousness*, Basil Blackwell, Oxford, pp. 155-177, 1993.

MCLUHAN, T.C., *Touch the Earth: A Self-Portrait of Indian Existence*, Abacus, Londres, 1971 [*Tocar la tierra: autorretratos de los indios de América del Norte*, trad. de Concepción Badós, Octaedro, Barcelona, 2002, pp. 44 y 14].

MEANS, R., y M.J. WOLF, *Where White Men Fear to Tread: The Autobiography of Russell Means*, St. Martin's Press, Nueva York, 1995.

MEHRA, J. (ed.), *The Physicist's Conception of Nature*, Reidel, Dordrecht-Holland, Boston, 1973.

MORRIS, R., S. CUNNINGHAM, S. MCALPINE y R. TAYLOR, «Toward Replication and Extensions of Autoganzfeld Results», en *Proceedings of Presented Papers*, pp. 177-191, Parapsychological Association, 36.ª Convención Anual, Toronto, 1993.

MOSSBRIDGE, J., P. TRESSOLDI y J. UTTS, «Predictive Physiological Anticipation Preceding Seemingly Unpredictable Stimuli: A Meta-Analysis», en *Frontiers of Psychology*, 3, p. 390, 2012.

MUNRO, N.G., *Ainu Creed and Cult*, Columbia University Press, Nueva York, 1962.

MURAL, R.J., et al., «A Comparison of Whole-genome Shotgun-derived Mouse Chromosome 16 and the Human Genome», en *Science*, 296(5573), pp. 1661-1671, 2002 (disponible en DOI: 10.1126/science.1069193).

NAGEL, T., *Mind and Cosmos: Why the Materialist Neo-Darwinian Conception of Nature is Almost Certainly False*, Oxford University Press, Oxford, 2012 (disponible en https://doi.org/10.1093/acprof:oso/9780199919758.001.0001) [*La mente y el cosmos. Por qué la concepción neo-darwinista materialista de la naturaleza es, casi con certeza, falsa*, trad. y pról. de Francisco Rodríguez Valls, Biblioteca Nueva, Madrid, 2014, edición electrónica].

NEWBERG, A., y E. D'AQUILI, «The Neuropsychology of Religious and Spiritual Experience», en *Journal of Consciousness Studies*, 7(11-12), pp. 251-266, 2000.

NEWTON, I., *The General Scholium to Isaac Newton's* Principia Mathematica, 2018 (consultado el 2/1/2018 en https://isaac-newton.org/general-scholium/) [*Principios matemáticos de la filosofía natural*, ed. de Antonio Escohotado, Tecnos, Madrid, 1997, p. 618].

NIETZSCHE, F., *The Birth of Tragedy and the Case of Wagner*, trad. de W. Kaufmann, Vintage Books, Nueva York, 1967 [*El nacimiento de la tragedia*, pról. de Agustín Izquierdo, trad. de Eduardo Knörr y Fermín Navascués, Editorial Edaf, Madrid, 2018, edición electrónica].

—, *Thus Spoke Zarathustra*, trad. de G. Parkes, Oxford World's Classics, Oxford, 2005 [*Así habló Zaratustra*, introd. de Dolores Castrillo, trad. de Carlos Vergara, Edaf, Madrid, 201, edición electrónica].

Osis, K., y E. Haraldsson, *At the Hour of Death* (3.ª ed.), Hastings House, Norwalk, 2012 [*A la hora de la muerte: resultados de la investigación sobre más de mil casos de supervivencia tras la muerte*, trad. de Rafael Lassaletta, introd. de Elisabeth, Kübler-Ross, Edaf, Madrid, 1979].

Otto, R., *The Idea of the Holy*, Penguin, Londres, 1960 [*Lo santo. Lo racional y lo irracional en la idea de Dios*, trad. de Fernando Vela, Alianza Editorial, Madrid, 2005].

Pandya, M., M. Altinay, D. A. Malone y A. Anand, «Where in the Brain Is Depression?», en *Current Psychiatry Reports*, 14(6), pp. 634-642, 11 de octubre de 2012 (disponible en http://doi.org/10.1007/s11920-012-0322-7).

Parnia, S., et al., «AWARE—AWAreness During REsuscitation—A Prospective Study», en *Resuscitation*, 85(12), pp. 1799-1805, diciembre de 2014.

Penman, D., «Could There Be Proof to the Theory That We're ALL Psychic?», en MailOnline, 28 de enero de 2008 (consultado el 13/9/17 en http://www.dailymail.co.uk/news/article-510762/Could-proof-theory-ALL-psychic.html).

Penrose, R., *The Emperor's New Mind: Concerning Computers, Minds, and the Laws of Physics*, Oxford University Press, Oxford, 1999 [*La nueva mente del emperador*, trad. de Javier García Sanz, Random House Mondadori, Barcelona, 2009, p. 632].

Persinger, M.A., «Religious and Mystical Experiences as Artefacts of Temporal Lobe Function: A General Hypothesis», en *Perceptual and Motor Skills*, 57(3 Pt 2), pp. 1255-1262, 1983 (PMID 6664802., disponible en https://doi:10.2466/pms.1983.57.3f.1255).

Phillips, D.P., y D.G. Smith, «Postponement of Death Until Symbolically Meaningful Occasions», en *Jama*, 263, pp. 1947-1951, 1990.

Planck, M., entrevista con *The Observer*, Londres, 25 de enero de 1931.

—, discurso en Florencia, Italia, 1944 (del Archivo Histórico de la Sociedad Max-Planck, Ap. Va 11 Planck, n.º 1797).

Prabhavananda, S., y F. Manchester (trad.), *The Upanishads: Breath of the Eternal*, Mentor, Nueva York, 1957.

PRINZ, F., T. SCHLANGE y K. ASADULLAH, «Believe It or Not: How Much Can We Rely on Published Data on Potential Drug Targets?», en *Nature Reviews: Drug Discovery*, 10(712), 31 de agosto de 2011.

PURAS, D., «Depression: Let's Talk About How We Address Mental Health», *World Health Day*, 7 de abril de 2017 (disponible en http://www.ohchr.org/EN/NewsEvents/Pages/DisplayNews.aspx?NewsID=21480&LangID=E).

RADIN, D., *Entangled Minds*, Paraview/Pocket, Nueva York, 2006.

RAMACHANDRAN, V.S., y S. BLAKESEE, *Phantoms in the Brain*, Fourth Estate, Londres, 1998 [*Fantasmas en el cerebro. Los misterios de la mente al descubierto*, pról. de Oliver Sacks, trad. de Juan Manuel Ibeas, Debate, Madrid, 1999].

—, y W. HIRSTEIN, «Three Laws of Qualia: What Neurology Tells Us About the Biological Functions of Consciousness», en *Journal of Consciousness Studies*, 4(5-6), pp. 429-457, 1997.

REEVES, R., M.E. LADNER, R.H. HART y R.S. BURKE, «Nocebo Effects With Antidepressant Clinical Drug Trial Placebos», en *General Hospital Psychiatry*, 29(3), pp. 275-277, 2007.

REID, R., *Biological Emergences Evolution by Natural Experiment*, MIT Press, Cambridge, MA, 2007.

REISS, D., y L. MARINO, «Mirror Self-Recognition in the Bottlenose Dolphin: A Case of Cognitive Convergence», en *PNAS*, 98(1), pp. 5937-5942, 2001.

REN, J.G., «Ground-to-Satellite Quantum Teleportation», en *Nature*, 549, pp. 70-73, 7 de septiembre de 2017 (disponible en https://doi:10.1038/nature23675).

RHINE, J.B., *Extra-Sensory Perception*, Branden, Boston, 1934/1997.

RITCHIE, S.J., R. WISEMAN y C.C. FRENCH, «Failing the Future: Three Unsuccessful Attempts to Replicate Bem's "Retroactive Facilitation of Recall" Effect», en *PLoS One*, 7, 2012 (disponible en http://journals.plos.org.plosone/article?id=10.371/journal.pone.0033423).

RIVAS, T., et al., *The Self Does Not Die: Verified Paranormal Phenomena from Near Death Experiences* (1.ª ed.), IANDS Publications, Durham, 2016.

ROBINSON, D.N., *An Intellectual History of Psychology* (3.ª ed.), University of Wisconsin Press, Wisconsin, 1995 [*Historia crítica de la psicología*, trad. de Mercedes Lloret, Salvat, Barcelona, 1982].

ROCK, A., et al., «Discarnate Readings by Claimant Mediums: Assessing Phenomenology and Accuracy under Beyond Doubt-Blind Conditions», en *Journal of Parapsychology*, 782, pp. 183-194, 2014.

ROVELLI, C., *Seven Brief Lessons on Physics*, Penguin Random House, Londres, 2015 [*Siete breves lecciones de física*, trad. de Francisco J. Ramos Mena, Anagrama, Barcelona, 2016].

SABOM, M.B., *Recollections of Death*, Harper & Row, Nueva York, 1982 [*Recuerdos de la muerte: investigaciones médicas*, trad. de Jordi Vidal Tubau, Lleida, Milenio, 2017].

SACKS, O.W., «Seeing God in the Third Millennium», en *The Atlantic*, 12 de diciembre de 2012 (consultado el 17/8/17 en https://www.theatlantic.com/health/archive/2012/12/seeing-god-in-the-third-millennium/266134/).

SAHLINS, M., «Notes on the Original Affluent Society», en R.B. LEE e I. DEVORE (eds.), *Man the Hunter*, Aldine, Chicago, pp. 85-89, 1968.

SAMUELS, G., «Manchester Terror Attack: Homeless Man "Pulled Nails Out of Child's Face"», en *The Independent*, 23 de mayo de 2017 (consultado el 13/7/17 en http://www.independent.co.uk/news/uk/home-news/manchester-terror-attack-homeless-man-pulled-nails-face-children-injured-arena-bombing-a7751656.html).

SARTORI, P., *The Wisdom of Near-Death Experiences*, Watkins, Londres, 2014 [*ECM: experiencias cercanas a la muerte*, pref. de Pim van Lommel, trad. de Antonio Francisco Rodríguez, Editorial Kairós, Barcelona, 2015, pp. 172, 272 y 138].

SCHOPBACH, R.R., P.H. FRIED y A.E. RAKOFF, «Pseudocyesis, A Psychosomatic Disorder», en *Psychosomatic Medicine*, 14(129), 1952.

SCHOPENHAUER, A., *The World as Will and Representation*, Dover Publications, Nueva York, 1966 [*El mundo como voluntad y representación*, trad., introd. y notas de Pilar López de Santa María, Editorial Trotta, Madrid, 2016].

SCHRÖDINGER, E., *My View of the World*, Ox Bow Press, Woodbridge, CT, 1983 [*Mi concepción del mundo*, trad. de Jaime Fingerhut y Arthur Klein, Tusquets, Barcelona, 2011, p. 38].

SHALM, L., et al., «Strong Loophole-free Test of Local Realism», en *Physical Review Letters*, 115(250402), 10 de noviembre de 2015 (disponible en https://arXiv:1511.03189).

SHEEHAN, D.P. (ed.), «Frontiers of Time: Retrocausation—Experiment and Theory», en *AIP Conference Proceedings, San Diego, California*, American Institute of Physics, Melville, 2006 (disponible en https://philpapers.org/rec/SHEFOT).

SHELDRAKE, R., «Commentary on a Paper by Wiseman, Smith, y Milton on the "Psychic Pet" Phenomenon», en *Journal of the Society for Psychical Research*, 63(857), pp. 233-255, 1999.

—, *The Sense of Being Stared At and Other Unexplained Powers of the Human Mind*, Crown Publishers, Nueva York, 2003 [*El séptimo sentido. La mente extendida*, trad. de Ángela Boto, Editorial Vesica Piscis, Málaga, 2005].

—, y P. SMART, «A Dog That Seems to Know When his Owner is Coming Home: Videotaped Experiments and Observations», en *Journal of Scientific Exploration*, 14(2), pp. 233-255, 2000.

SHIEBER, S., *The Turing Test: Verbal Behavior as the Hallmark of Intelligence*, MIT Press, Cambridge, MA, 2004.

SIHVONEN, R., et al., «Arthroscopic Partial Meniscectomy Versus Sham Surgery for Degenerative Meniscal Tear», en *New England Journal of Medicine*, 369, pp. 2515-2524, 2013.

SKRBINA, D., *Panpsychism in the West*, MIT Press, Cambridge, 2017.

SMITH, A., y O. SUGAR, «Development of Above Normal Language and Intelligence 21 Years After Left Hemispherectomy», en *American Academy of Neurology*, 25(9), p. 813, 1975.

SMITH, H., *Tales of Wonder*, HarperOne, San Francisco, 2009.

STANGE, K., y S. TAYLOR, «Relationship of Personal Cognitive Schemas to the Labeling of a Profound Emotional Experience as Religious-Mystical or Aesthetic», en *Empirical Studies of the Arts*, 26, pp. 37-49, 2008.

STEVENSON, I., «Birthmarks and Birth Defects Corresponding to Wounds on Deceased Persons», en *Journal of Scientific Exploration*, 7(4), pp. 403-410, 1993.

Stuss, D.T., T.W. Picton y M.P. Alexander, «Consciousness, Self-awareness, and the Frontal Lobes», en S.P. Salloway, P.F. Malloy y J.D. Duffy (eds.), *The Frontal Lobes and Neuropsychiatric Illness*, American Psychiatric Publishing, Inc., Arlington, pp. 101-109, 2001.

Suzuki, D.T., *The Awakening of Zen*, Shambhala, Boston, 2000 [*Budismo Zen*, pról. de Christmas Humphreys, trad. de Agustín López Tobajas, Editorial Kairós, Barcelona, 2017].

Taylor, S., *Making Time: Why Time Seems to Pass at Different Speeds and How to Control it*, Icon Books Ltd., Cambridge, 2007 [*Creando el tiempo. Por qué el tiempo pasa a distintas velocidades y cómo puedes controlarlo*, trad. de Fernando Mora Zahonero, La Llave, Barcelona, 2009].

—, *Waking from Sleep: Why Awakening Experiences Occur and How to Make Them Permanent*, Hay House, Londres, 2010.

—, *Out of the Darkness: From Turmoil to Transformation*, Hay House, Londres, 2011 [*Salir de la oscuridad. Del desasosiego a la transformación*, trad. de Miguel Portillo Díaz, La Llave, Barcelona, 2016, p. 211 y p. 28].

—, «Spontaneous Awakening Experiences: Exploring the Phenomenon Beyond Religion and Spirituality», en *Journal of Transpersonal Psychology*, 44(1), pp. 73-91, 2012.

—, «How Valid is Evolutionary Psychology?», en el blog *Out of the Darkness*, 2014 (disponible en https://www.psychologytoday.com/blog/out-the-darkness/201412/how-valid-is-evolutionary-psychology [acceso del 7 de diciembre de 2017]).

—, «Two Ways of Seeing the World», en el blog *Out of the Darkness*, 2016 (disponible en https://www.psychologytoday.com/blog/out-the-darkness/201608/two-ways-seeing-the-world [acceso del 7 de noviembre de 2017]).

—, «From Philosophy to Phenomenology: The Argument for a "Soft" Perennialism», en *International Journal of Transpersonal Studies*, 35(2), pp. 17-41, 2016.

—, *The Leap: The Psychology of Spiritual Awakening*, New World Library, Novato, 2017 [*El Salto. El mapa del despertar espiritual*, pról. de Eckhart Tolle, trad. de Diego Merino Sancho, Gaia Ediciones, Madrid, 2018].

—, *The Fall: The Insanity of the Ego in Human History and the Dawning of a New Era* (2.ª ed.), O-Books, Ropley, Hampshire, 2018 [*La Caída. Indicios sobre la Edad de Oro, seis mil años de locura y el despertar de una nueva era*, trad. de Fernando Mora Zahonero, La Llave, Barcelona, 2016].

—, y K. Egeto-Szabo, «Exploring Awakening Experiences: A Study of Awakening Experiences in Terms of their Triggers, Characteristics, Duration and Aftereffects», en *Journal of Transpersonal Psychology*, 49(1), pp. 45-65, 2017.

Thomson, H., «Woman of 24 Found to Have No Cerebellum in Her Brain», en *New Scientist*, 10 de septiembre de 2014 (disponible en www.newscientist.com/article/mg22329861-900-woman-of-24-found-to-have-no-cerebellum-in-her-brain).

Thornhill, R., y C.T. Palmer, *A Natural History of Rape: Biological Bases of Sexual Coercion*, MIT Press, Cambridge, 2001 [*Una historia natural de la violación. Los fundamentos biológicos de la coerción sexual*, trad. de Roberto Palacios, Océano, México, 2007].

Tononi, G., «Consciousness and the Brain: Theoretical Aspects», en G. Adelman y B. Smith (eds.), *Encyclopedia of Neuroscience* (3.ª ed.), Elsevier, 2004 (consultado el 3/6/2017 en https://jsmf.org/meetings/2003/nov/consciousness_encyclopedia_2003.pdf).

Utts, J.M., «An Assessment of the Evidence for Psychic Functioning», en *Journal of Scientific Exploration*, 10(1), pp. 3-30, 1996.

Van Lommel, P., R. van Wees, V. Meyers, I. Elfferich, «Near-Death Experience in Survivors of Cardiac Arrest: A Prospective Study in the Netherlands», en *The Lancet*, 358, pp. 2039-2045, 2001.

Van Lommel, P., *Consciousness Beyond Life: The Science of the Near-Death Experience*, HarperOne, Nueva York, 2010 [*Conciencia. Más allá de la vida*, trad. de Patricia Gonzalo de Jesús, Atalanta, Vilaür, 2017, p. 27].

Vedral, V., «Living in a Quantum World», en *Scientific American*, 304(6), pp. 38-43, 2011.

Versluis, A., *Sacred Earth: The Spiritual Landscape of Native America*, Inner Traditions, Rochester, NY, 1992.

Wartolowska, K., et al., «Use of Placebo Controls in the Evaluation of Surgery: Systematic Review», en *British Medical Jour-*

nal, 348, pp. 32-53, 21 de mayo de 2014 (disponible en https://www.ncbi.nlm.nih.gov/pmc/articles/PMC4029190/).
WEIR, K., «The Roots of Mental Illness: How Much of Mental Illness can the Biology of the Brain Explain?», en *APA Monitor*, 43(6), p. 30, 2012.
WHEATLEY, M.J., *Leadership and the New Science: Discovering Order in a Chaotic World*, Berrett-Koehler Publications, San Francisco, 1999 [*El liderazgo y la nueva ciencia. La organización vista desde las fronteras del siglo XXI*, trad. de Nesle Cei, Granica, Buenos Aires, 1977, p. 62].
WHEELER, J.A., «Law without Law», en J.A. WHEELER y W.H. ZUREK (eds.), *Quantum Theory and Measurement*, Princeton University Press, Princeton, pp. 182-213, 1983.
WHITEHEAD, A.N., *Essays in Science and Philosophy*, Philosophical Library, Nueva York, 1948.
WHITMAN. W., *Leaves of Grass*, Signet Books, Nueva York, 1980 [*Poesía completa*, trad. de Pablo Mañé Garzón, Ediciones 29, Barcelona, 1978, p. 95].
WILBER, K., «The Pre/Trans Fallacy», en *Journal of Humanistic Psychology*, 22(2), pp. 5-43, 1982.
WILKINSON, D., «The NHS Heroes Who Came to Manchester's Aid in the City's Darkest Hour», en *Manchester Evening News*, 25 de mayo de 2017 (consultado el 17/7/2017 en https://www.manchestereveningnews.co.uk/news/greater-manchester-news/nhs-heroes-who-came-manchesters-13094631).
WILLS, P.R., y C.W. CARTER, «Insuperable Problems of the Genetic Code Initially Emerging in an RNA World», en *Biosystems*, 164, pp. 155-166, febrero de 2018 (disponible en https://164.10.1016/j.biosystems.2017.09.006).
WISEMAN, R., M. SMITH y J. MILTON, «Can Animals Detect When Their Owners are Returning Home? An Experimental Test of the "Psychic Pet" Phenomenon», en *British Parapsychology*, 42, pp. 137-142, 1998.
WORDSWORTH, W., *The Works of William Wordsworth*, Wordsworth Editions, Ware, Hertfordshire, 1994 [*El preludio: en catorce libros, 1850*, ed. y trad. de Bel Atreides, DVD, Barcelona, 2003, p. 107 y p. 121].

WRANGHAM, R.W., y D. PETERSON, *Demonic Males: Apes and the Origins of Human Violence*, Houghton Mifflin Harcourt, Nueva York, 1996 [*Machos demoníacos: sobre los orígenes de la violencia humana*, Ada Korn, Buenos Aires, 1998].
ZAMMITO, J., «The Nagel Flap: Mind y Cosmos», en *The Hedgehog Review*, 15(3), pp. 84-94, 2013.

ÍNDICE